U0584619

现代语文教学新思维

梁晓娟　马生龙　刘美芹　著

哈尔滨出版社
HARBIN PUBLISHING HOUSE

图书在版编目（CIP）数据

现代语文教学新思维 / 梁晓娟，马生龙，刘美芹著
. -- 哈尔滨 : 哈尔滨出版社, 2024.5
ISBN 978-7-5484-7916-1

Ⅰ. ①现… Ⅱ. ①梁… ②马… ③刘… Ⅲ. ①语文课
– 教学研究 – 中小学 Ⅳ. ① G633.302

中国国家版本馆 CIP 数据核字（2024）第 105849 号

书　　　名：**现代语文教学新思维**
XIANDAI YUWEN JIAOXUE XINSIWEI

作　　　者：梁晓娟　马生龙　刘美芹　著
责任编辑：李金秋
装帧设计：中图百佳

出版发行：哈尔滨出版社（Harbin Publishing House）
社　　　址：哈尔滨市香坊区泰山路 82-9 号　　邮编：150090
经　　　销：全国新华书店
印　　　刷：济南大地图文快印有限公司
网　　　址：www.hrbcbs.com
E-mail：　hrbcbs@yeah.net
编辑版权热线：（0451）87900271　　87900272
销售热线：　（0451）87900202　　87900203

开　　　本：889mm×1194mm　1/16　　印张：16.5　　字数：320 千字
版　　　次：2025 年 3 月第 1 版
印　　　次：2025 年 3 月第 1 次印刷
书　　　号：ISBN 978-7-5484-7916-1
定　　　价：58.00 元

前　言

　　现代社会对语文教学提出了新的挑战和要求，传统的语文教学模式已不能满足学生的学习需求。为了培养学生良好的语言能力、思维品质和综合素养，我们必须以新思维进行语文教学，为学生打开一扇通向成功和幸福的大门。

　　第一章探讨现代语文教育的意义与价值，并全面介绍了其背景、发展历程、目标和任务。同时，还深入讨论了现代语文教育对学生培养的意义和社会价值。

　　第二章以整体观念为基础，探讨了其在语文教育中的作用和意义，并介绍了现代语文课程设计的原则。此外，我们还详细讨论了现代语文课程的结构和内容安排，以帮助教师更好地设计教学活动。

　　第三章着重探讨了现代语文教育与文化内涵的关系。我们阐述了文化内涵在语文教育中的地位和作用，并提出了现代语文教育与传统文化的融合与创新的思路。在此基础上，我们还强调了培养学生的文化素养和人文精神的重要性。

　　第四章探讨了情感教育在语文教育中的重要性，并介绍了现代语文课堂的情感教育方法。此外，我们还提出了培养学生的情感态度和情感能力的策略，以帮助学生全面发展自身情感素质。

　　第五章讨论了审美教育在语文教育中的地位和作用，并详细介绍了现代语文教育中的文学欣赏教学方法。同时，我们也强调了培养学生的审美情趣和文学鉴赏能力对他们的综合发展的重要性。

　　第六章探讨了现代语文教学方法的创新和发展趋势，并介绍了利用现代技术工具提升语文教学效果的方法。此外，我们还强调了现代语文教学中的互动与合作模式的重要性。

　　第七章介绍了口头表达在语文教育中的重要性和特点，并提供了现代语文教育中的口头表达培养策略。同时，我们还着重讨论了培养学生的演讲技巧和公众表达能力的方法和技巧。

　　第八章是关于现代语文批判性思维与文本分析能力的培养。我们说明了批判性思维对语文教育的意义和要求，并介绍了现代语文教育中的文本分析和批评能力培养策略。此外，我们还强调了培养学生的批判性思维和分析能力的重要性。

　　第九章详细探讨了现代语文多元文本教学与阅读能力提升。我们阐述了多元文本教学对语文教育的贡献和挑战，并介绍了现代语文教育中的阅读能力培养策略。同时，我们还强调了培养学生的多元阅读能力和信息素养的重要性。

第十章是关于现代语文写作能力培养与创新思维训练的主题。我们阐述了写作能力对语文教育的重要性和发展，并介绍了现代语文教育中的写作教学方法。此外，我们还强调了培养学生的创新思维和表达能力的方法和技巧。

第十一章探讨了思考能力在语文教育中的重要性，并介绍了现代语文教育中的问题解决教学策略。同时，我们还强调了培养学生的思辨能力和批判思维的重要性。

第十二章讨论了现代语文教学与综合素养的培养。我们阐述了综合素养对语文教育的要求和培养，并提供了现代语文教育中的综合素养培养策略。同时，我们还强调了培养学生的综合能力和全面发展的重要性。

第十三章详细介绍了现代语文评价体系与教学反馈机制。我们阐述了评价体系在语文教育中的意义，并介绍了现代语文教育中的评价方法和工具。同时，我们还强调了教学反馈机制对语文教学的改进和提升的重要性。

第十四章关注于现代语文教学与教师专业发展研究。我们探讨了教师专业发展对现代语文教育的支持和推动，并介绍了现代语文教师的专业素养和能力培养。此外，我们还提供了现代语文教学的研究动向和创新实践。

第十五章谈及现代语文教学与家校合作共同体建设。我们阐述了家校合作共同体对语文教育的重要性，并提供了现代语文教学中的家校合作策略。同时，我们还强调了构建良好的家校合作共同体的重要性。

总之，本书力图全面系统地介绍现代语文教育的理论与实践，帮助读者深入理解现代语文教育的意义与价值，并提供了丰富的教学方法和策略，以引导学生全面发展自身能力。

目　录

第一章　现代语文教育的意义与价值

第一节　现代语文教育的背景和发展历程

　　现代语文教育的背景和发展历程可以追溯到中国近代以来的教育改革和现代化进程。在传统的中国教育中，语文教育一直占据着重要的地位，被认为是人才培养的基石。然而，随着社会的发展和知识的更新，语文教育也面临了新的挑战和需求。

一、近现代教育改革与语文教育的发展

　　20 世纪初，中国开始进行现代教育改革，推崇新式教育观念和国民教育体系建设。这一时期，语文教育开始从传统的死记硬背、机械背诵向培养学生的综合语言运用能力转变。注重培养学生的阅读理解能力、写作表达能力和创造思维能力，鼓励学生自主思考和运用语言进行交流。

二、中华人民共和国成立后的语文教育

　　中华人民共和国成立后，中国进行了全面的教育改革。语文教育接受了马克思主义的教育观念。在这个时期，语文教育更加注重培养学生的思想品德和实践能力，并与社会主义现代化建设相结合。教育选文也开始多元化，包括经典文学、当代文学以及对外文学的翻译和引进，丰富了学生的阅读材料。

三、改革开放以后的语文教育

　　改革开放以后，中国积极借鉴国际先进经验，加快教育现代化进程。语文教育也不断推陈出新，注重培养学生的创造性思维、批判性思维和跨文化交际能力。在 2001 年实施的《新课程标准》中，语文教育提出了"情感态度价值观"的教学目标，强调培养学生的审美情趣、社会责任感和个人修养。

四、信息技术与语文教育的结合

　　随着信息技术的迅速发展，语文教育也逐渐与现代科技相结合。计算机和互联网的

广泛应用为语文教学提供了新的平台和资源，学生可以通过网络进行阅读、写作、讨论和交流，拓宽了知识获取的渠道和交流的空间。同时，电子书籍、电子词典等数字化工具使学生能够更方便地获取和利用语言资源，促进了语文教育的创新和发展。

第二节　现代语文教育的目标和任务

现代语文教育的目标是培养学生全面发展的语文素养，使他们能够熟练运用语言、文字和符号进行沟通和表达，并具备批判性思维和创造性思维能力。具体来说，现代语文教育的任务包括：

一、提高学生的语言能力

（一）提高听力能力

为了培养学生的听力能力，语文教育应该注重以下几个方面的训练：

1.听取各种形式的语言材料：学生可以通过听取老师的授课、听录音材料、听讲座等方式，提高对不同语言形式和语速的理解能力。

2.训练听取和理解关键信息：学生需要学会从听到的信息中筛选出关键内容，并理解其含义和上下文关系。可以通过听力练习和听力理解题来提高这方面的能力。

3.提高听力反应速度：语言交流中，及时的听力反应能力对于理解他人的意图和表达自己的观点十分重要。学生可以通过听力速度练习和对话交流活动来提高听力反应速度。

（二）提高口语表达能力

培养学生的口语表达能力是现代语文教育中的重要任务。以下是一些提高口语表达能力的方法：

1.小组讨论和辩论活动：让学生参与小组讨论和辩论活动，锻炼他们的口头表达能力、思维逻辑和论证能力。这些活动可以让学生积极参与，表达自己的观点，并学会尊重他人的意见。

2.角色扮演和口语表达训练：通过角色扮演和即兴演讲等活动，让学生模拟真实情境进行口语表达，提高他们的语言交际能力和表达流利度。

3.多样化的口语练习：引导学生进行口语练习，如朗读文学作品、模仿名人演讲等，让他们在实践中掌握正确的发音、语调和语速，提高口语表达的准确性和流畅度。

（三）提高阅读理解能力

为了培养学生的阅读理解能力，应该采取以下措施：

1.多样化的阅读材料：提供丰富多样的阅读材料，包括文学作品、报纸杂志、科普文章等，帮助学生扩宽阅读领域，培养对不同类型文本的理解能力。

2.阅读策略的培养：引导学生学习阅读策略，如预测、推理、概括等，帮助他们更好地理解和分析文本。同时，教会学生如何使用词典和其他工具来解决阅读中的困难。

3.阅读理解训练：通过阅读理解题目和练习，提高学生的阅读理解能力和答题技巧。教师可以根据学生的水平和需求，设计不同难度的练习，逐步提高学生的阅读理解水平。

（四）提高写作表达能力

现代语文教育应该注重培养学生的写作表达能力，以下是一些方法和策略：

1.写作技巧的训练：教授学生写作的基本技巧，如文章结构、段落组织、语言表达等，帮助他们提高写作的准确性和连贯性。

2.多样化的写作练习：鼓励学生进行多样化的写作练习，如议论文、说明文、记叙文等，培养他们在不同场景下的写作能力。

3.写作实践与反馈：给予学生写作任务，并及时给予反馈和指导，帮助他们发现问题、改进写作技巧，提高自己的写作水平。

（五）培养批判性思维能力

现代语文教育应该注重培养学生的批判性思维能力，以下是一些培养方法：

1.分析文本结构和语言特点：教导学生分析不同类型文本的结构和语言特点，理解作者的意图和论证方式，培养他们的观察和思考能力。

2.提供多样化的文本材料：让学生接触不同类型的文本，如文学作品、新闻报道、科学文章等，引导他们从多个角度去理解和评价文本。

3.引导学生提出问题和思考：鼓励学生在阅读和学习中提出问题，并进行思辨和探究，培养他们独立思考和批判性思维的能力。

二、培养学生的阅读理解能力

（一）提供多样化的阅读材料

1.文学作品

文学作品是培养学生阅读理解能力的重要阅读材料之一。教师可以选择经典文学作品、现代小说、诗歌等不同类型的文学作品，让学生通过阅读这些作品，感受文学的魅力，理解作家的情感表达和意图，并从中提炼出深刻的思想和价值观。

2.报纸杂志

报纸杂志是当代社会信息丰富的重要载体，也是培养学生阅读理解能力的实用阅读材料之一。可以选择时事新闻报道、专题报道、评论文章等，让学生了解社会热点、掌握当前时事，并培养学生对新闻文本的理解和分析能力。

3.科普文章

科学普及文章是培养学生阅读理解能力的有益助手。选择生物、物理、化学、地理、天文等不同科学领域的科普文章，让学生了解科学知识，培养他们对科学文本的理解和分析能力，同时激发学生对科学的兴趣和好奇心。

4.历史文化类文章

历史文化类文章是培养学生阅读理解能力的重要阅读材料之一。选择历史事件、人物传记、文化背景等文章，让学生了解历史文化知识，理解历史事件的发展过程和意义，培养学生对历史文化文本的理解和分析能力，提升他们的人文素养。

5.学术论文和专业文章

对于高年级学生，可以引导他们接触学术论文和专业文章。选择与学生学习领域相关的学术论文和专业文章，让学生学习专业知识，理解学术研究的方法和逻辑，培养学生对学术论文和专业文章的理解、分析和批判能力，为未来的学术研究和专业领域做好准备。

通过提供多样化的阅读材料，学生可以接触到不同类型、不同领域的文本，培养他们的阅读理解能力和分析思维能力。同时，教师还可根据学生的兴趣和特长，有针对性地选择和推荐适合的阅读材料，激发学生的阅读兴趣和动力，使其愿意主动进行阅读，并从中不断提升自己的阅读能力。

（二）教授阅读策略和技巧

1.预测

学生可以通过阅读标题、导语或者文章的开头部分来预测文章的内容和主旨。预测有助于提前激活学生的背景知识，引导他们对文章的整体结构和信息进行推测，从而更好地理解文章的核心内容。

2.推理

在阅读过程中，学生可以通过推理来推断出作者的意图、观点或者结果。通过仔细观察文章中的线索和推断潜在的逻辑关系，学生能够更准确地理解文章的含义，并深入思考作者的用意和立场。

3.概括

学生可以针对每个段落或者整篇文章进行概括，将信息从详细到概括的层次上进行整理和归纳。这有助于学生抓住文章的中心思想和要点，提升他们的整体理解能力。

4.词汇和短语理解

阅读过程中遇到生词和短语是常见的问题，学生可以通过查字典、找同义词或者根据上下文推测词义来解决这些问题。教师可以引导学生掌握一些词汇解题的技巧，如词根词缀分析、上下文猜测等，帮助学生更好地理解文章的语义。

5.反思和总结

阅读完成后，学生应该进行反思和总结，思考自己在阅读过程中的理解和困惑，找出阅读中的不足之处，并制订改进计划。同时，教师也可以引导学生通过讨论、写作等方式来表达自己的观点和理解，加深对文章内容的理解和消化。

通过教授这些阅读策略和技巧，学生可以有针对性地运用不同的方法来解决阅读中遇到的问题。同时，教师还应该鼓励学生多进行习题训练和实际应用，不断加强阅读能力的培养和提升。

（三）培养阅读思维和批判性思维

1.分析文本结构和语言特点

学生应该学会分析文本的结构，包括段落间的逻辑关系、信息的组织方式等。同时，他们还应该注意文本中的语言特点，如修辞手法、比喻、隐喻等，以便更好地理解作者的意图和观点。

2.理解作者的意图和观点

学生需要学会通过阅读推断出作者的意图和观点，并进行深入思考。他们可以通过分析文本中的论证、态度和情感表达来推断作者的立场，进而形成自己独立的判断和观点。

3.提出问题和进行思辨和探究

学生应该被鼓励在阅读过程中提出问题，并通过思辨和探究来解决问题。他们可以就文中的观点、论证、事实等展开思考，提出自己的质疑和深入追问，从而培养批判性思维和探究精神。

4.对文本进行评价和批判

学生应该有能力对所阅读的文本进行评价和批判，提出自己的意见和观点。他们可以根据自己的价值观和知识背景，对文本中的观点、论证和结论进行评估，并提出自己的批判性思考。

5.综合运用批判性思维

学生应该在实际阅读任务中综合运用批判性思维。他们可以通过对多个文本的比较和对立、对信息的搜集和分析,来形成更全面的认识和理解。同时,他们还应该学会辨别信息的可靠性和偏见,培养批判性思维在信息时代的应用能力。

通过培养阅读思维和批判性思维,学生可以不仅仅是被动地理解文本,而是能够主动思考、独立评价并参与到对话和讨论中。这样的能力将有助于他们在学术、职场和日常生活中变得更加有思辨力、独立和有影响力。

(四)组织阅读活动和讨论

1.小组讨论

教师可以将学生分成小组,每个小组选择一个共同阅读的文本。在讨论中,学生可以分享自己的阅读体验、观点和理解,并与小组成员进行交流和互动。教师可以设定一些问题或话题,引导学生深入思考和讨论,培养他们的批判性思维和分析能力。

2.读书俱乐部

教师可以组织读书俱乐部,邀请学生一起阅读一本书,并定期举行集体讨论。在读书俱乐部中,学生可以分享自己的感受、疑惑和问题,并与其他成员交流和讨论。教师可以提供一些指导性的问题,引导学生从不同角度思考和探究文本,培养他们的思辨和批判性思维。

3.阅读日记和分享

教师可以要求学生写阅读日记,记录自己的阅读心得、感悟和思考。学生可以根据教师提供的议题或自己感兴趣的问题来撰写日记。然后,教师可以选择一些优秀的阅读日记进行分享,让学生相互借鉴和学习。通过阅读日记和分享,学生可以加深对文本的理解,并提升自己的表达和批判性思维能力。

4.辩论赛

教师可以组织辩论赛,让学生在特定的议题上进行辩论。辩论赛可以分为正反两方,学生需要根据事实和论证来支持自己的立场,并与对方进行辩论。这样的活动可以锻炼学生的逻辑思维、辩论技巧和批判性思维,同时也可以培养他们的团队合作精神和表达能力。

5.情景模拟和角色扮演

教师可以设计情景模拟和角色扮演活动,让学生通过身临其境的体验来理解和探究文本中的观点和情感。学生可以扮演不同的角色,从不同的视角出发,进行思考和讨论。这样的活动可以激发学生的思维活力,培养他们的想象力和创造力,同时也加深对文本的理解和思考。

通过以上的阅读活动和讨论，学生可以在互动中相互促进和启发，积极参与阅读过程，提高阅读思维和批判性思维的能力。同时，教师的引导和指导也是至关重要的，他们需要创造积极的学习氛围，激发学生的兴趣和热情，引导他们深入思考和探究。

（五）评估和反馈

1.阅读理解题目评估

教师可以设计一些阅读理解题目，包括选择题、填空题或简答题等形式。这些题目应该覆盖文本的各个方面，如主旨理解、细节把握、推理判断等。通过这些题目，可以评估学生对文本的理解程度和分析能力。教师可以根据学生的表现，对他们进行个别评估和反馈，指出他们的错误和不足，并提供相关的指导和建议。

2.作文评估

教师可以要求学生写一篇与阅读内容相关的作文，要求学生运用所学知识和技巧，对文本进行深入的思考和分析。教师可以评估学生的作文质量，包括结构合理性、论点支撑、逻辑清晰性以及语言表达等方面。通过作文评估，教师可以了解学生对文本的理解深度和思考广度，同时给予具体的反馈和指导，帮助学生提升写作能力和阅读理解能力。

3.小组讨论和互动评估

在小组讨论或读书俱乐部活动中，教师可以观察学生的参与度、讨论质量和交流能力等方面。教师可以记录学生的表现，评估他们在组内的角色和贡献程度，并给予相应的反馈。通过评估和反馈，教师可以鼓励学生积极参与讨论，培养他们的团队合作精神和表达能力。

4.阅读日记和分享评估

教师可以阅读学生的阅读日记，并评估其表达能力、思考深度和对文本的理解。教师可以选择一些优秀的阅读日志进行分享，并给予学生积极的反馈和鼓励。同时，教师也可以提供指导和建议，帮助学生进一步提高阅读和表达能力。

5.综合评估

除了以上形式的评估，教师还可以结合学生平时的听说读写表现，综合评估他们的阅读理解能力。教师可以通过课堂观察、作业批改以及个别辅导等方式，对学生进行全面的评估。同时，教师还可以与学生和家长进行沟通，了解学生在阅读方面的困惑和需求，通过个别指导和辅导，帮助他们提升阅读理解能力。

通过定期的评估和及时的反馈，教师可以了解学生的阅读能力和问题所在，并针对性地进行指导和提升。同时，评估和反馈也可以激发学生的学习兴趣和动力，帮助他们更好地参与阅读活动和讨论，提高阅读理解能力。

三、培养学生的写作表达能力

（一）注重写作思维的培养

1.注重培养学生的批判性思维能力

批判性思维是指学生在写作过程中，能够对问题进行深入剖析、从多个角度进行思考和评价的能力。教师可以通过提出开放性问题，鼓励学生对文本或现象进行批判性分析和思考。例如，可以引导学生分析文章的论点是否充分，数据是否可靠，逻辑是否严密等。通过这样的训练，学生可以培养独立思考和判断问题的能力，从而在写作过程中能够表达自己独特的观点和见解。

2.强调培养学生的逻辑思维能力

逻辑思维是指学生在写作过程中，能够合理组织和连接观点、论证材料的能力。教师可以引导学生学习逻辑分析的方法和技巧，如归纳法、演绎法等，帮助他们清晰地构建论证链条，使文章逻辑严密、条理清晰。同时，教师还可以针对学生在写作中存在的逻辑错误和不足，提供具体的指导和反馈，帮助他们不断提升逻辑思维能力。

3.培养学生的创造性思维能力

创造性思维是指学生在写作过程中，能够提出新颖、独特的观点和见解的能力。教师可以引导学生进行多元化的阅读和学习，开拓学生的知识面和思维视野。同时，教师还应鼓励学生跳出传统的思维框架，勇于表达自己的个性和想法。在评价学生的作文时，教师应注重发现和肯定学生的创造性思维，并给予积极的鼓励和反馈，激发学生在写作中的创造潜能。

4.提供写作策略和技巧的指导

学生在写作过程中需要掌握一些写作策略和技巧，如合理组织文章结构、运用恰当的过渡词语、引用有效的例证等。教师可以通过示范写作、分析优秀范文等方式，向学生介绍和讲解这些策略和技巧，并引导他们在实际写作中加以运用。同时，教师还可以逐步引导学生独立运用这些技巧，从而培养他们的写作思维能力和表达能力。

5.鼓励学生进行反思和修订

写作是一个反复推敲和修订的过程。教师应鼓励学生在写作完成后进行反思和自我评价，分析自己文章的不足之处，并进行相应的修改和补充。同时，教师还可以提供具体的修改意见和建议，帮助学生不断完善自己的写作作品。通过反思和修订，学生可以逐渐提高自己的写作水平和思维能力。

注重培养学生的写作思维能力，可以使学生培养批判性思维、逻辑思维和创造性思维能力，从而提升写作表达能力。这种培养方式有助于学生独立思考、全面理解问题，并能够清晰、准确地将思想用语言表达出来。同时，这也为学生今后在学习与工作中的需要打下了坚实的基础。

（二）引导学生熟悉各种写作形式

1.演绎式写作形式

演绎式写作形式是一种常见的逻辑推理方式，通过从一般原理出发，逐步推导出具体结论。例如，在议论文中，学生可以运用演绎式写作形式来展开论证，通过引用相关的规律、事实和统计数据，来支持自己的观点。在教学过程中，教师可以引导学生分析和模仿优秀范文，学习如何使用演绎式写作形式来构建严密的逻辑论证链条。

2.归纳式写作形式

归纳式写作形式是从具体事例或现象出发，通过总结归纳，得出一般性的结论。例如，在说明文中，学生可以运用归纳式写作形式来解释某个现象的成因、特点和影响等。教师可以引导学生进行实地观察和调查，收集相关资料，并通过对比和分析，培养学生使用归纳式写作形式进行准确而有条理的说明。

3.对比式写作形式

对比式写作形式是通过对不同对象、观点、事件等进行对比，突出它们之间的相似和差异，来表达自己的观点和立场。例如，在记叙文或说明文中，学生可以使用对比式写作形式来强调不同人物、物品或理念之间的区别和冲突。教师可以引导学生观察和发现周围事物的差异，并训练他们将观察结果以对比式写作形式进行表达。

4.故事式写作形式

故事式写作形式是通过叙述一个具体的故事情节，展示事件发展和人物心理变化的过程。例如，在记叙文中，学生可以运用故事式写作形式来描述自己的经历、见闻或想象故事等。教师可以鼓励学生进行创作，并引导他们注意故事情节的起承转合、人物形象的塑造和情感的抒发，培养学生运用故事式写作形式的能力。

5.描述式写作形式

描述式写作形式是通过客观、准确地描绘事物的外貌、特点和细节，使读者产生直观的感受。例如，在说明文中，学生可以运用描述式写作形式来介绍某个事物的特征和功用。教师可以引导学生进行实地观察和感官体验，培养他们观察细节、运用形象化语言进行描述的能力。

通过引导学生熟悉各种写作形式，他们能够在不同的写作任务中灵活运用适当的写作形式，丰富文章的表达方式，使其更加生动、具体和有说服力。同时，这也能够培养学生的写作技巧和创造能力，提高他们的文学素养和审美水平。

（三）培养学生的语言表达能力

1.词汇记忆与应用

学生需要通过积累和记忆大量的词汇，才能在表达时选择合适的词语。教师可以设计词汇记忆的活动，包括词汇卡片、词汇游戏等，帮助学生扩充词汇量。同时，在教学过程中，教师应引导学生学习词义、词性、搭配和用法等方面的知识，并引导学生在写作中正确运用词汇。

2.语法知识的讲解与练习

语法是语言的基础，学生需要掌握正确的语法规则和结构，才能准确地表达意思。教师可以通过讲解语法知识、提供语法练习和纠正常见错误等方式，帮助学生提高语法水平。此外，教师还可以引导学生分析范文中的语法结构和句型运用，使学生更好地理解和应用语法知识。

3.语言实践与模仿

语言的学习需要通过实践来巩固和运用。教师可以组织口语交流活动、写作讨论和角色扮演等活动，让学生有机会实践语言表达。同时，教师还可以引导学生模仿优秀的写作范本，通过分析和仿写，培养学生灵活运用语言的能力。

4.阅读与写作互动

阅读是提高语言表达能力的重要途径。教师可以鼓励学生大量阅读各类文学作品、新闻报道、科普文章等，丰富学生的知识储备和语言素材。同时，教师还可以组织阅读讨论，引导学生理解和分析文本，并结合自己的理解进行写作实践，提升语言表达能力。

5.写作指导与反馈

教师在学生写作过程中起到重要的指导和反馈作用。教师可以提供写作任务的具体要求和指导，引导学生进行思路拓展和结构规划。同时，教师还应及时给予学生写作作品的反馈，包括内容、语言和结构等方面的指导，帮助学生不断改进和提高语言表达的质量。

通过以上这些方式，教师能够全面培养学生的语言表达能力。学生掌握准确、丰富的词汇和语法知识，通过实践和模仿提高语言运用能力，通过阅读和写作互动提升语言表达水平，同时获得教师的指导与反馈，从而使学生能够自如、准确地用语言表达自己的思想和观点。

（四）注重写作的过程性和反馈性

1.确立写作目标和计划

在开始写作之前，学生需要明确自己的写作目标，并制订一个合理的写作计划。教师可以帮助学生分析题目要求，确定写作目标，并指导学生制定适合自己的写作计划，包括时间分配、内容组织、阶段性目标等。

2.头脑风暴和构思

在写作之前，学生可以进行头脑风暴，收集和整理与题目相关的想法和素材。教师可以引导学生进行头脑风暴，帮助他们思考和扩展观点，激发他们的创造力和想象力。同时，教师还可以提供写作框架和思维导图等工具，帮助学生进行有效的构思和组织。

3.写作初稿和修改

学生完成初稿后，教师可以对初稿进行评价和修改指导。教师可以关注内容的完整性、逻辑性和连贯性，语言的准确性和流畅性等方面，并提供具体的建议和修改意见。此外，教师还可以指导学生利用写作技巧和修辞手法来提升文章的表达效果。

4.校对和润色

在修改完初稿后，学生需要进行校对和润色，确保文章的语法、拼写和标点等方面没有错误。教师可以教授学生一些常见的校对技巧和注意事项，并指导学生进行仔细的校对和修改，以提高作品的整体质量。

5.给予反馈和建议

教师在学生完成作品后，应及时给予针对性的反馈和建议。教师可以指出学生写作中存在的问题和不足之处，并提供具体的改进方案和示范。同时，教师还应鼓励学生注意自我评价，培养他们对自己作品的批判性思维，从而不断提高自身的写作能力。

通过注重写作的过程性和反馈性，学生能够在多次修改和润色中逐步提升作品的质量。教师的指导和反馈能够帮助学生发现写作中存在的问题，提供具体的改进方案，并示范优秀的写作技巧和表达方式。这样，学生在不断的实践和反思中，能够逐渐提高自己的写作能力，达到更好的语言表达效果。

（五）营造良好的写作氛围和平台

1.设立写作角和资源

学校可以设立专门的写作角或写作室，为学生提供一个安静、舒适的写作环境。该空间应该配备必要的写作工具和参考资料，如字典、语法书籍、范文集等，以便学生在写作过程中进行查阅和参考。

2.开设写作课程和培训

学校可以开设针对不同年级和水平的写作课程，教授学生写作技巧和方法。这些课程可以包括分析题目要求、构思写作思路、组织文章结构、培养语言表达能力等内容。此外，学校还可以邀请专业写作教师或作家进行写作培训，为学生提供更加系统和深入的指导。

3.组织写作比赛和活动

学校可以组织定期的写作比赛和活动,鼓励学生积极参与。这些比赛和活动可以设立不同的主题和形式,如短文写作、辩论赛、演讲比赛等,从而激发学生的写作兴趣和创作激情。同时,学校还可以建立评奖机制,给予优秀作品和作者应有的认可和奖励。

4.提供个别化的写作指导和辅导

学校应该建立起个别化的写作辅导机制,为学生提供针对性的指导和帮助。学校可以设立写作辅导班或预约制的写作指导时间,让学生可以根据自己的需要进行咨询和辅导。同时,学校还可以指派专门的写作导师,与学生进行一对一的写作指导,帮助他们解决在写作中遇到的问题和困惑。

5.创造交流和展示的机会

学校应该鼓励学生参与文学社团、写作团队等相关活动,提供交流和展示的平台。学校可以组织写作讲座、读书分享会等活动,让学生有机会与同学和专业人士交流和分享自己的作品。此外,学校还可以举办写作展览或出版学生作品集,让学生的作品得以更广泛地展示和传播。

通过营造良好的写作氛围和提供相应的写作平台,学校能够激发学生的写作兴趣和潜能,促进他们在写作方面的成长和进步。学生可以在一个良好的写作环境中进行思考、创作和交流,通过与他人的互动和反馈来提高自己的写作能力。同时,学校的专业指导和支持也能够帮助学生解决写作过程中的问题和困惑,促使他们在写作中取得更好的成果。

四、培养学生的批判性思维能力

（一）培养信息获取和分析能力

1.提供多样化的文本材料

学校和教师可以提供多样化的文本材料,包括书籍、报纸、期刊、网页等,涵盖不同主题和领域。这些文本材料可以涉及科学、历史、文学、社会等各个方面,旨在培养学生获取和分析信息的广度和深度。

2.引导学生进行深入阅读与理解

教师应该引导学生进行深入的阅读和理解,培养他们对文本内容的敏感性和理解能力。通过针对性的问题和讨论,促使学生思考文本背后的含义和意图,并从中提取有效的信息和观点。

3.培养辨识信息来源和可靠性的能力

学生需要学会辨识信息的来源和可靠性，以便在信息获取过程中做出准确的判断和评估。教师可以引导学生分析文本作者的专业背景、机构的声誉和发布信息的目的，从而评估信息的可信度和可靠性。

4.分析文本的论证逻辑和说理方式

学生需要学会分析文本的论证逻辑和说理方式，了解作者使用的证据、推理和论证策略。教师可以引导学生分析文本中的观点、事实和推断，帮助他们理解作者的立场和意图，并培养批判性思维的能力。

5.培养对信息的评估和批判性思维

学校和教师应该鼓励学生对信息进行评估和批判性思考。学生需要学会提出合理的问题、质疑不明确的观点、比较不同文本之间的立场和观点。通过讨论和辩论，学生可以培养对信息的分析和评价能力，形成自己的独立思考和判断能力。

通过培养学生的信息获取和分析能力，学校可以帮助他们建立批判性思维的基础。这种批判性思维能力不仅对学术研究和学科学习有益，也对日常生活中的决策和问题解决具有重要意义。学生可以更准确地获取和利用信息，做出明智的判断和决策，同时也能够更好地理解和评价他人的观点和意见。

（二）引导学生提问和质疑

1.引导学生提出具体问题

教师可以引导学生通过提出具体问题来推动他们的思考和分析。例如，针对一篇科学文章，学生可以提问："研究中使用的数据是否足够充分和可靠？""研究结果是否可以推广到其他情境？"等。通过提出具体问题，学生能够更深入地思考和评估文本信息的可靠性和普适性。

2.鼓励学生质疑不明确的观点

教师应该鼓励学生质疑不明确的观点和陈述。学生可以提问："这个观点是基于什么样的前提条件？""是否存在其他可能的解释或观点？"等。通过质疑不明确的观点，学生可以培养批判性思维，进一步挖掘问题的复杂性和多样性。

3.引导学生分析论证逻辑的有效性

教师可以引导学生分析文本的论证逻辑，帮助他们判断论证是否有效和合理。学生可以提问："论证中的推理过程是否有逻辑漏洞？""是否存在相关的证据来支持论证的结论？"等。通过对论证逻辑的分析，学生能够更好地理解文本的观点和说理方式，并进行合理和有力的批判。

4.鼓励学生比较不同文本之间的观点和立场

教师可以引导学生比较不同文本之间的观点和立场，促使他们思考不同观点的优劣和差异。学生可以提问："不同作者对于同一问题有什么不同的观点？""他们的观点是否存在冲突或者共识？"等。通过比较不同观点，学生可以培养多元思考和分析的能力，形成更全面和客观的理解。

5.提供案例和实践机会

为了更好地培养学生的提问和质疑能力，教师可以提供案例和实践机会。例如，组织学生进行辩论或小组讨论，让他们在实践中提出问题、质疑观点，并据此展开深入讨论和分析。通过实际操作和实践经验，学生能够更直观地感受到提问和质疑对于批判性思维的重要性，并不断提升自己的能力。

通过引导学生提问和质疑，学校和教师可以培养学生的批判性思维能力。学生能够主动思考和评估信息，不轻易接受表面观点，而是从多个角度进行思考和分析。提问和质疑的能力将成为学生终身学习和发展的重要工具，帮助他们在各个领域中实现更深入和全面的理解。

（三）开展文本分析和讨论

1.选择有争议性或有代表性的文本

教师可以选择一些有争议性或有代表性的文本，如社会热点新闻、政治演讲、文学作品等。这样的文本往往涉及不同的观点和立场，可以为学生提供广阔的讨论空间。

2.引导学生进行文本分析

教师可以引导学生对选定的文本进行分析。学生可以从多个层面出发，分析文本的主题、结构、语言运用等。例如，他们可以探究作者的意图和目的，分析文本中的概念、论证和例证，解读隐喻和象征等。通过深入的文本分析，学生能够更全面地理解文本，并从中挖掘出更深层次的思想和信息。

3.引导学生讨论不同的观点和立场

在文本分析的基础上，教师可以引导学生针对不同的观点和立场展开讨论。学生可以从自己的角度出发，对文本中的观点进行评价和解构，同时也要尊重他人的观点并对其进行理性的辩证。在讨论过程中，学生可以表达自己的观点，并通过互相交流和辩论，进一步深化对文本的理解。

4.鼓励学生提出问题和质疑

在讨论过程中，教师应该鼓励学生提出问题和质疑。学生可以针对文本中的观点、论证和假设等进行提问，探究它们的合理性和可靠性。通过提问和质疑，学生能够培养批判性思维和批判性阅读的能力，同时也能够促使他们思考问题的多样性和复杂性。

5.组织总结和反思

在讨论结束后，教师可以组织学生进行总结和反思。学生可以回顾整个讨论过程，总结自己在文本分析和讨论中的收获和成长。同时，他们还可以反思自己的观点和立场是否发生了变化，以及为什么会有这样的变化。通过总结和反思，学生能够更全面地认识自己的思维方式和偏好，并不断提升自己的分析和评价能力。

通过开展文本分析和讨论，教师可以帮助学生培养批判性思维和分析能力。学生能够通过深入的文本分析，理解不同观点和立场的复杂性，同时也能够学会尊重他人的观点，并提出自己的见解。这样的讨论过程不仅能够提升学生的思维能力，还能够培养他们的合作和交流能力，为他们未来的学习和发展奠定坚实的基础。

（四）培养逻辑思维和推理能力

1.引导学生进行逻辑思维训练

教师可以引导学生参与一系列逻辑思维训练活动，例如推理游戏、谜题解答、逻辑迷宫等。这些活动可以锻炼学生的逻辑思维和问题解决能力。学生可以学会分析问题的因果关系、条件关系、排除选项等，从而培养他们的逻辑思维能力。

2.分析论证的前提和结论

在文本分析和讨论中，教师可以引导学生识别论证中的前提和结论。学生需要学会辨别哪些是论证的基础，哪些是得出的结论。通过分析论证的前提和结论，学生可以揭示出论证是否合理和有效，以及是否存在逻辑漏洞或谬误。

3.分析论证的有效性和说服力

教师可以引导学生评估论证的有效性和说服力。学生可以结合自己的知识和观点，分析论证中使用的证据、例子和逻辑关系等是否具有充分性和准确性。他们可以探究论证中是否存在假设、一般化和比拟等修辞手法，并评估其对论证的影响。通过分析论证的有效性和说服力，学生可以提升自己的批判性思维和推理能力。

4.寻找更有说服力的论证方式

教师可以引导学生寻找更有说服力的论证方式。学生可以思考如何提供更充足的证据支持，如何构建更严密的逻辑关系，以及如何运用合适的修辞手法来增强论证的力度。通过寻找更有说服力的论证方式，学生能够提高自己的分析和评价能力，同时也能够更好地表达自己的观点和论证。

5.组织逻辑思维和推理能力的反思与应用

在逻辑思维和推理能力的培养过程中，教师可以引导学生进行反思与应用。学生可以回顾自己在逻辑思维训练和论证分析中的收获和成长，思考如何将这些能力应用到实际生活和学习中。同时，他们还可以探究哪些领域需要逻辑思维和推理能力，并制订相应的提升计划。通过反思与应用，学生能够不断提升自己的逻辑思维和推理能力，为未来的学习和发展打下坚实的基础。

通过培养逻辑思维和推理能力，教师可以帮助学生发展批判性思维。学生能够学会分析论证的前提和结论，评估论证的有效性和说服力，并寻找更有说服力的论证方式。这样的训练和实践能够锻炼学生的思辨能力和问题解决能力，使他们在各种领域中能够做出准确、合理和有说服力的推理和判断。

（五）鼓励学生表达自己的观点

1.提供安全的学习环境

教师需要创造一个安全、尊重和包容的学习环境，鼓励学生自由地表达自己的观点。学生应该感到他们的意见被尊重和重视，不会遭受批评或歧视。教师可以倡导积极的沟通氛围，鼓励学生相互倾听和尊重，以促进理解和合作。

2.引导学生参与课堂讨论

教师可以设计各种形式的课堂讨论，鼓励学生主动参与并表达自己的观点。课堂讨论可以涉及各种话题，包括学术问题、社会问题和个人经验等。学生可以就这些话题交流和辩论，展示自己的观点，并互相挑战和启发。教师应该提供适当的引导，确保讨论有条理，参与者有机会发言，并鼓励不同意见的交流。

3.鼓励学生进行辩论活动

辩论活动是培养学生表达观点和辩护能力的有效手段。教师可以组织辩论赛或小组辩论，让学生以团队的方式就某个议题展开辩论。在辩论过程中，学生需要研究和准备相关的事实和论据，然后通过辩论来表达自己的观点并反驳对方的观点。辩论活动可以锻炼学生的逻辑思维、说服力和批判性思维，同时也培养他们的合作和沟通能力。

4.提供有效的反馈和指导

教师在学生表达观点的过程中，应该提供有效的反馈和指导。教师可以就学生的观点进行评价，并指出观点的合理性、说服力以及可以改进的地方。同时，教师也可以引导学生思考其他观点和证据，促使他们更全面地考虑问题，并进一步完善自己的观点。通过有效的反馈和指导，学生能够不断提升表达观点的能力，并更好地理解和尊重他人的观点。

5.培养批判性思维和逻辑思维

为了能够合理地表达和辩护观点，学生需要培养批判性思维和逻辑思维能力。教师可以通过训练和实践，帮助学生学会分析问题、评估证据和逻辑关系，并将其运用到自己的观点表达中。学生需要学会清晰地陈述观点，提供充分的论据支持，并能够理性地回应他人的质疑和反对。通过培养批判性思维和逻辑思维，学生能够更加准确、有说服力地表达自己的观点。

通过鼓励学生表达自己的观点，教师可以培养学生的自信心和表达能力。学生能够通过参与课堂讨论和辩论活动，锻炼自己的表达观点和辩护能力，并从他人的观点中获得启发和反思。同时，教师还需提供有效的反馈和指导，帮助学生不断提升表达观点的能力，并培养批判性思维和逻辑思维能力。这样的培养能够帮助学生更好地理解和处理复杂的问题，提高他们的学术水平和综合素养。

五、培养学生的跨文化交际能力

（一）提供多元文化的学习材料

1.引入多元文化的经典作品

教师可以引导学生阅读来自不同文化背景的经典作品，如中国古代的《红楼梦》、印度的《摩诃婆罗多》、美国的《哈姆雷特》等。这些经典作品反映了各个文化的历史、价值观和社会背景。通过阅读和分析这些作品，学生可以了解并比较不同文化之间的思维方式和思想观念，培养跨文化的理解和尊重。

2.探索多元文化的当代作品

除了经典作品，教师还可以引入来自不同文化背景的当代作品，如现代小说、诗歌、电影等。这些作品可以包括亚洲、非洲、欧洲、美洲等不同地区的文化表达。学生可以通过阅读和观看这些作品，了解当代多元文化的现状和变化，拓宽视野，培养对世界多样性的认知和包容心态。

3.组织跨文化交流和体验活动

教师可以组织学生进行跨文化交流和体验活动，与其他文化背景的学生或社区进行互动。这些活动可以包括参观文化展览、参加国际文化节、与外籍学生交流等。通过与他们交流和合作，学生能够更深入地了解其他文化的特点、习俗和传统，促进跨文化的交流和理解。

4.鼓励学生分享个人文化经验

教师可以鼓励学生分享自己的文化经验，无论是家庭传统、节日习俗还是民族特色等。学生可以通过口头或书面形式表达自己的文化背景，并和其他同学分享。这种分享可以促进学生之间的相互理解和尊重，同时也丰富了课堂的多元文化氛围。

5.运用多媒体资源展示多元文化

教师可以利用多媒体资源，如视频、音频、图片等，展示来自不同文化背景的艺术作品、音乐、舞蹈等。通过观看和欣赏这些多元文化的艺术形式，学生可以感受到其他文化的独特之处，培养审美情趣和跨文化的审视能力。

通过引入多元文化的学习材料，学生可以拓宽视野，了解不同文化的思维方式、价值观和社会习惯。他们可以通过阅读经典作品和当代作品，参与跨文化交流和体验活动，分享个人文化经验以及观赏多元文化的艺术作品，培养对其他文化的敏感性和理解力。这样的学习能够帮助学生建立全球意识和跨文化的沟通能力，在一个多元文化的社会中更好地生活和发展。

（二）开展跨文化交流活动

1.组织国际交流项目

学校可以与其他国家的学校建立合作关系，组织学生参加国际交流项目。这些项目可以包括学生的互访交流、文化交流活动、共同参与课题研究等。通过与来自不同地区或国家的学生进行面对面的交流，学生可以亲身体验其他文化的生活方式和价值观念，增进对其他文化的理解和尊重。

2.参与学校间的文化交流活动

学校可以组织学生参加学校间的文化交流活动，如学校联谊、艺术展览、运动比赛等。学生可以与其他学校的学生共同参与活动，展示自己的文化特色，了解对方的文化背景，并在活动中展开交流和互动。这样的活动可以促进学生之间的友谊和合作，培养跨文化交际的能力。

3.进行线上协作和交流

学校可以利用信息技术手段，组织学生进行线上协作和交流。学生可以通过网络平台与来自不同地区或国家的学生进行合作项目、讨论活动、语言交流等。通过线上交流，学生不受地域限制，可以与更多不同文化背景的学生进行交流，加深对其他文化的了解，并提高跨文化交际技能。

4.建立国际友好学校关系

学校可以与其他国家的学校建立友好学校关系，促进教师和学生之间的交流。学校可以派遣教师赴对方学校进行交流访问，与对方教师共同探讨教学方法、课程设计等话题，并组织学生之间的交流活动。这样的交流可以促进教师间的专业成长和教育理念的交流，同时也为学生提供了与其他文化背景的学生交流的机会。

5.创设跨文化交流平台

学校可以创设跨文化交流平台，在平台上展示学生的作品、分享文化经验，以及提供跨文化交流的资源和机会。学生可以在平台上发布自己的作品、参与在线讨论、与其他学生进行交流等。这样的平台可以为学生提供一个自由交流、学习和成长的空间，培养他们的跨文化沟通能力和全球意识。

通过开展跨文化交流活动，学生可以与来自不同地区或国家的学生进行交流，实践跨文化交际能力。这样的活动可以通过组织国际交流项目、学校间的文化交流活动、线上协作和交流、建立国际友好学校关系以及创设跨文化交流平台等方式进行。在交流活动中，学生需要运用所学的语言技能和文化知识，了解对方的文化背景、交际方式和习惯，积极倾听和尊重对方的观点，避免误解和冲突，并努力建立友好的相互关系。这样的跨文化交流活动有助于培养学生的跨文化交际能力，增进对其他文化的理解和尊重，以及促进全球化时代的交流与合作。

（三）培养语言灵活运用能力

1.引导学生学习不同文化背景下的语言表达方式

教师可以引导学生学习不同文化背景下的语言表达方式。比如，在英语中，不同国家或地区有不同的口音、词汇使用习惯和语法结构等。教师可以通过教授不同文化背景下的英语表达方式，帮助学生理解并适应不同的语言环境。

2.教授礼貌用语和习惯用语

学生在跨文化交流中需要注意使用礼貌用语和习惯用语。不同文化之间对于礼貌的要求和表达方式可能存在差异。教师可以教授学生不同文化背景下的礼貌用语，如问候语、感谢表达和道歉等，并让学生通过实践运用，提高语境适应能力。

3.组织语言实践活动和角色扮演

语言学习需要实践，教师可以组织语言实践活动和角色扮演，让学生在真实场景中运用所学语言，锻炼灵活运用的能力。例如，模拟餐厅点餐对话、购物交流、工作面试等情境，让学生扮演不同角色，进行对话和交流。

4.鼓励学生主动参与语言交流

教师可以鼓励学生主动参与语言交流，提高他们的口语表达能力。可以组织小组或全班讨论活动，让学生就特定话题展开讨论，并互相倾听和回应。此外，教师还可以鼓励学生参加辩论赛、演讲比赛等活动，提高他们的口头表达能力和语言灵活运用能力。

5.提供多样化的学习资源和实践机会

教师可以为学生提供多样化的学习资源和实践机会，帮助他们培养语言灵活运用能力。可以利用多媒体资源、在线学习平台等，让学生接触到不同文化背景下的语言使用情境和实践材料。同时，教师也可以组织学校参与语言竞赛、国际交流项目等，提供更广阔的语言实践机会。

通过引导学生学习不同文化背景下的语言表达方式、教授礼貌用语和习惯用语、组织语言实践活动和角色扮演、鼓励学生主动参与语言交流，以及提供多样化的学习资源和实践机会，学校可以帮助学生培养语言灵活运用能力。这样的能力可以使学生在跨文化交流中更好地适应语言环境，准确表达自己的想法和理解对方的意思，促进跨文化交流的顺利进行。

（四）培养跨文化意识和包容性

1.引导学生了解不同文化之间的差异和共同点

教师可以引导学生通过讲解和讨论了解不同文化之间的差异和共同点。可以通过介绍不同国家的历史、价值观、社会习惯等方面的知识，帮助学生认识到文化差异的存在，并理解不同文化背后的原因和影响。同时，也要强调不同文化之间可能存在的共同点，以促进学生对其他文化的理解和包容。

2.培养学生尊重和包容其他文化的态度

教师可以通过讨论和案例分析等方式，引导学生思考并培养尊重和包容其他文化的态度。教师可以提供一些具有挑战性的情境，让学生从多样化的角度思考问题，并尊重不同观点和观念。同时，教师要给予肯定和鼓励，鼓励学生表达自己的看法，并尊重他人的不同观点和文化背景。

3.帮助学生认识到个人文化观念的局限性

教师可以帮助学生认识到个人文化观念的局限性。学生需要意识到自己的观念和行为方式是受到文化背景和社会环境的影响的，不同文化可能有不同的解释和理解方式。教师可以通过案例分析、角色扮演等活动，让学生亲身体验到自己的文化观念和行为方式在跨文化交流中可能存在的偏见和误解，从而增强对其他文化的包容性。

4.培养学生的跨文化沟通能力

教师可以通过实践活动和角色扮演等方式，培养学生的跨文化沟通能力。学生需要学习如何在跨文化交流中倾听和理解他人的观点，并能够准确表达自己的意思。教师可以组织跨文化团队合作项目，让学生与来自不同文化背景的同学合作完成任务，促进彼此之间的交流和理解。

5.提供多元化的学习资源和实践机会

教师可以为学生提供多元化的学习资源和实践机会，以培养跨文化意识和包容性。

可以引入多样化的文化材料,如电影、音乐、文学作品等,让学生接触到不同文化的表达和艺术形式。同时,教师还可以组织学校参加国际交流项目、文化体验活动等,让学生亲身感受其他文化,加深对其他文化的理解和包容。

通过引导学生了解不同文化之间的差异和共同点、培养尊重和包容其他文化的态度、认识个人文化观念的局限性、培养跨文化沟通能力,以及提供多元化的学习资源和实践机会,学校可以帮助学生培养跨文化意识和包容性。这样的能力可以使学生在跨文化交际中更加敏感和适应,促进不同文化之间的和谐互动和有效沟通。

(五)提供跨文化交际的评估和反馈机制

1.设计评估任务和评价标准

教师可以设计一系列跨文化交际的评估任务,确保评估内容全面、具体。例如,可以让学生参与模拟跨文化对话或情境演练,观察他们的倾听能力、表达能力和解决问题的能力等。同时,还可以要求学生撰写有关跨文化经验的反思性作文,从中评估他们的文化意识和包容性。评价标准应该明确具体,以便学生清楚了解自己在哪些方面需要提升,教师也便于对学生进行准确的评估。

2.提供针对性的反馈和建议

在评估过程中,教师应及时给予学生针对性的反馈和建议。可以通过写批注或面对面的讨论方式提供详细的评价,指出学生在跨文化交际中的优点、不足和改进方向。同时,教师可以鼓励学生互相评价和给予建议,促进学生之间的互动和学习。

3.组织跨文化交流活动

为了促进学生的跨文化交际能力发展,教师可以组织跨文化交流活动。可以与其他学校或机构合作,让学生有机会与来自不同文化背景的学生交流和合作。通过这些活动,教师可以观察学生在实际交流中的表现,并根据观察结果进行评估和反馈。

4.提供培训和指导

针对学生在跨文化交际中存在的问题和不足,教师可以提供相应的培训和指导。可以开设相关课程或研讨会,向学生传授跨文化交际的技巧和策略。教师还可以为学生提供有关跨文化交际的阅读材料和资源,帮助他们深入了解跨文化交际的要求和挑战。

5.鼓励自主学习和反思

除了教师的评估和反馈,学生也应该被鼓励进行自主学习和反思。他们可以通过自主阅读、参加跨文化活动或交流项目等方式进一步提升自己的跨文化交际能力。同时,学生应该被鼓励定期进行反思,思考自己在跨文化交际中的成长和不足,并制订改进计划。

通过设计评估任务和评价标准、提供针对性的反馈和建议、组织跨文化交流活动、提供培训和指导，以及鼓励自主学习和反思，可以建立起有效的跨文化交际的评估和反馈机制。这样的机制可以帮助学生全面了解自己的跨文化交际能力水平，并得到持续的指导和支持，从而不断提升自己的跨文化交际能力。

第三节　现代语文教育对学生的培养意义和社会价值

一、提高个人能力素质

（一）提高思维能力

语文学习可以培养学生的思维能力，包括逻辑思维、分析问题和解决问题的能力。通过阅读各种文本，学生可以学会辨析信息，提取关键点，培养自己的逻辑思维能力。同时，语文学习注重对文本的理解和分析，要求学生能够分析作者的意图、观点和论证过程，培养学生的批判性思维和分析问题的能力。通过解决文本中的问题，学生可以锻炼自己的问题解决能力，提高自己的思维能力。

（二）提升表达能力

语文学习可以提高学生的表达能力，包括口头表达和书面表达。通过朗读、演讲和辩论等活动，学生可以提高自己的口头表达能力，锻炼自己在公众场合的表达能力。同时，语文学习注重培养学生的写作能力，要求学生能够准确地表达自己的观点和想法。通过写作，学生可以训练自己的逻辑思维和组织能力，提高自己的文字表达能力。良好的表达能力可以使学生更好地与他人沟通交流，增强彼此之间的理解和合作。

（三）激发创造力

语文学习可以激发学生的创造力，培养他们的想象力和创新精神。通过阅读文学作品，学生可以进入作者构建的想象空间，体验到各种美妙的情节和故事情节，从而激发自己的想象力。此外，语文学习也注重培养学生的文学创作能力，鼓励他们进行段落写作、诗歌创作等活动，通过创作实践，培养学生的创新意识和审美能力。创造力是现代社会所重视的一种能力，语文学习可以为学生的未来发展提供创造力的基础。

（四）拓宽知识面

语文学习涉及广泛的文化领域，可以帮助学生拓宽知识面。通过阅读各种文本，学生可以了解不同领域的知识，如历史、文学、科学等。同时，语文学习注重培养学生的阅读理解能力，要求他们理解文本中的事实、观点和论证过程。通过对文本的理解和分析，学生可以系统地积累各种知识，提高自己的综合素养。

（五）提高审美情趣

语文学习可以培养学生的审美情趣，使他们更加敏感和欣赏艺术。通过阅读文学作品和欣赏优秀的艺术作品，学生可以体验到美的感受和情感共鸣。语文学习注重培养学生对文学和艺术的理解和鉴赏能力，要求他们从文本中捕捉到美的元素和意义，并能够表达自己的审美观点。良好的审美情趣可以使学生更加热爱生活，享受美好的人文环境。

二、培养学生的综合素养

（一）培养阅读理解能力

语文教育注重培养学生的阅读理解能力，使他们能够准确理解和分析各种文本。通过阅读文学作品、报纸杂志以及学科专业文献，学生可以了解不同领域的知识和观点。语文教育通过引导学生提取文本中的关键信息、理解作者意图和推理推断等活动，培养学生的阅读理解能力。这种能力不仅可以帮助学生更好地理解和解读文本，还可以拓宽他们的视野，增强对世界和社会的理解。

（二）提升写作表达能力

语文教育注重培养学生的写作能力，使他们能够准确、清晰地表达自己的观点和想法。通过写作练习，学生可以锻炼自己的组织能力和逻辑思维，提高自己的表达能力。语文教育注重培养学生的写作素养，包括语法、词汇、修辞和篇章结构等方面的训练。良好的写作表达能力不仅可以帮助学生更好地沟通和交流，还可以培养他们的思考能力和创造力。

（三）培养批判性思维能力

语文教育注重培养学生的批判性思维能力，使他们能够独立思考、辨析信息，并对其进行评估和判断。通过分析文本、思考问题和进行辩论等活动，学生可以锻炼自己的批判性思维和推理能力。语文教育注重培养学生的批判性阅读能力，要求他们能够审视文本中的事实、观点和论证过程，并能够提出自己的看法。批判性思维能力是现代社会所需要的一种重要能力，它可以帮助学生更好地理解和应对复杂的社会问题。

（四）促进学科交叉融合

语文教育注重学科交叉融合，使学生能够将语文知识与其他学科知识相结合，拓宽对知识的整体认识。语文教育通过引导学生阅读各种学科的专业文献和相关资料，培养他们在学科领域中的能力和素养。同时，语文教育注重培养学生的学习方法和思维方式，使他们能够独立、批判地思考问题，并能够进行跨学科的综合分析。

（五）提高人文素养

语文教育注重培养学生的人文素养，使他们能够更好地理解和欣赏文学艺术作品。通过阅读文学作品，学生可以接触到各种优秀的人文精神和价值观念。语文教育注重培养学生对文学作品的鉴赏能力，要求他们能够理解作品中的情感、思想和审美意义，并能够表达自己的感受和见解。人文素养可以培养学生的情感认同和社会责任感，使他们成为有爱心、有担当的社会公民。

三、增强文化自信和民族认同

（一）传承优秀传统文化

作为中国的国粹之一，语文教育在学生的成长过程中起到了传承和弘扬中华优秀传统文化的重要作用。通过学习中国古代文化和经典著作，学生可以深入了解中华传统文化的核心价值观和思想精髓，如仁义礼智信、道德修养等。同时，通过传统文化的学习，学生能够认识到中国文化的博大精深，从而增强对中华文化的自豪感和认同感。传承优秀传统文化，不仅有助于培养学生的文化素养和综合素质，更重要的是塑造了学生正确的价值观和人生观。

（二）培养文化自信心

语文教育通过学习和欣赏中华文学、艺术和哲学作品，培养学生的审美情趣和文化素养，提升他们的自信心。学生在接触到各种形式的文化表达后，可以逐渐形成自己的审美观念和文化品位。这种文化自信心不仅体现在对中华文化的自信，也体现在面对其他文化时的开放和包容。通过学习中华优秀传统文化，学生能够感受到自己作为中华民族一员所拥有的独特文化底蕴，从而培养起自己对民族文化的自信心，为个人的成长和未来的发展打下坚实的文化基础。

（三）加深对民族历史的认知

语文教育通过学习中国古代文学作品和历史事件，帮助学生了解民族历史的沧桑和辉煌。学生可以从中汲取正面的精神力量，并了解到民族在历史长河中的复兴和崛起。通过对民族历史的认知，学生可以增强对中华民族身份的认同感和自豪感。了解民族历史能够让学生深刻认识到民族团结和文化传承的重要性，激发他们为实现国家繁荣富强、民族复兴贡献自己的力量。

（四）培养文化交流意识

语文教育注重培养学生的文化交流意识，使他们具备开放和包容的心态。通过学习不同地域、不同时期和不同文化背景下的文学作品和思想观点，学生可以拓宽自己的文化视野，提升跨文化交流能力。这种文化交流意识有助于促进不同民族和文化之间的理解和和谐发展。通过学习中华优秀传统文化以及其他国家和地区的文化，学生可以深刻体会到不同文化之间的共通之处和差异之处，培养出包容、尊重和欣赏他人文化的心态，为构建人类命运共同体做出自己的贡献。

（五）弘扬中华民族精神

语文教育通过学习中国古代文化和经典著作，培养学生的爱国情怀和责任意识。学生能够从中领悟到中华民族的传统美德和精神追求，如忠诚、勤奋、坚毅等。这些中华民族精神的弘扬可以让学生树立正确的人生观和价值观，引导他们投身于社会发展的伟大事业中，为社会的发展和进步做出积极贡献。同时，通过了解中华民族的传统美德和精神追求，学生可以树立正确的道德观念，培养自己的社会责任感和公民意识。

四、提高社会交往能力

（一）培养良好的口头表达能力

语文教育通过朗读、演讲等活动，帮助学生提高自己的口头表达能力。学生在朗读经典文学作品、背诵古诗词等活动中，可以提升自己的语音语调和语言表达能力，培养流利、准确、自信的口头表达能力。同时，通过组织演讲比赛等活动，让学生锻炼在公众场合的表达能力，培养他们的表达自信心和应对能力。良好的口头表达能力不仅能够使学生更好地与他人进行交流，还能够提高他们的影响力和说服力，为未来的社会交往打下坚实的基础。

（二）促进有效的书面表达能力

语文教育注重培养学生的书面表达能力，通过写作、作文等活动，提高学生的文字表达能力和写作技巧。学生在写作过程中，需要思考清晰、逻辑严密、结构合理，并正确运用语言工具。通过反复的写作训练，学生能够培养起良好的写作习惯和能力，掌握有效的表达方式，提高文字表达的准确性和地道性。良好的书面表达能力对于学生在学业上的提高、社交活动中的表达和沟通都起着至关重要的作用。

（三）培养合作意识和团队精神

语文教育注重培养学生的合作意识和团队精神，通过小组讨论、合作写作等活动，使学生能够与他人有效地沟通、协调和合作。在小组活动中，学生需要学会倾听他人的意见，尊重不同观点，并积极参与集体讨论和决策。同时，通过合作写作等活动，学生能够学会与他人合作完成一项任务，培养团队合作精神和解决问题的能力。合作意识和团队精神的培养可以使学生更好地适应社会环境，提高与他人合作的效果，为将来的团队合作和社会交往打下良好基础。

（四）开展辩论和讨论活动

语文教育通过开展辩论和讨论活动，激发学生的思维能力和逻辑推理能力。在辩论和讨论活动中，学生需要提出自己的观点，论证自己的观点，并与他人进行辩驳和交流。通过这些活动，学生能够锻炼自己的思辨能力和逻辑思维能力，提高自己在争论和辩论中的表达能力和论证能力。同时，辩论和讨论活动还可以培养学生的辩证思维能力和对多元观点的接受能力，增强学生的思辨能力和思维敏锐度。

（五）培养良好的社交技巧和人际关系能力

语文教育通过各种形式的交流活动，如小组讨论、演讲比赛等，帮助学生培养良好的社交技巧和人际关系能力。学生在与他人交流的过程中，需要学会倾听他人、尊重他人，并灵活运用语言表达自己的观点。通过这些活动，学生能够提高自己的社交能力，增强与他人的沟通和交流能力，培养良好的人际关系，建立起健康、积极的人际网络。

五、培养良好的价值观和道德品质

（一）学习优秀文本，引领正确的价值观

语文教育通过学习优秀的文本，如经典文学作品、名人传记等，帮助学生理解和感受其中蕴含的道德价值。这些文本包含了丰富的人生哲理和伦理道德观念，通过阅读和研究，学生可以从中汲取智慧和启示，形成自己正确的价值观。例如，《红楼梦》中揭示了人生的虚幻和世俗的空泛；《论语》中强调了礼仪、忠诚和孝道等正面的品质。通过对这些文本的深入理解，学生可以树立正确的人生观和价值观，引导他们在日常生活中做出正确的选择和决策。

（二）培养学生的道德情感和道德责任感

语文教育注重培养学生的道德情感和道德责任感。通过阅读文学作品中的人物形象和情节，学生可以感受到其中蕴含的正面情感，如友爱、亲情、真实等。同时，通过分析作品中的道德困境和抉择，引导学生思考道德问题，并反思自己的行为。语文教育还通过讨论和互动，激发学生的道德责任感，使他们能够意识到自己应该承担的社会责任和道德义务。通过这样的教育，学生可以培养出具有良好道德情感和道德责任感的品质。

（三）启发学生的思想独立性和判断力

语文教育注重培养学生的思想独立性和判断力。通过对文学作品中的人物形象和情节进行分析和解读，学生可以培养出批判性思维和独立思考的能力。他们可以从不同的角度思考作品中所表达的道德观念和价值理念，并形成自己的见解和立场。语文教育还鼓励学生表达自己的观点，并接受他人的不同意见和观点，培养开放、包容的思维方式。通过这样的培养，学生可以形成独立、成熟的思想，并在面对道德问题时能够做出明智的判断和选择。

（四）倡导公民道德和社会责任感

语文教育注重培养学生的公民道德和社会责任感。通过学习文学作品、阅读新闻报道等，学生可以了解社会现象和问题，认识到自己作为公民应该承担的责任和义务。语文教育还通过讨论活动，引导学生关注社会问题，思考解决问题的方法和途径。同时，语文教育还注重培养学生的社会关爱意识，鼓励他们参与公益事业，关心弱势群体，并通过实际行动来践行公民责任。通过这样的教育，学生可以树立起积极的社会价值观，成为具有社会责任感的公民。

（五）引导学生树立正确的人生追求和人生目标

语文教育通过学习文学作品中的人物形象和情节，引导学生思考人生的意义和价值，树立正确的人生追求和人生目标。学生在阅读和研究作品中的人物形象时，可以从中汲取精神力量，受到鼓舞和启示。通过分析人物的人生轨迹和经历，学生可以对人生价值和人生目标进行深入的思考，并为自己的未来规划和发展制定合理的目标和方向。语文教育通过这样的方式，帮助学生树立正确的人生观和目标，成为具有责任感、有追求的人。

第二章 整体观念下的现代语文课程设计

第一节 整体观念在语文教育中的作用和意义

整体观念是指将事物看作一个有机整体来认识和理解的观念。在语文教育中，整体观念具有重要的作用和意义。本节将从教育角度探讨整体观念在语文教育中的作用和意义。

一、整体观念在语文教育中的作用

（一）培养学生的综合思维能力

整体观念在语文教育中的作用之一是培养学生的综合思维能力。语文学科是一门综合性学科，学生需要从整体上理解、把握和运用语言运作的规律和特点。通过培养整体观念，可以帮助学生将各个知识点和技能相互联系起来，形成系统化的学习框架，提高学生的综合分析和解决问题的能力。

在语文学习过程中，学生需要掌握词汇、语法、修辞手法等各个方面的知识，同时还要学会运用这些知识进行文本的阅读、理解和表达。通过整体观念的引导，学生可以将这些零散的知识点整合起来，形成一个整体的认知结构。他们可以更好地理解语言运作的规律和特点，发现其中的内在联系，并能够有针对性地运用这些知识解决实际问题。

（二）加强语文知识的连贯性和延伸性

整体观念在语文教育中的另一个重要作用是加强语文知识的连贯性和延伸性。语文学科中的文本往往具有内在的逻辑关系和结构。通过培养整体观念，学生可以更好地理解文本的整体意义和结构，将各个知识点进行有机整合，使之成为一个完整的知识体系。

例如，在阅读一篇文章时，学生不仅需要理解其中的词语、句子的含义，还要把握作者的意图、主题和结构等。通过整体观念的引导，学生可以将各个部分联系起来，形成一个整体的认知模型，从而更好地理解和解读文本。同时，整体观念还能帮助学生将所学的语文知识应用到其他领域，拓宽他们的学科知识面，提高他们的学习效果和综合能力。

（三）培养学生的审美情趣和文化素养

整体观念在语文教育中的作用还表现在培养学生的审美情趣和文化素养方面。语文学科涉及文学作品的欣赏和解读，而文学作品往往是一个有机的整体。通过培养整体观念，学生可以更好地领略文学作品的艺术魅力和内在价值，提高他们的审美情趣和文化素养。

在语文学习过程中，学生需要读诵经典文学作品，欣赏不同体裁、不同风格的文学作品。通过整体观念的引导，学生可以更好地理解作品的整体结构和主题思想，体会作品所表达的情感和意义。这对于培养学生的审美情趣和文化素养具有重要的作用。同时，整体观念还能帮助学生将文学作品与现实生活联系起来，深入思考作品背后所传递的人生哲理和社会意义。

（四）培养学生的社会责任感和价值观

整体观念在语文教育中的作用之一是培养学生的社会责任感和价值观。语文教育不仅仅是传授语言知识和技能，更重要的是培养学生的思想道德品质和社会责任感。通过整体观念，学生能够从整体上理解和领悟人类文明的发展过程和人类共同面临的问题，培养他们的社会责任感和价值观。

在语文学习过程中，学生接触到多种文本，包括文学作品、历史材料、社会评论等。通过整体观念的引导，学生可以将这些文本联系起来，了解不同文本之间的关联和相互作用，形成对社会问题的全面认识。这有助于培养学生的社会责任感，使他们能够从整体上思考社会问题，具备独立思考的能力，并形成积极向上的价值观。

整体观念在语文教育中的作用是多方面的。它能够培养学生的综合思维能力，加强语文知识的连贯性和延伸性，培养学生的审美情趣和文化素养，以及培养学生的社会责任感和价值观。因此，在语文教育中，我们应该重视整体观念的培养，通过设计合理的教学活动和评价方式，引导学生从整体上理解和把握语文知识，提高他们的综合能力和发展潜力。

二、整体观念在语文教育中的意义

（一）促进学科知识的有机整合

整体观念在语文教育中的意义在于促进学科知识的有机整合。语文学科是一个复杂而庞大的知识体系，其中涉及语法、修辞、作文、阅读等多个方面的知识和技能。通过培养整体观念，可以帮助学生将这些零散的知识点进行有机整合，形成一个完整的知识网络，提高学生的学习效果和综合能力。

在语文学科中，不同的知识点之间存在着内在的联系和相互影响。例如，在学习作文时，学生需要了解语法、修辞、写作技巧等知识，并将其整合运用到实际写作中。如果缺乏整体观念，学生容易将这些知识点当作孤立的内容来学习，导致知识无法有效应用。而通过培养整体观念，学生能够将不同的知识点相互联系，形成全面的学科认知结构，提高学习效果。

（二）培养跨学科思维和解决问题的能力

整体观念在语文教育中的意义还在于培养学生的跨学科思维和解决问题的能力。语文学科与其他学科密切相关，通过培养整体观念，可以帮助学生将语文知识与其他学科知识相融合，拓宽学生的视野，提高他们的综合分析和解决问题的能力。

在现实生活中，很少有问题是单一学科所能解决的，往往需要跨学科的知识和思维方式来分析和解决。培养整体观念可以让学生更好地理解和应用不同学科的知识，促使他们形成跨学科的思维方式。例如，在阅读一篇历史文章时，学生不仅需要了解历史背景和事件，还需要运用语文学科的分析技巧和修辞手法来理解文章的意义。通过培养整体观念，学生能够更好地将不同学科的知识和思维方式结合起来，提高解决问题的能力。

（三）培养学生的批判思维和创新能力

整体观念在语文教育中的意义还在于培养学生的批判思维和创新能力。语文学科要求学生对文本进行深入的分析和思考，要求他们具备批判性思维和创新思维的能力。通过培养整体观念，可以帮助学生从整体上理解和把握文本的内在逻辑和结构，培养他们的批判思维和创新能力。

在语文学科中，学生需要通过阅读、写作等活动来理解和表达自己的思想和观点。培养整体观念可以让学生更好地理解文本的全貌和脉络，从而提升他们的批判思维能力。同时，整体观念也能够激发学生的创新能力，帮助他们在文本分析和创作中提出新颖的见解和观点。

（四）提升学生的综合素质和终身学习能力

整体观念在语文教育中的意义还在于提升学生的综合素质和终身学习能力。语文学科是一门涉及面广、内容多样的学科，通过培养整体观念，可以帮助学生形成综合性的学习能力，提高他们的自主学习和持续学习的能力，为他们未来的学习和发展奠定坚实的基础。

通过培养整体观念，学生能够更好地理解和应用语文知识，提高语文素养。同时，整体观念也能够培养学生的学习方法和学习策略，使他们具备独立学习和批判思考的能力。这种综合性的学习能力不仅在语文学科中有用，也会对其他学科和未来的终身学习产生积极影响。

第二节 现代语文课程设计的原则

一、综合性原则

（一）任务型阅读与写作训练

任务型阅读是一种将阅读与实际任务相结合的教学方法。通过给学生提供一个具体的任务，要求他们在阅读过程中获取相关信息并完成任务，培养学生的阅读策略和思辨能力。在任务型阅读中，还可以结合写作训练，例如要求学生在完成阅读任务后，撰写一篇关于所读内容的文章。这样既锻炼了学生的写作能力，又巩固了他们的阅读理解能力。

（二）听说技能与口语交际能力培养

现代语文课程应注重培养学生的听说技能和口语交际能力。通过多种听说活动，如小组讨论、角色扮演、演讲比赛等，提高学生的口头表达和听说技巧。同时，要注重培养学生的听力理解能力，引导他们能够准确理解他人的观点，并能用流利、准确的语言进行回应和表达。

（三）批判性思维与创新意识培养

语文课程应重视培养学生的批判性思维和创新意识。通过学习优秀的文学作品和传统文化，引导学生深入思考，培养他们的批判性思维能力。同时，要鼓励学生发挥想象力，进行创造性的写作和表达，培养他们的创新意识和创造力。

（四）跨学科融合与综合素养培养

语文课程应与其他学科进行跨学科融合，将语文知识与其他学科的内容结合起来，培养学生的综合素养。例如，在阅读文学作品时，可以引导学生了解作品所涉及的历史、文化、科学等方面的知识。通过这样的融合，不仅能够加深学生对语文知识的理解，还能够培养他们的跨学科思维和综合分析能力。

（五）情感态度与人文关怀培养

语文课程应注重培养学生的情感态度和人文关怀。通过学习文学作品和传统文化，引导学生关注人类的情感体验和人类命运的关键问题。同时，要培养学生的人文关怀，鼓励他们关爱他人，关注社会热点，并通过语言表达传递爱与关怀。这样能够培养学生的情感智慧和社会责任感。

综合性原则是现代语文课程设计的核心，通过整合语文技能、培养听说能力、培养批判性思维、跨学科融合和培养情感态度，能够全面提升学生的语文综合素养，使他们成为具有综合能力的现代公民。这种综合性的设计能够更好地满足学生的学习需求，提高他们的学习动机和学习效果。

二、学生中心原则

（一）个性化学习

学生中心原则强调因材施教，注重满足学生的个体差异。在语文课程设计中，可以通过分级教学、个别辅导等方式提供个性化学习支持。通过了解学生的学习风格、兴趣爱好、学习动机等方面的信息，为每个学生设计合适的学习计划和任务，让他们在自己的舒适区内学习，并在适当的时候给予挑战，促进他们的个人成长。

（二）启发式教学

学生中心原则要求教师从引导学生主动探究、发现问题的角度出发，采用启发式教学方法。教师可以通过提出问题、激发思考、组织学生进行探究活动等方式，引导学生积极参与课堂，培养他们的创新思维能力和解决问题的能力。同时，要鼓励学生提出自己的观点和见解，并在交流中不断完善和深化自己的思考。

（三）多元评价

学生中心原则倡导多元评价，注重关注学生的全面发展和多方位表现。传统的考试评价方式往往只注重知识掌握的结果，而忽视了学生的创新能力和综合素养。因此，在语文课程设计中，可以采用多种评价手段，如作品展示、口头报告、小组讨论等，综合评估学生的语言表达能力、批判性思维能力、团队协作能力等多个方面的表现。

（四）参与式学习

学生中心原则强调学生的主动性和参与度。在语文课程设计中，教师可以通过小组合作、角色扮演、实践活动等方式，激发学生的学习兴趣，鼓励他们积极参与课堂互动。同时，要给予学生更多的自主选择权，让他们在学习过程中提出问题、解决问题，并以自己的方式呈现学习成果，培养他们的自主学习能力和创造性思维能力。

（五）情感关怀与终身学习

学生中心原则强调对学生的情感关怀和终身学习的培养。教师应关注学生的情感需求，建立良好的师生关系，让学生在学习中感受到被尊重和被理解。同时，要培养学生的终身学习意识，引导他们形成持续学习的习惯和能力，激发他们对知识的渴望，并培养他们终身学习的动机和能力。

学生中心原则的实施能够促进学生的个性化发展、创新能力的培养和自主学习能力的提升。通过关注学生的个体差异、启发式教学、多元评价、参与式学习和情感关怀与终身学习的培养，能够使学生在语文学习中获得更好的体验和成长。同时，学生中心的课程设计也能够提高学生的学习动机和学习效果，为他们未来的发展打下坚实的基础。

三、融合性原则

（一）跨学科整合

融合性原则强调将语文知识与其他学科知识进行跨学科整合。在语文课程设计中，可以引入科学、历史、地理、艺术等学科的内容，通过阅读相关文献或进行实践活动，让学生了解不同领域的知识，并将其与语文知识相互联系，形成综合性的学习体验。这样可以激发学生的兴趣，拓宽他们的知识视野，并促进他们跨学科思维能力的培养。

（二）文本多样性

融合性原则要求丰富学习内容，注重引入多样性的文本。除了传统的文学作品外，还可以包括新闻报道、科技文章、历史文献等各种形式的文本。通过接触不同类型和样式的文本，学生可以更全面地了解不同领域的知识和观点，提升他们的阅读理解能力和文本分析能力。同时，这也有助于学生发展批判性思维，培养他们的信息获取与处理能力。

（三）实践应用

融合性原则强调将语文知识与实际生活和社会实践相结合。语文学习不仅局限于课堂，还要引导学生将所学知识应用到实际中去。可以通过社区调查、实地考察、社会实践等方式，让学生亲身参与实践活动，运用语言进行观察、记录、反思和表达。这样可以增强学生的实践能力，培养他们的创新思维和问题解决能力，同时也能加深他们对语文知识的理解和印象。

（四）资源整合

融合性原则要求整合各种学习资源，为学生提供多样化的学习机会。除了教材和课本外，还可以利用网络资源、图书馆、实验室等多种渠道获取相关资料和信息。通过开展研究性学习、课外阅读、作品创作等活动，拓宽学生的知识来源，激发他们的学习兴趣，提高他们的信息获取和处理能力。通过资源的整合和优化，可以丰富学生的学习内容和体验，帮助他们全面发展。

（五）价值观培养

融合性原则将注重培养学生的价值观。在语文课程设计中，可以选择与社会价值观相符合的文本材料，引导学生审视和思考人类价值、社会问题等，并通过讨论、辩论等形式，培养学生的价值判断能力和社会责任感。这样有助于学生形成正确的价值观，提高他们的道德意识和社会意识，培养他们具备良好的社会行为习惯和素养。

融合性原则的实施可以促进学生跨学科思维能力的培养、拓宽他们的知识视野，提高语文学习的实践性和可操作性。通过跨学科整合、文本多样性、实践应用、资源整合和价值观培养，可以使学生在语文学习中更全面地发展自身能力，更深入地理解和运用语文知识。同时，这也有助于促进学生的综合素养提升和未来的终身学习。

四、多元评价原则

（一）综合评价

多元评价原则强调采用综合评价的方式对学生进行评价。综合评价是基于多个方面的考查，包括学生的语言表达能力、思维过程、学习策略和创新能力等。通过综合评价，可以全面了解学生的整体水平和发展潜力，避免单一评价指标对学生的片面评价。

（二）活动评价

多元评价原则鼓励采用活动评价的方式对学生进行评价。活动评价是指通过学生参与各种学习活动的表现来评价其学习成果和能力发展。比如，通过小组讨论、角色扮演等合作活动来评价学生的沟通和合作能力；通过项目展示、作品创作等实践活动来评价学生的创新能力。这样的评价方式可以更贴近实际学习情境，更真实地反映学生的综合能力。

（三）反馈评价

多元评价原则强调采用反馈评价的方式对学生进行评价。反馈评价是指及时向学生提供具体、明确的反馈信息，帮助他们了解自己的学习情况、发现问题并加以改进。通过及时的反馈评价，可以激发学生的学习动力，提高他们的自我调控能力。教师可以采用口头或书面形式对学生进行个别反馈，同时也可以组织同学互评、自评等形式，促进学生的自我评价和互助学习。

（四）多元策略

多元评价原则强调采用多种评价策略对学生进行评价。不同的评价策略适用于不同的学习内容和学生特点。比如，对语言表达能力可以采用口头演讲、写作作业等评价策略；对思维过程可以采用思维导图、问题解决等评价策略；对学习策略可以采用学习笔记、学习报告等评价策略；对创新能力可以采用项目展示、创意作品等评价策略。通过多种评价策略的使用，可以全面考查学生的不同方面能力。

（五）个性化评价

多元评价原则倡导采用个性化评价的方式对学生进行评价。个性化评价是指根据学生的不同特点和能力，量身定制评价方法和标准。每个学生都有自己的学习方式和发展轨迹，教师应根据学生的个体差异，为其提供个性化的评价支持和指导。这种评价方式能够更好地激发学生的学习潜力，增强他们的自信心和动力。

多元评价原则的实施可以全面了解学生的学习情况和发展潜力，避免对学生进行片面评价。通过综合评价、活动评价、反馈评价、多元策略和个性化评价等方式，可以更准确地评估学生的学习成果和能力发展，促进他们全面发展。同时，多元评价也有助于激发学生的学习动力，提高他们的自我调控能力和学习效果。

第三节　现代语文课程的结构和内容安排

一、形成性阅读教学

（一）培养阅读兴趣

形成性阅读教学的首要目标是培养学生的阅读兴趣。在教学中，可以通过选择具有吸引力和亲近性的阅读材料，激发学生的兴趣和好奇心。比如，引导学生阅读富有情感色彩的文学作品、有趣的科普读物、引人入胜的新闻报道等。同时，教师还可以设计一些趣味性的活动，如阅读竞赛、读书分享会等，让学生享受阅读的乐趣，激发他们主动进行阅读的欲望。

（二）培养阅读策略

形成性阅读教学着重培养学生的阅读策略。阅读策略是指学生在阅读中运用的各种技巧和方法。例如，预测、推理、概括、批判思考等。教师可以引导学生学习这些有效的阅读策略，并在实际阅读活动中指导学生灵活运用。通过系统地培养学生的阅读策略，可以提高他们的阅读理解能力和信息处理能力，为他们未来的学习和生活奠定坚实的基础。

（三）提高阅读理解能力

形成性阅读教学致力于提高学生的阅读理解能力。通过有针对性的指导和练习，帮助学生掌握阅读文本的技巧和方法，提升他们的阅读理解水平。在教学中可以采用多种策略，如问题导向法、合作学习法等。教师可以引导学生从多个角度和层面对文本进行分析，培养他们深入思考、归纳总结、抽象概括的能力。同时，教师还可以组织学生进行阅读分享和讨论，促进他们对文本的理解和交流。

（四）培养批判思维能力

形成性阅读教学注重培养学生的批判思维能力。批判思维是指学生对所阅读内容进行客观分析和评价的能力。通过引导学生深入思考，并提供相应的辅助材料和引导问题，帮助学生发展批判性思维。例如，学生可以对文学作品的情节、人物形象、主题等进行分析和评价，对科普读物中的观点和论证进行质疑和辩论。这样的培养有助于学生形成独立思考的能力，培养他们对信息和观点的辨别能力，提高他们的思辨意识和判断力。

（五）丰富知识储备

形成性阅读教学旨在为学生提供丰富的知识储备。通过广泛而有针对性的阅读，学生可以接触到各种类型的文本，并积累相关的知识和信息。教师可以根据学生的兴趣和特长，引导他们选择适合自己的阅读材料，培养他们对不同领域的兴趣和好奇心。同时，教师还可以组织学生进行主题阅读或扩展阅读，拓宽他们的视野，培养他们的跨学科思维和综合能力。

形成性阅读教学可以培养学生的阅读兴趣和阅读策略，提高他们的阅读理解能力和思辨能力。通过培养阅读兴趣、阅读策略和批判思维能力，学生可以更全面地理解和评价所读内容。同时，形成性阅读教学也有助于丰富学生的知识储备，拓宽他们的视野和思维方式。因此，形成性阅读教学应成为现代语文课程中不可或缺的一部分。

二、写作训练与表达技巧

（一）培养写作兴趣

写作训练的首要目标是培养学生的写作兴趣。教师可以通过引导学生选择自己感兴趣的主题和材料，激发他们对写作的热情。例如，可以组织写作比赛、写作俱乐部等活动，给予学生展示和分享的机会，让他们体验到写作的乐趣。同时，教师还可以提供一些写作素材和启发性的写作题目，帮助学生拓展思路，激发他们的创造力和想象力。

（二）加强语言表达技巧

写作训练的核心是加强学生的语言表达技巧。教师应该帮助学生掌握一些基本的语法规则和写作技巧，如句子结构、词汇选择、修辞手法等。同时，还可以通过分析优秀的范文和名人演讲，引导学生模仿和运用其中的语言表达技巧。在实际写作中，教师可以针对学生的问题进行指导和纠正，帮助他们提高自己的语言表达能力。

（三）注重写作思维培养

写作训练不仅要关注语言表达，还要注重培养学生的写作思维。教师可以引导学生进行头脑风暴、思维导图等活动，帮助他们拓展思路，整理观点，构建逻辑框架。同时，教师还可以教授一些写作方法和技巧，如提纲式写作、议论文写作等，让学生能够有条理地进行写作，并能够清晰地表达自己的观点和论证。

（四）注重修辞能力培养

写作中的修辞手法对于提升文章的表达力和感染力非常重要。教师可以通过分析优秀的文学作品和写作范文，引导学生学习和运用各种修辞手法，如比喻、拟人、排比等。同时，教师还可以组织学生进行修辞训练，如使用特定的修辞手法来写诗歌、小说等创作。通过这样的训练，学生可以逐步提高自己的修辞能力，使文章更加生动有趣。

（五）提供写作反馈与指导

在写作训练中，教师应该及时给予学生写作反馈和指导。教师可以批改学生的作文，指出其中存在的问题和不足之处，并给予具体的修改建议。同时，教师还可以让学生互相评阅作文，进行同伴间的写作反馈，激发学生之间的学习和交流。通过及时的反馈与指导，学生可以及时地纠正错误，改进写作技巧，逐步提高自己的写作水平。

通过写作训练与表达技巧的培养，学生可以提高自己的写作能力和语言表达技巧。培养写作兴趣、加强语言表达技巧、注重写作思维培养、注重修辞能力培养以及提供写作反馈与指导，是实现这一目标的重要途径。通过系统的写作训练，学生可以逐渐掌握写作的基本技能和方法，提高自己的写作水平，更好地表达自己的想法和观点。写作训练不仅有助于学生在语文领域的发展，还对他们的综合素质提升有着积极的影响。

三、口语交际能力培养

（一）创设真实语境

口语交际能力的培养需要创设真实的语境，使学生能够在实际情境中进行口语表达。教师可以通过模拟真实的日常生活场景，如购物、旅行、面试等，让学生进行角色扮演或情景对话，提高他们在特定场景下的口语应对能力。同时，可以利用多媒体资源，呈现真实的口语交际情景，帮助学生理解并模仿真实的口语表达方式。

（二）注重听力训练

良好的口语交际能力离不开对他人口语表达的理解和听力技巧的熟练掌握。教师可以引导学生进行听力练习，如听录音材料、听讲座或英文歌曲等，让学生通过听力训练提高自己的听力水平。同时，教师还可以组织听力理解游戏和小组讨论，激发学生的听力兴趣，并培养他们的听力注意力和理解能力。

（三）提供语言模型和范例

在口语交际能力培养中，提供优秀的语言模型和口语范例对学生的口语表达有着重要的影响。教师可以播放优秀的英语口语材料，让学生模仿其中的语音语调、语速和表达方式。同时，教师还可以提供一些常用的口语表达和实用词汇，帮助学生丰富自己的口语表达能力。此外，通过观看和分析优秀的演讲或口语交流视频，学生可以学习到如何有效地进行口语交际。

（四）组织口语互动活动

口语交际能力的培养需要学生积极参与口语互动活动。教师可以组织小组讨论、辩论赛、角色扮演等活动，鼓励学生在团队合作中进行口语表达。在活动中，教师可以设定一些任务和情景，让学生用英语进行实际的交流和讨论，培养他们的口语表达能力和语言思维能力。同时，教师还可以指导学生进行互相评价和反馈，帮助他们发现并改进口语交际中存在的问题。

（五）提供口语反馈与指导

在口语交际训练中，教师应该及时给予学生口语反馈和指导。教师可以记录学生口语表达中的错误和不足，并针对性地给予纠正和建议。此外，教师还可以利用录音设备或在线工具，让学生进行自我录音和评估，帮助他们发现自己的口语问题并加以改进。通过持续的反馈与指导，学生可以不断提高自己的口语表达能力。

通过创设真实语境、注重听力训练、提供语言模型和范例、组织口语互动活动以及提供口语反馈与指导，可以有效地培养学生的口语交际能力。口语交际能力的培养需要学生积极参与和实践，教师应该为学生提供多样化的口语训练机会，并提供及时的反馈和指导。通过系统的口语训练，学生可以逐渐提升自己的口语表达能力，更加自信地应对各种口语交际场景，实现口语交际能力的有效培养。

四、综合性学习任务

（一）研究性学习任务

设计一个研究性学习任务，让学生选择一个感兴趣的话题或问题进行深入的调查和研究。学生可以利用图书馆、互联网等资源收集相关资料，并采用数据分析、实地调查等研究方法，最终形成一份研究报告或展示。通过这个任务，学生需要动手进行实践，提高信息获取、整理和分析的能力，同时培养学生的团队合作和沟通技能。

（二）作品创作任务

提出一个作品创作任务，要求学生运用语文知识和技能创作一件作品，如写一篇小说、设计一个演讲稿、制作一个宣传海报等。在完成作品的过程中，学生需要运用语言表达能力、创造力和审美意识，同时注重内容的思考和结构的组织。通过这个任务，学生可以锻炼自己的创作能力和表达能力，培养学生的自主学习和自我管理能力。

（三）辩论赛任务

组织一场辩论赛，让学生根据特定的辩题进行辩论。学生需要在规定的时间内准备并发表自己的观点，同时需要听取对方观点并进行反驳。通过这个任务，学生可以提高自己的辩论技巧、逻辑思维和口头表达能力。同时，辩论赛还可以培养学生的团队合作和合理争论的能力，让学生学会尊重他人观点和保持理性思考。

（四）信息报告任务

要求学生调查和收集某一领域内的最新资讯和信息，并根据所得到的信息撰写一份信息报告。学生需要选择合适的信息来源、整理数据、分析信息，并进行文字表达。通过这个任务，学生可以提高信息获取和处理的能力，培养学生的信息素养和批判性思维。同时，学生还需要运用语言组织和表达能力，使得信息报告准确、清晰、具有说服力。

（五）实践活动任务

设计一个实践活动任务，要求学生结合语文知识和技能，参与某项实践活动，并进行反思和总结。例如，学生可以参加社区服务活动、参观博物馆、观看戏剧演出等。在实践活动之后，学生需要撰写一篇反思和总结的文章，回顾自己的体验和收获。通过这个任务，学生可以将语文知识应用于实际生活中，增强学科知识的实用性和价值感，同时培养学生的观察力和理解能力。

通过设计综合性学习任务，学生可以在实践中综合运用语文知识和技能，提高综合思考、问题解决和创新意识的能力。这些任务旨在激发学生的学习兴趣和主动性，培养学生的自主学习和合作探究的能力，从而提高学生的综合素养和语文水平。

五、文化传承与创新意识培养

（一）经典文学作品与传统文化的学习

学生在语文课程中应该接触到经典文学作品和传统文化，通过深入学习和研究，培养对文学艺术的欣赏能力和理解力。可以选择一些经典文学作品，如《红楼梦》《西游记》等，让学生进行细读和解读，并引导学生分析其中的人物形象、情节结构、思想内涵等。同时，还要引导学生了解传统文化的价值观、道德规范和审美观念，使学生能够感知传统文化对现代社会的影响。

（二）创新意识的培养

在学生对传统文化有一定了解的基础上，要引导他们对当代文化现象和创新成果进行观察和思考。可以选取一些热门话题，如科技发展、环境保护、文化融合等，引导学生关注当前社会的创新动态。通过对相关案例的分析和讨论，培养学生的创新意识和批判性思维，使他们能够从传统文化的基础上，积极创新，适应社会发展的变化。

（三）文化对话与交流

鼓励学生参与文化对话与交流活动，可以组织学生参观博物馆、美术馆等文化场所，以及邀请文化专家、艺术家等来校举办讲座和进行交流。通过与文化专家和艺术家的互动，学生可以深入了解传统文化的内涵和当代艺术的表现形式，拓宽自己的视野，激发创新思维和创作灵感。

（四）创意写作与演讲

鼓励学生进行创意写作和演讲，通过这种方式培养他们的创造力和表达能力。可以设置一些主题，如"我眼中的未来城市""我的文化根脉"等，引导学生进行创作和演讲。在创作过程中，学生要尝试运用多种表达方式，如故事、诗歌、图片等，培养他们的创新思维和多元表达能力。

（五）跨学科融合与创新实践

鼓励学生进行跨学科的知识融合和创新实践，将语文与其他学科进行有机结合。可以设置一些课题或项目，要求学生运用语文知识和技能去解决实际问题，如研究一个历史事件、设计一个科学实验等。通过跨学科的学习和创新实践，培养学生的综合思考和创新能力，使他们在学科间能够自如地转换和应用知识。

通过经典文学作品与传统文化的学习，培养学生对传统文化的尊重与理解；通过关注当代文化现象和创新成果，培养学生的创新意识与创造精神。同时，通过文化对话与交流、创意写作与演讲、跨学科融合与创新实践等方式，激发学生的创新思维和创作能力。这样的教学模式不仅可以提高学生的语文水平，还可以培养他们的文化素养和综合能力，为他们的未来发展奠定坚实基础。

六、信息素养和媒体素养培养

（一）信息素养的培养

学生在语文课程中应该学习信息获取、处理和利用的基本技能。首先，要培养学生的信息检索能力，教授他们使用图书馆、电子资源和互联网等各种途径查找所需的信息。其次，要培养学生的信息分析能力，教授他们对所获得的信息进行筛选、整理和评估，提高信息处理的效率和准确性。最后，还要培养学生的信息评价能力，教授他们辨别信息的真实性、可靠性和合法性，避免受到虚假信息的误导。

（二）媒体素养的培养

在当前多媒体时代，学生需要具备对各类媒体信息进行辨别和评价的能力。语文课程可以引导学生学习媒体文本的特点和表现形式，了解媒体的传播方式和目的。同时，还要培养学生的媒体信息辨别能力，教授他们在观看电视、阅读报纸、浏览网页等过程中，如何对媒体信息进行理性分析和评估。此外，还要培养学生的批判思维能力，引导他们对媒体报道和观点进行客观的评价和判断。

（三）网络素养的培养

网络已成为学生获取信息的重要途径，因此，在语文课程中也需要培养学生正确使用网络的能力。要教授学生网络安全意识，引导他们学会保护个人隐私和避免网络欺诈。同时，还要教授学生网络道德和伦理规范，引导他们遵守网络公约，不传播虚假信息和恶意攻击他人。另外，还要培养学生的网络文化素养，引导他们积极参与网络讨论，尊重他人观点，形成健康的网络交流习惯。

（四）媒体创作与表达能力的培养

在培养学生对媒体信息的理解和分析能力的同时，还要注重培养学生的媒体创作与表达能力。可以鼓励学生进行媒体创作实践，如写作新闻报道、制作微视频等。通过实际操作，培养学生的媒体表达能力和创作能力，使他们能够有效地利用媒体手段来传达自己的观点和思想。

（五）跨学科融合与实践应用

信息素养和媒体素养的培养需要跨学科的合作，将语文与信息技术、社会学等学科相结合。可以开设跨学科的课程或项目，鼓励学生在团队合作中进行信息搜集、分析和创新实践。通过实际应用，培养学生的综合能力和创造力，使他们能够在日常生活和学习中灵活运用信息和媒体资源。

通过培养学生的信息素养和媒体素养，可以使他们具备科学、理性地获取和利用信息的能力。在语文课程中，要注重培养学生的信息检索能力、信息分析能力和信息评价能力，同时注重培养学生对媒体信息的辨别能力和批判思维能力。此外，还要教育学生正确使用网络和媒体资源，培养他们健康、有效地利用信息的能力。这样的教学模式可以提高学生的信息素养和媒体素养，为他们的学习和发展打下坚实基础。

第三章　现代语文教育与文化内涵

第一节　文化内涵在语文教育中的地位和作用

一、文化内涵的地位和作用

（一）文化内涵的重要性

文化内涵在语文教育中具有重要的地位和作用。文化内涵是语文教育的核心内容。通过学习语文，学生可以了解到丰富的人类智慧和价值观念，从而传承和弘扬民族文化。学生通过学习传统文化、现代文化等各个方面的内容，能够深入了解和感受到人类文明的精髓，培养对文化的热爱和认同感，提高自身的文化素养。

文化内涵是培养学生综合素质的重要途径之一。语文教育不仅仅是为了掌握语言技能，更重要的是培养学生的思维能力、情感修养和道德品质。文化内涵包含的传统文化和现代文化都具有丰富的道德伦理观念和人生智慧。通过学习这些文化内涵，可以引导学生树立正确的价值观念，培养学生的道德情操和社会责任感。同时，文化内涵还能够促进学生的审美情趣和创新思维，培养他们的艺术鉴赏能力和创造力。

（二）文化内涵对学生的影响

文化内涵的学习对学生的成长和发展具有积极的影响。学习文化内涵能够培养学生的民族认同感和文化自信心。通过学习语文，学生可以深入了解自己民族的历史、传统和文化特点，体验中华民族的独特情感和精神追求，从而建立起对民族文化的自豪感和认同感。这种民族认同感和文化自信心对于学生的身心健康和全面发展都具有积极的影响。

学习文化内涵有助于提高学生的思维能力和创造力。文化内涵蕴含着丰富的逻辑思维和创新思维，通过学习这些文化内涵，可以培养学生的批判性思维和创新精神。学生在接触和理解不同的文化内涵时，需要进行思辨和比较，这样的学习过程促使他们形成独立思考的能力，在解决问题和面对挑战时能够提供多样化的思路和方法。

学习文化内涵还能够培养学生的社会责任感和公民意识。文化内涵中蕴含着丰富的道德伦理观念和社会价值观，通过学习这些文化内涵，可以引导学生树立正确的价值观念，培养他们的道德情操和社会责任感。学生通过了解不同文化的发展历程和人类的社会经验，能够更好地理解和尊重他人的权利和尊严，形成公民意识，并为社会发展做出积极的贡献。

（三）培养学生文化内涵的途径

为了有效地培养学生的文化内涵，语文教育需要采取一系列的教学方法和策略。创设良好的教学环境和氛围是重要的基础。学校和教师应该为学生提供丰富的学习资源和机会，组织各种文化活动和体验，激发学生对文化的兴趣和热爱。

语文教学要注重文化内涵的渗透和融合。教师可以通过选取优秀文学作品和传统经典，引导学生深入探究其中的文化内涵，激发学生的思考和感悟。同时，也可以通过与其他学科的融合教学，将文化内涵贯穿于整个学科体系中，促进学生对文化的综合理解。

教师还应该注重培养学生的跨文化交际能力。随着全球化的发展，学生需要具备跨文化交际的能力，在不同文化环境中进行有效的沟通和合作。教师可以通过开展国际交流活动、引入国际化的教材和资源等方式，拓宽学生的视野，培养他们的跨文化意识和能力。

二、现代语文教育与文化内涵的融合

（一）现代语文教育弘扬传统文化的重要性

1.传承中华民族优秀传统文化是现代语文教育的责任和使命。中华民族拥有悠久的历史和灿烂的文化，其中蕴含着丰富的智慧和价值观念。传承优秀传统文化可以引导学生树立正确的人生观、价值观，培养高尚的道德情操和文化品格。

2.传统文化是培养学生审美能力和人文素养的重要途径。学习经典著作、古代文学作品等传统文化经典可以让学生接触到博大精深的艺术创作，提高他们的审美欣赏能力和人文素养。

3.传统文化是培养学生认同感和文化自信心的重要基础。通过学习传统文化，学生可以更好地了解自己的国家和民族，形成对传统文化的认同感和自豪感，增强文化自信心。

（二）现代语文教育融入现代社会的需求和特点

1.现代社会对语文素养的要求更加多样化和全面化。除了传统的语文基础知识和技能外，现代社会还需要学生具备批判思维、创新思维、跨文化交际等能力。现代语文教育应注重培养学生的综合语文素养，使其能够适应社会的发展和变化。

2.现代社会对语文教育的应用性要求更高。语文不仅仅是一门学科知识，还是广泛应用于各个领域的工具和技能。现代语文教育应该注重培养学生的语文运用能力，使其能够在实际生活和工作中熟练运用语言表达和沟通能力。

3.现代社会对语文教育的数字化需求增加。随着信息技术的快速发展，数字化教育手段已经成为现代语文教育的重要组成部分。教师可以利用多媒体技术、互联网资源等现代教育技术手段创新教学方法，提供更多样化、互动性更强的教学材料和活动，激发学生的学习兴趣和主动性。

（三）现代语文教育的创新发展

1.创新教学内容和方法。在传承优秀传统文化的基础上，引入当代文学作品、现代媒体表达形式等现代文化元素，使学生能够更好地理解和把握当代社会的变化。同时，注重培养学生的批判思维和创新思维能力，通过多样化的教学活动激发他们的学习兴趣。

2.创新评价方式和标准。传统的语文评价主要注重学生对知识的记忆和应用能力，而现代语文教育应更加注重学生的批判性思维和创新能力。因此，评价方式和标准应更加注重学生的思维过程和思维能力的培养。

3.加强师资队伍建设。现代语文教育需要具备丰富的教学经验和专业知识的语文教师。相关部门应加强对语文教师的培训和支持，提高他们的教学水平和素质。

三、文化内涵在培养学生的综合素质中的作用

（一）文化内涵培养学生思维能力和创新精神

1.传统文化和现代文化中的思想和智慧可以拓展学生的思维广度。通过学习经典著作、古代文学作品等，学生可以接触到不同的思想体系和观念，培养批判性思维和逻辑思维能力。

2.文化内涵的学习可以激发学生的创新精神。在学习传统文化和现代文化的过程中，学生可以感受到作者的独特创造力和创新思维，从而培养自己的创新意识和能力。

（二）文化内涵培养学生情感修养和艺术欣赏能力

1.文化内涵中的文学作品、艺术表达等可以唤起学生的情感共鸣。通过阅读文学作品、欣赏艺术表达，学生能够体验到丰富的情感体验，培养情感修养和情感表达能力。

2.文化内涵的学习有助于培养学生的艺术欣赏能力。通过学习不同文化背景下的艺术形式和表达方式，学生可以提高对艺术作品的欣赏能力，培养审美情趣。

（三）文化内涵培养学生价值观念和社会责任感

1.传统文化中蕴含着丰富的道德伦理观念和人生智慧。学生通过学习传统文化，可以了解到不同的价值观念和人生哲学，从而形成自己的正确价值观念。

2.文化内涵的学习可以培养学生的道德情操和社会责任感。通过学习优秀的文化内涵，学生可以借鉴其中的道德准则和社会责任感，形成具有良好品行和为社会做贡献的

意识。

（四）文化内涵培养学生跨文化交流能力

1.通过学习不同文化背景下的文化内涵，学生可以培养尊重和理解他人的能力。了解不同文化的思维方式和价值观念，可以帮助学生拓宽视野，增进对多元文化的包容和理解。

2.文化内涵的学习促进跨文化交流与合作。学生通过了解不同文化背景下的文化内涵，可以更好地进行跨文化交流与合作，培养跨文化沟通能力和全球意识。

第二节 现代语文教育与传统文化的融合与创新

一、引入当代文学作品和文化现象，扩大语文教育的视野

（一）引入当代文学作品

在现代语文教育中，应该引入当代文学作品，以扩大学生的语文教育视野。当代文学作品反映了当下社会的变革、人们的情感与思想，对于学生了解现代社会的发展趋势，提高他们的审美能力和人文素养非常重要。

教师可以选取一些当代文学作品，如小说、散文、诗歌等，让学生阅读、分析和讨论。通过引导学生深入阅读和研究当代文学作品，可以培养他们对文学作品的欣赏能力，同时也能够让学生理解和思考其中所表达的当代社会问题和人类情感。

（二）研究当代文化现象

除了文学作品，还应该引入当代文化现象，如流行音乐、电影、网络文化等，将其纳入语文教育的范畴。这些当代文化现象是现代社会的重要组成部分，对于学生了解当代社会的审美观念、价值观念以及文化表达方式起到了重要的影响。

教师可以选择一些具有代表性的当代文化现象，让学生进行深入的研究和探讨。通过分析和解读当代文化现象，可以帮助学生更好地理解和把握当代社会的审美趋势、文化表达方式以及文化多样性。同时，这也能够培养学生对多样文化的尊重和理解能力。

（三）开展多样化的教学活动

在语文教育中，应该创设多样化的教学活动，以激发学生的学习兴趣和参与度。教师可以设计各种形式的课堂活动，如小组讨论、角色扮演、文学赏析等，让学生积极参与并提升他们的学习效果。

例如，在引入当代文学作品时，教师可以组织学生进行文学作品的朗读和演绎，通过

表演的方式让学生更加深入地理解和体验文学作品中所传递的情感和意义。此外，还可以利用现代科技手段，如音频、视频等，让学生通过多媒体形式感受当代文学作品的魅力。

（四）提高跨学科的融合能力

现代语文教育应注重培养学生的跨学科思维和综合能力。在教学中，可以引导学生将语文知识与其他学科进行融合，开展跨学科的研究和创作活动。

例如，通过结合历史、哲学、社会学等学科，让学生深入探讨当代文学作品所反映的历史背景、社会变革和人类情感，从而提高他们的文学理解和思辨能力。此外，还可以引导学生利用语文知识和技巧进行科学写作、数学证明等跨学科实践，培养他们的综合应用能力。

（五）加强文化批判意识的培养

在现代语文教育中，需要加强学生的文化批判意识，即对不同文化观念和价值观的理性思考和评价。这有助于学生理解并辨析不同文化的优劣之处，并培养他们对多元文化的包容和尊重。

教师可以引导学生对当代文学作品和文化现象进行批判性分析，让他们理性思考其中表现的思想、价值观和社会观念。通过讨论和辩论的方式，培养学生的批判思维和文化评价能力，使其具备在现实生活中审视和应对不同文化现象的能力。

二、整合多媒体资源，增加教学手段的多样性

（一）整合音频资源

在语文教育中，可以引入音频资源，将古代文学作品和经典诗词朗读录制成音频，供学生欣赏和学习。通过听音频，学生可以更好地感受到古代作品的韵律、音调和情感表达，提高对文学作品的理解和欣赏能力。

此外，还可以利用音频资源进行课堂讲解和讨论。教师可以选取一些重要的篇章或文学片段，配以专业的解读和评析，通过音频讲解的方式向学生介绍其中的文学特点、情节演变、人物形象等内容，使学生更好地理解和掌握文学作品。

（二）利用视频资源

现代语文教育可以借助视频资源，将文学作品、影视片段等呈现给学生。通过观看视频，学生能够直观地感受到作品中的情景描写、人物形象和故事情节，增强对文学作品的理解和感受。

教师可以选取一些具有代表性的影视作品，如改编自文学名著的电影、电视剧等，结合课堂讲解和讨论，帮助学生深入理解文学作品的主题、人物形象等方面的内容。此

外，还可以通过现代技术手段，制作一些教学视频，重点讲解一些难点和重点知识，提高学生对语文知识的掌握和理解。

（三）应用动画与虚拟实境技术

利用动画和虚拟实境技术，可以创造出更加生动、互动的教学环境。通过动画的形式，可以将文学作品中的情节、人物形象进行视觉化呈现，使学生更好地理解和感受作品的情感与意义。

同时，虚拟实境技术也可以提供更加身临其境的学习体验。例如，学生可以通过虚拟实境技术，进入文学作品中的场景，与人物进行互动，以更加全面深入的方式理解作品的情节和思想内涵。

（四）开展多媒体展示和演示

在语文教学中，可以开展多媒体展示和演示活动，让学生参与其中，增加教学手段的多样性。教师可以邀请学生运用多媒体资源，进行文学作品的展示和演示。

例如，学生可以利用PPT、视频剪辑等工具，制作展示文学作品的多媒体介绍，通过图文并茂、声光动态的形式，向同学们展示作品的背景、作者及其创作意图等方面的信息。通过学生之间的展示与交流，能够提高学生的表达能力和探究精神，激发他们对语文学科的兴趣和热爱。

（五）培养学生的媒体素养

用多媒体资源进行语文教育的过程中，还应注重培养学生的媒体素养。教师可以引导学生正确使用多媒体资源，培养他们对信息的筛选、评估和利用能力。

教师可以帮助学生理解多媒体资源的特点和局限性，引导他们从多个角度去分析和评价所使用的资源的可靠性和准确性。同时，教师还可以指导学生运用多媒体资源进行创作和表达，提高他们的媒体创新能力和表达能力。

三、强调创新思维和实践能力的培养

（一）鼓励学生进行创新写作

语文教育应该注重培养学生的写作能力，在写作过程中鼓励他们展现自己的创造力和思维方式。教师可以提供不同的写作主题和形式，鼓励学生从不同角度去思考和表达，发挥他们的想象力和创造力。

例如，可以引导学生写作故事、小说、诗歌等文学作品，让他们利用所学知识和语言技巧进行创作。同时，也可以让学生撰写议论文、评论文章等非虚构类作品，培养他们的批判思维和分析能力。

在写作的过程中，教师要注重指导和反馈，及时给予学生合理的评价，促进他们的成长和进步。同时，教师还可以组织学生之间的写作交流和讨论，让学生相互借鉴和学习，激发彼此的创新思维和灵感。

（二）开展辩论和演讲活动

辩论和演讲是培养学生思维能力和表达能力的有效途径。教师可以引导学生参与辩论和演讲活动，培养他们的辩证思维、逻辑思维和口头表达能力。

在辩论活动中，学生可以就某个话题进行辩论，从不同的角度展开思考和讨论，锻炼他们的逻辑思维和辩证思维。在演讲活动中，学生可以选择自己感兴趣的主题，通过演讲表达自己的观点和看法，培养他们的口头表达能力和自信心。

同时，教师要提供合理的指导和评价，帮助学生改进表达方式和提高演讲效果。还可以通过模拟辩论、演讲比赛等形式，激发学生的竞争意识和积极参与的热情，进一步培养他们的实践能力和创新思维。

（三）引导学生进行多媒体创作

现代技术的发展给语文教育提供了更多的创新可能性。教师可以引导学生运用多媒体工具进行创新表达和创作，如短视频、微电影等形式。

学生可以结合自己所学的语文知识和文化背景，运用多媒体手段创作有关文学作品、诗词和散文的短视频或微电影。通过创作过程，他们不仅能够巩固语文知识的掌握，还能够培养创新思维和实践能力。

教师可以组织学生进行多媒体创作展示和交流，让他们分享自己的作品和创作经验，互相启发和学习。这样的创新实践活动能够培养学生的团队合作精神、创造力和沟通能力。

（四）开设文化体验和参观活动

除了课堂内的实践活动，教师还可以组织学生参与文化体验和参观活动，拓宽他们的视野和思维方式。

可以组织学生参观文学馆、艺术展览等文化场所，让学生亲身感受文化的魅力和多样性。还可以组织学生走进社区、参与社会实践活动，让他们了解不同的人文环境和社会问题，激发他们关心社会、思考问题和表达观点的意识。

通过这样的文化体验和参观活动，学生能够了解不同的文化形式和文化现象，培养他们的跨文化交流能力和创新思维。

（五）提供实践机会和项目

除了课堂内的实践活动，教师还可以为学生提供实践机会和项目，让他们运用语文知识和技能解决实际问题。

例如，可以组织学生进行社区服务活动，让他们通过撰写活动报道、制作宣传材料等形式，将所学的语文知识和技巧应用于实际活动中。此外，还可以鼓励学生参与一些文学创作比赛、演讲比赛等，提供展示和表达自我的平台。

在实践项目中，教师可以担任指导者和引导者的角色，提供必要的支持和指导，并及时给予学生反馈和评价。通过实践项目的参与，学生能够锻炼自己的解决问题的能力、合作能力和创新能力。

第三节　培养学生的文化素养和人文精神

一、传授优秀传统文化知识

（一）传授经典文学作品

语文教育应该选取一些具有代表性和影响力的经典文学作品，通过阅读和分析这些作品，让学生了解和感受中华传统文化的魅力。

首先，教师可以选择中国古代小说作品，如《红楼梦》《水浒传》《西游记》等，引导学生深入了解作品中所展现的人物形象、情节发展、思想内涵等方面。通过阅读和分析，学生可以感受到古代小说独特的艺术风格和人性的智慧。

其次，可以选取一些古代诗歌作品，如《诗经》、唐诗宋词等，让学生欣赏其中的美丽意象和优美文字。通过理解和解读诗歌，学生可以感受到古代文人雅致的审美情趣和情感表达方式。

最后，还可以介绍一些古代戏剧作品，如京剧、昆曲等，让学生了解传统戏曲的表演形式和艺术特点。通过观赏和学习戏曲，学生可以体验到传统文化的舞台魅力和音乐韵律。

（二）引导学生理解传统文化经典

除了文学作品，语文教育还应该引导学生理解传统文化经典，如《论语》《诗经》《道德经》等。这些经典蕴含着中华民族千百年来智慧的结晶，对于学生的思想启迪和价值观塑造具有重要意义。

教师可以通过讲解和解读经典文本的背景、情节和主题，帮助学生理解其中蕴含的哲理和思想观点。同时，可以引导学生进行相关的讨论和思考，让他们从经典中汲取智慧的养分，培养独立思考和批判思维的能力。

重点是让学生认识到这些经典作品的深邃和与时俱进的价值，将其融入自己的生活和成长中，形成对传统文化的认同和传承。

（三）了解历史人物的故事

历史人物是传统文化中不可或缺的一部分，通过讲述历史人物的故事，可以让学生了解历史的发展和演变，感受传统文化的沉淀和传承。

教师可以选择一些具有代表性的历史人物，如孔子、孟子、文天祥等，讲述他们的生平事迹、思想贡献和影响。通过学习这些历史人物的故事，学生可以了解到他们在当时社会中的地位和作用，也可以从中汲取到人生智慧和道德模范的力量。

同时，还可以引导学生关注一些传统文化领域的杰出人物，如文学家、艺术家、哲学家等，让学生了解他们的创作成就和思想观点。通过认识这些人物，学生可以感受到中华传统文化中不同领域的杰出人才和思想传承的重要性。

（四）思考文化传统的现代意义

在传授传统文化知识的过程中，语文教育还应该引导学生思考传统文化对现代社会的影响和意义。

教师可以引导学生分析传统文化与现代社会的联系和差异，并探讨传统文化在当代社会中的价值和作用。通过与现实生活的对比和联系，学生可以认识到传统文化所包含的智慧和道德准则对于个人和社会发展的重要性。

同时，还可以引导学生思考如何将传统文化与现代社会相结合，创造出符合时代需求的文化和价值观念。这样的思考能够培养学生的创新意识和跨学科思维，使他们在传承传统文化的同时，为社会进步做出积极贡献。

（五）评价和反馈

在语文教育中传授优秀传统文化知识的过程中，对学生的学习情况进行有效的评价和反馈是必不可少的。

教师可以通过多种方式对学生的学习情况进行评价，如作品阅读报告、经典文本解读、讨论参与等。评价的重点可以放在学生对文化知识的掌握程度、理解深度以及应用能力等方面。

在评价过程中，教师要注重给予学生积极的指导和建设性的反馈，鼓励他们在文化素养和人文精神方面不断进步和提升。同时，还要关注学生的个体差异，鼓励他们充分发挥自己的特长和潜力。

二、引导学生体验传统文化的审美情趣

（一）朗诵传统诗词

在语文教育中，教师可以选取一些经典的传统诗词作品，如《静夜思》《登鹳雀楼》

等，指导学生进行朗诵和解读。

首先，教师可以引导学生感受诗词作品中所表达的意境和情感。通过朗诵和诵读，学生可以体会到古代文人的思想情感以及他们对自然、人生的独特理解。同时，教师可以引导学生分析诗词中的修辞手法、音律特点等，让学生了解并欣赏其中的艺术之美。

其次，教师可以组织学生参与诗词创作的活动，让他们亲身体验诗词的艺术过程。通过模仿古代诗词的格律和表达方式，学生可以培养自己的文学创作能力，并进一步理解和欣赏传统诗词的审美价值。

（二）欣赏传统曲艺表演

传统曲艺是中国传统文化的重要组成部分，通过组织学生参观或参与传统曲艺表演，可以让学生感受到传统文化的艺术魅力。

教师可以邀请专业曲艺演员来校园进行演出，或组织学生到曲艺院团进行观摩。通过观赏传统曲艺的表演，学生可以欣赏到其中蕴含的幽默、智慧和艺术特色。同时，教师还可以介绍曲艺的历史渊源和地方特色，让学生了解不同地区的曲艺形式和艺术风格。

为了丰富学生的体验，教师还可以组织学生进行传统曲艺的学习和演练。例如，学生可以学习一些常见的曲艺技巧和表演方法，进行小品或相声的创作和表演。通过亲身参与，学生可以更好地感受到传统曲艺的魅力和活力。

（三）观赏传统戏曲表演

传统戏曲是中国传统文化的瑰宝，其独特的音乐、舞台和角色塑造都具有极高的审美价值。在语文教育中，教师可以组织学生观赏传统戏曲的表演，让他们感受戏曲艺术的魅力。

教师可以选择一些经典的戏曲剧目，如京剧、豫剧、评剧等，邀请专业演员进行演出或观看现场演出。通过观赏传统戏曲的表演，学生可以领略到其中独特的舞台美学、音乐演奏和角色形象的塑造。同时，教师还可以讲解戏曲的起源、发展和人物角色，让学生了解戏曲在中国文化中的重要地位和影响。

为了进一步提高学生的戏曲欣赏能力，教师还可以引导学生学习一些简单的戏曲动作和唱腔，并进行小剧目的创作和演出。通过演练和表演，学生可以深入理解和体验传统戏曲的艺术魅力，培养他们的舞台表演能力和团队合作意识。

（四）开展传统文化艺术活动

除了诗词、曲艺、戏曲的欣赏，语文教育还可以通过开展一系列传统文化艺术活动，进一步培养学生对传统文化的审美情趣。

教师可以组织学生参观传统工艺制作过程，如陶瓷、剪纸、刺绣等，让学生亲身体验传统工艺的魅力和精湛技艺。同时，还可以邀请传统乐器演奏家来校园进行音乐会演出，让学生欣赏传统音乐的美妙旋律和表达方式。

此外，教师还可以组织学生参加传统文化艺术的比赛和展览活动。例如，举办诗词朗诵比赛、曲艺小品表演比赛、书法绘画展览等，让学生展示自己的艺术才华和对传统文化的理解。

通过这样的传统文化艺术活动，学生可以全方位地感受传统文化的美感和魅力，培养他们对传统文化的欣赏能力和审美情趣。

（五）评价和反馈

在引导学生体验传统文化的审美情趣的过程中，教师需要对学生的参与和表现进行评价和反馈。

教师可以根据学生的实际表现，评价其对传统文化的欣赏能力和艺术表达水平。评价的重点可以放在学生对艺术作品的理解和感受、表达方式的准确性和生动性等方面。

在评价过程中，教师要积极给予学生肯定和鼓励，激发他们对传统文化的兴趣和热爱。同时，还要指导学生进行自我反思和提升，帮助他们不断提高自己的艺术素养和创作能力。

三、培养学生的价值观念和道德情操

（一）深入理解经典著作

教师可以选取一些具有代表性的传统文化经典著作，如《论语》《尚书》等，引导学生深入理解其中的伦理观念和价值体系。

通过阅读和解读经典著作，教师可以向学生介绍古代智者们的伦理思考和道德观念。比如，《论语》中有着关于仁、礼、孝等重要价值观的论述，《尚书》中记载了古代君臣之间的忠诚和义务等等。教师可以引导学生分析这些观念的内涵和与现实生活的关联，让学生了解传统文化对人类行为规范和道德准则的思考与塑造。

同时，教师也可以选择一些相关的故事和寓言，让学生通过阅读和讨论的方式，进一步理解和体验其中的道德智慧。通过故事的情节和人物的行为，学生可以感受到其中的价值取向和道德观念，并从中汲取启发和借鉴。

（二）讲述历史人物的事迹和故事

在传统文化的学习中，教师可以讲述历史人物的事迹和故事，让学生了解传统文化中的道德榜样和人生智慧。

通过了解历史人物的伟大事迹和价值追求，学生可以从中汲取积极向上的精神力量和道德观念。教师可以选择一些具有代表性的历史人物，如孔子、孟子、岳飞等，向学生描述他们的品德和为人处世的原则，让学生认识到道德行为与个人修养的重要性。

同时，教师还可以讲述一些与道德选择和人生抉择相关的历史故事，如《赵氏孤儿》《范进中举》等。通过这些故事的讲述，学生可以感受到道德和正义在人生中的重要性，并培养出对价值追求和道德选择的敬畏。

（三）开展道德思考和讨论

在学习传统文化的过程中，教师可以组织学生进行道德思考和讨论，引导他们将传统文化中的价值观念与现实生活相结合。

教师可以提出一些具体的道德问题和伦理困境，让学生展开思考和探讨。通过讨论的过程，学生可以从不同的角度和立场思考问题，培养他们的道德判断能力和伦理思维。

同时，教师还可以引导学生分析现实社会中的道德现象和道德困境，让他们认识到道德问题的复杂性和重要性。通过了解和讨论一些社会道德事件，学生可以加深对道德准则和价值观念的理解，进而形成自己独立的道德判断和行为准则。

（四）树立榜样与示范

为了帮助学生树立正确的价值观念和道德情操，教师应该积极引导学生认识和借鉴身边的道德榜样和人生经验。

教师可以向学生介绍一些优秀的人物或身边的道德模范，让学生了解他们在道德行为和品德修养方面的杰出表现。同时，教师也可以鼓励学生以这些人物为榜样，从他们的为人处世和奋斗精神中汲取力量和灵感。

此外，教师还可以组织学生进行自我反思和评价，帮助他们发现自己的优点与不足，并通过讨论和交流的方式，相互影响和启迪，形成良好的道德氛围和学习氛围。

（五）评价和反馈

在培养学生的价值观念和道德情操的过程中，教师需要对学生的参与和表现进行评价和反馈。

教师可以根据学生的实际表现，评价其道德判断能力和价值观念的形成程度。评价的重点可以放在学生的道德选择和行为准则的合理性和成熟性等方面。

在评价过程中，教师应该给予学生积极的肯定和鼓励，同时也要向学生提出具体的改进意见和建议，引导他们不断提高自己的品德和道德修养。

四、培养学生的跨文化交流能力

（一）了解其他文化

教师可以通过课堂教学、阅读资料和观看影视作品等方式，引导学生了解其他国家和地区的文化特点、习俗和传统。

教师可以选择一些代表性的其他文化作为学习对象，比如西方文化、日本文化、印度文化等。通过介绍这些文化的历史、地理、风俗等方面的知识，让学生对其他文化有一个基本的了解。

同时，教师还可以引导学生学习其他文化的语言和文字，了解其表达方式和思维方式。通过学习其他语言，学生不仅可以更好地理解其他文化，还能培养语言灵活运用和跨文化沟通的能力。

（二）参与跨文化交流活动

为了让学生亲身体验和参与跨文化交流，教师可以组织学生参加一些跨文化交流活动，如学生交流项目、文化体验活动等。

学生交流项目可以是与其他国家或地区的学生进行线上或线下的交流，通过互发邮件、视频会议、实地交流等方式，让学生有机会与来自不同文化背景的同龄人交流和合作。

文化体验活动可以是参观其他文化的展览、博物馆或举办文化节庆等。在这些活动中，学生可以近距离接触到其他文化的艺术、音乐、舞蹈等表现形式，加深对其他文化的理解和尊重。

通过参与跨文化交流活动，学生可以切身感受到不同文化之间的差异和联系，培养出包容心和开放的思维方式，提高跨文化交流的能力。

（三）培养沟通能力和团队合作精神

在跨文化交流中，语言沟通是非常重要的一环。教师应该注重培养学生的沟通能力，包括口头表达和书面表达的能力。

教师可以通过课堂讨论、小组合作、演讲比赛等方式，引导学生锻炼自己的表达能力和交流技巧。教师可以提供相关的语言技巧和策略，帮助学生更好地与他人沟通和交流。

此外，团队合作精神也是跨文化交流中必备的能力之一。教师可以组织学生进行小组合作项目，培养学生的团队合作能力和集体意识。在跨文化交流中，学生需要学会倾听他人的观点和意见，尊重不同文化的差异，并通过合作解决问题，实现共赢。

（四）尊重文化差异与建立平等关系

在跨文化交流中，教师要引导学生尊重其他文化的差异，建立平等和谐的交流关系。

　　教师可以从历史、地理、风俗等方面介绍其他文化的背景和特点，让学生了解到文化差异是自然而然存在的。

　　在交流过程中，教师应该鼓励学生关注他人的观点和意见，学会理解并尊重其他文化的表达方式和思维方式。教师可以引导学生多角度思考，培养他们开放包容的心态，避免以自我为中心的偏见和歧视。

　　（五）评价和反馈

　　在培养学生的跨文化交流能力的过程中，教师需要对学生的参与和表现进行评价和反馈。

　　教师可以通过观察学生在跨文化交流活动中的表现，评价其沟通能力、团队合作能力和对其他文化的尊重程度。评价的重点可以放在学生的语言表达清晰度、合作效果和文化意识等方面。

　　在评价过程中，教师应该给予学生积极的肯定和鼓励，同时也要向学生提出具体的改进意见和建议，帮助他们提高跨文化交流的能力和水平。

第四章　现代语文课堂与情感教育

第一节　情感教育在语文教育中的重要性

一、情感教育有助于培养学生的情感体验和情感表达能力

　　情感是人类的基本属性和特点之一，也是语文学习的重要内容之一。通过语文教育，学生能够接触到各种情感色彩丰富的文学作品，从而激发学生的情感共鸣和情感体验。例如，学生可以通过阅读一些描写温暖家庭、友情故事或者反映社会不公的作品，感受到对亲情、友情和正义等的情感共鸣，进而培养出对人情世故的理解和感受。

　　情感教育能够让学生深刻地体验到喜怒哀乐等情感，从而增强他们对语文学习的兴趣和积极性。当学生对文学作品中的情感有了深入的感悟和体验，他们会更加主动地去思考、去阅读和去理解。通过对情感的感知和表达，学生能够更好地理解人物内心的情感变化，进而提高对作品整体情感氛围的把握。同时，情感教育还可以引导学生关注社会热点、关心他人需求，在情感上与社会建立起联系，增强对社会问题的认同感和责任感。

　　情感教育对学生的人格发展和情绪管理能力的培养也具有重要影响。通过情感教育，学生可以更好地认识自己的情感状态，了解自己的情感需求，并学会合理地表达自己的情感。这将有助于学生建立积极健康的情感体验和情感表达方式，提高情绪管理能力，增强心理健康水平。

　　情感教育还可以促进学生的社交和人际交往能力的发展。情感教育注重培养学生的情感表达能力，使他们能够用准确恰当的语言表达自己的情感。通过积极参与讨论、写作和演讲等活动，学生能够更好地表达自己的思想和情感，促进情感的交流和沟通。这将帮助学生建立良好的人际关系，增强团队合作意识和合作能力，培养良好的人际交往技巧。

　　情感教育对学生的创造力和创新能力的培养也有积极作用。情感教育鼓励学生表达真实的情感和情绪，培养学生敢于表现自己、敢于冒险尝试的精神。这将激发学生的创造力和创新思维，培养他们在语文学习中能够独立思考、勇于创新的能力。

　　情感教育有助于提升学生的综合素养和人文修养。通过情感教育，学生将更好地理解和接纳不同的情感体验和情感表达方式，增加对多元文化的认知和理解。同时，情感教育也能够培养学生的审美情操和文学鉴赏能力，提高他们对优秀文学作品的欣赏水平，培养对美的情感追求和情感体验。这些都对学生的综合素养和人文修养的提升起到了重要的促进作用。

二、情感教育有助于培养学生正确的价值观和人生观

　　语文教育通过引导学生阅读和分析文学作品，传递正确的价值观。文学作品中的人物形象和情节往往代表着不同的价值取向和生活态度。学生通过接触这些作品，可以从中获得对美、善、爱等正面价值观念的感悟和理解。这些价值观念将深入学生的内心，指导他们的行为和思维方式。

　　情感教育培养学生正确的价值观是建立在情感共鸣和情感体验的基础上的。通过情感教育，学生能够深刻地体验到文学作品所传达的情感和情感背后所蕴含的价值意义。例如，当学生阅读一部反映人与自然和谐相处的作品时，他们会感受到尊重自然、保护环境的价值观念。通过对情感的感知和体验，学生将理解并接受这样的价值观，进而在实际生活中秉持这样的价值取向。

　　情感教育鼓励学生从文学作品中学习正确的人生观。文学作品往往反映了作者对人生道路的思考和感悟，其中蕴含着宝贵的人生经验和智慧。通过阅读这些作品，学生可以接触到不同的人生观，了解人生的多样性和复杂性。情感教育引导学生通过对文学作品中人物命运的把握和情感体验，深入思考自己的人生选择和价值取向，以实现自己的价值追求。

　　情感教育培养学生正确的人生观还体现在对个体发展、社会责任和人际关系的关注上。通过阅读文学作品，学生能够感受到个体发展与社会责任之间的平衡，认识到个体的成长和社会的进步是相辅相成的。同时，文学作品也揭示了人际关系的复杂性和重要性，引导学生树立互助、友善和和谐相处的人际关系观念。

　　情感教育还能够激发学生对美的追求和艺术审美能力的提高。文学作品往往具有独特的艺术美感，通过情感教育，学生能够培养欣赏和理解文学作品的能力，从中领悟到美的存在和价值。这不仅有助于学生形成正确的审美观念，还能够启发他们对生活中各种美好事物的感知和欣赏，促进个体全面发展。

三、情感教育有助于培养学生的审美情趣和审美能力

情感教育通过文学作品的欣赏和鉴赏，培养学生的情感共鸣和审美情趣。文学作品往往具有丰富的情感表达和艺术形式，通过阅读和欣赏这些作品，学生能够与作品中的人物情感产生共鸣，进而体验到其中所传递的美感。这种情感共鸣能够激发学生对艺术形式的兴趣和热爱，培养他们的审美情趣。

情感教育通过对文学作品的解读和分析，提高学生的审美能力。学生在阅读和欣赏文学作品时，需要深入理解作品中的意蕴和艺术构思，并将其与自己的生活经验进行联系和思考。这种解读和分析的过程不仅培养了学生的批判思维能力，还能够锻炼他们对艺术品质和审美价值的辨别能力，从而提高他们的审美能力。

情感教育通过培养学生的文化素养，提升他们的审美水平。文学作品是一种反映社会和人类文化的载体，通过阅读和欣赏文学作品，学生能够了解不同时代和文化背景下的艺术表达方式和审美追求。这种跨文化的体验和对比能够拓宽学生的审美视野，使他们更加敏感于不同文化背景下的审美差异和共通之处。

情感教育通过培养学生的创造力，促进他们对艺术形式的创新与探索。在语文教育中，学生不仅仅是被 passively recipients of art，而是可以主动参与到艺术的创造和表达中。通过创作文学作品、绘画、音乐等形式，学生能够发挥自己的想象力和创造力，表达个人的情感和思想，进一步提高审美能力。

情感教育通过提供丰富的艺术资源和实践机会，培养学生对不同艺术形式的欣赏和理解能力。学生可以参观艺术展览、戏剧演出，参与文学鉴赏小组或艺术创作工作坊等活动，从实践中不断积累对于艺术形式的理解和鉴赏能力。这种实践性的教育方式能够让学生更加深入地体验艺术，进一步提高他们的审美水平。

四、情感教育有助于培养学生的人际关系和社交能力

情感教育通过文学作品的阅读和欣赏，培养学生的情感共鸣和同理心。文学作品往往以情感为核心，通过描绘人物之间的情感交流和冲突，引发学生对情感的思考和体验。通过与文学作品中的人物情感产生共鸣，学生能够更好地理解他人的情感和感受，并培养出同理心和关爱他人的能力。这种情感共鸣能够促进学生与他人建立起更加真实和深入的人际关系。

情感教育通过情绪管理和冲突解决的训练，提高学生处理人际关系的能力。在人际关系中，情绪的管理和冲突的解决是至关重要的。情感教育能够帮助学生认识到自己的情绪及其影响，并学习有效地管理情绪，避免情绪对人际关系的不良影响。同时，情感

教育还能够培养学生的冲突解决能力，使他们学会通过合理的沟通和妥善的解决策略来化解冲突，建立和谐的人际关系。

　　情感教育通过合作学习和团队活动，促进学生的合作意识和团队精神。在语文教育中，学生可以通过小组合作、角色扮演等形式，与他人展开合作学习和团队活动。这些活动能够培养学生的合作意识、协作能力和相互依赖的意识，使他们学会与他人有效地合作和共同完成任务。通过团队合作，学生能够在交流中体验到互帮互助、互相支持的情感，从而建立起积极健康的人际关系。

　　情感教育通过情感体验和情感表达，培养学生的情感交流能力。情感教育注重培养学生对个人情感的认知和表达能力。学生可以通过写作、绘画、音乐等方式表达自己的情感，与他人分享内心的感受和体验。同时，学生也需要学会倾听他人的情感，给予他人关心和支持。通过情感的交流和表达，学生能够更加深入地了解他人，建立起真实而亲密的人际关系。

　　情感教育通过情感辅导和心理健康教育，提升学生的心理素质和人际交往能力。情感教育包括情感辅导和心理健康教育，帮助学生了解和处理自己的情感问题，提升心理素质和人际交往的能力。情感辅导可以帮助学生认识和理解自己的情感需求，并学会合理地表达和满足这些需求；心理健康教育可以提供学生正确的心理调适方法，帮助他们更好地面对挫折和压力，建立积极健康的人际关系。

第二节　现代语文课堂的情感教育方法

一、激发学生的情感共鸣

　　（一）选择具有情感共鸣点的文本

　　在语文教学中，教师应选取一些具有情感共鸣点的文本作为教学材料。这些文本可以是描写友情、亲情、爱情、师生关系等方面的文章或诗歌，内容丰富、情感深厚。

　　例如，可以选择一篇描述友情的短篇小说作为教学材料。这篇小说可以通过描写主人公与好朋友之间的情感交流、困境和奋斗等情节，引发学生对友情的情感共鸣。

　　（二）阅读、朗读、演讲等方式体验情感

　　在语文课堂中，教师可以通过不同的方式让学生体验文本中的情感。阅读是最基础的方式，学生可以静静地阅读文本，感受其中的情感内涵。朗读则可以更直接地将情感表达出来，通过声音和语调的抒发，加深学生对情感的理解。演讲则是更为深入的形式，学生可以通过模拟文中人物的角色，用自己的语言和表演来演绎情感。

例如，在阅读友情小说后，教师可以组织学生进行小组讨论和分享，让他们用自己的语言表达对文本中友情的理解和感受。同时，可以要求学生选择一个角色，用朗读或者演讲的方式来表达该角色的情感。

（三）引导学生回忆亲身经历

教师可以通过引导学生回忆自己与朋友的亲密经历，来进一步引发学生对友情的情感共鸣。可以通过提问、写作等方式，让学生回忆并表达自己与朋友之间的情感交流和经历。

例如，教师可以提问学生："你与朋友之间有过怎样的亲密经历？你是如何感受到友情的力量的？"或者布置一篇写作任务，要求学生以自己的亲身经历为基础，写一篇与友情相关的文章，从而让学生在亲身体验中感受到友情的真挚和重要性。

（四）创设情感体验活动

教师可以通过一些情感体验活动来加深学生对情感的体验和理解。这些活动可以是情感写作、情感表演等形式，让学生通过亲身经历情感事件，加深对文本情感的理解。

例如，教师可以组织学生进行情感写作活动，要求他们根据自己的亲身经历或者对文本中情感的理解，写一篇关于友情的文章。在写作过程中，学生可以提取自己的情感体验，将其融入写作中，从而更深刻地理解友情的意义和价值。

（五）引导学生表达情感

在语文课堂中，教师可以设立一些专门的情感表达环节，让学生有机会表达自己的情感和看法。通过表达情感，学生可以进一步加深对文本情感的理解，并培养自己的情感表达能力。

例如，可以组织学生进行小组讨论，让他们表达对阅读材料中人物的情感评价，或者让学生用自己的语言诠释文本中的情感内涵。同时，教师要鼓励学生展示独特的情感表达方式，促进学生之间的交流和互动。

二、引导学生情感参与文本

（一）多媒体技术在情感参与文本中的作用

多媒体技术在语文课堂上的应用已经得到广泛认可，它能够通过音乐、影视片段和图片等形式，为学生营造一个更加丰富、真实的情景。在教师使用多媒体技术时，重要的是要选取具有强烈情感色彩的素材，以便引导学生情感参与文本，进一步提升他们对文本的理解。

（二）播放感人音乐视频激发情感共鸣

教师可以选择一些具有感染力的音乐视频，让学生在欣赏的过程中产生情感共鸣。例如，可以选择一首表达友情的歌曲，配以优美动人的画面，让学生感受到友情的温暖和珍贵。通过音乐的旋律、歌词以及视频中展现出的情感细节，学生可以更加深刻地理解友情的内涵，并将其与文本中的情感联系起来。

（三）观看具有浓厚情感的电影片段增强情感体验

在语文课堂上，教师可以选择一些具有浓厚情感的电影片段，让学生通过观看来体验其中的情感。这些片段可以涉及友情、家庭、爱情等主题，通过人物的表演和情节的发展，引发学生的情感共鸣。教师可以针对片段中的情感细节展开讨论，引导学生深入思考文本中的情感表达方式，并与自己的生活经验进行对比和联系。

（四）展示具有情感冲击力的图片激发内心情感

图片作为一种直观的媒介，可以在短时间内传递出强烈的情感冲击力。教师可以选择一些具有情感色彩的图片，如自然灾害、人道主义援助等，让学生通过观察和思考，感受到其中所传递的情感。同时，教师还可以鼓励学生描述图片中所展现的情感，并将其与文本中的情感进行对比和联系，进一步加深学生对文本的理解。

三、创设情感体验活动

（一）创设情感写作活动

情感写作是一种能够让学生通过文字表达内心情感的活动。教师可以组织学生进行情感写作，让他们以亲身经历为素材，写一篇与情感相关的文章。例如，可以要求学生写一篇关于友情的文章，描述自己与好友之间的真挚情感和共同经历。在写作过程中，学生可以回忆起与朋友之间的欢笑、争吵、帮助等情感体验，从而深入体会友情的真正含义。教师可以提供一些写作指导，如鼓励学生用生动的语言描绘情感细节、反思友情对自己的影响等，以帮助学生更好地表达自己的情感。

（二）组织情感表演活动

情感表演是一种能够让学生通过身体语言和表情来表达情感的活动。教师可以让学生分组进行情感表演，根据给定的情感主题，如喜怒哀乐、自信与害羞等，进行表演。例如，可以要求学生表演一段有关友情的场景，通过动作、声音和表情来展现其中的情感。在表演过程中，学生可以通过身体语言来传递情感信息，激发观众的共鸣。教师可以安排学生进行反思和讨论，引导他们深入理解情感表达的方式和效果。

（三）情感影视欣赏活动

教师可以为学生组织一次情感影视欣赏活动，选择一部具有浓厚情感的电影或电视剧，并在课堂上进行观影和讨论。在观影过程中，学生可以通过角色的情感表达、剧情的发展等要素，深入感受到其中的情感。教师可以提供一些观影指导问题，如主人公的情感变化、情感转折点等，以帮助学生更好地分析和理解文本中的情感。之后，教师可以组织学生进行小组讨论，分享彼此的观影感受，加深对情感的理解和思考。

（四）情感讨论和分享活动

教师可以组织学生进行情感讨论和分享活动，通过互动交流的方式，让学生表达自己的情感体验和见解。例如，可以选择一些与情感相关的话题，如友情、家庭、爱情等，让学生就这些话题进行讨论和分享。教师可以提供一些引导问题，如学生对友情的定义、自己在某种情感事件中的感受等，以激发学生深入思考和表达自己的情感。通过这样的活动，学生可以更加充分地发掘并表达自己的情感体验，进一步理解文本中的情感。

（五）趣味情感活动设计

为了增加情感活动的趣味性和吸引力，教师可以设计一些趣味情感活动，如情感故事串讲、情感角色扮演、情感绘画等。例如，可以让学生分组选择一个情感主题，并通过故事、角色扮演或绘画方式来呈现。在活动的过程中，学生可以通过创意的方式来表达情感，激发学生的学习兴趣和情感参与度。

四、引导学生表达情感

（一）小组讨论和分享

教师可以组织学生进行小组讨论和分享活动，为他们提供一个表达情感和意见的平台。教师可以选择一些富有情感的阅读材料，如文学作品、诗歌等，让学生在小组中进行讨论。每个小组可以就不同的情感主题展开讨论，比如友情、家庭、责任等。学生可以分享自己对人物情感的评价，描述人物在某种情感事件中的行为和态度，以及对这种情感的理解和表达。

（二）情感写作练习

情感写作是培养学生表达情感能力的有效方法之一。教师可以通过布置情感写作任务，引导学生用自己的语言表达内心的情感体验。例如，可以要求学生写一篇关于自己某个时刻感到特别快乐或难过的文章，让他们通过文字来表达和梳理自己的情感。教师可以提供一些写作指导，如要求学生描绘当时的场景、情感变化的原因等，以帮助他们更准确地表达自己的情感。

（三）情感角色扮演

情感角色扮演是一种让学生通过模拟和演绎来表达情感的方法。教师可以为学生设计一些情感角色扮演活动，让他们扮演不同的角色，并通过表情、语言和行为来表达情感。例如，可以要求学生扮演某个经历过困难的人物，让他们通过表演来传达这个人物的内心情感和成长经历。通过角色扮演，学生可以更深入地理解情感的多样性和复杂性，锻炼自己的情感表达能力。

（四）情感画作创作

绘画是一种非常直观且具有表达力的方式，可以帮助学生表达和展示自己的情感。教师可以组织学生进行情感画作创作，让他们用颜色、线条和形状等元素来表达自己的情感体验。例如，可以给学生一个主题，比如"喜悦"或"悲伤"，让他们通过绘画来表达这种情感。在创作过程中，教师可以引导学生思考如何选择合适的表现方式和符号，以呈现出他们想要表达的情感内涵。

（五）情感素材分享和鉴赏

教师可以提供丰富的情感素材让学生分享和鉴赏。例如，教师可以挑选一些优秀的文学作品、音乐或电影片段，让学生观看、阅读或聆听，并引导他们分享自己对其中情感的理解和体验。在分享的过程中，学生可以从不同的角度来描述情感的表达和传递方式，以及对情感的深入思考。

五、培养情感阅读能力

（一）情感词汇学习

教师可以引导学生学习和掌握一些与情感相关的词汇，如各种情绪、情感状态和情感表达方式。通过词汇的学习，学生可以更准确地理解文本中的情感信息，并能够用恰当的词汇来表达自己的情感态度。教师可以设计一些情感词汇学习活动，如配对游戏、情感字谜等，让学生通过互动参与来加深对情感词汇的理解和记忆。

（二）情感分析阅读

教师可以选取一些富有情感色彩和复杂性的阅读材料，如优秀文学作品、散文和新闻报道等，让学生进行情感分析阅读。在阅读过程中，教师可以提问学生关于文本中人物情感的推断和解读，引导他们分析并思考人物情感背后的原因和影响。通过情感分析阅读的实践，学生能够更深入地理解情感与行为之间的关系，提升自己的情感阅读能力。

（三）情感细节标注

教师可以要求学生在阅读过程中标注出文本中表达情感的关键词、句子和段落。学生可以用不同颜色的荧光笔或标记符号来标注出文本中的情感细节。通过对关键细节的标注，学生能够更加清晰地认知到情感的存在和表达方式，并能够更好地理解和解读文本中的情感内涵。

（四）情感互动讨论

教师可以组织学生进行情感互动讨论，让他们分享和交流自己对文本情感的理解和感受。教师可以提出一些问题，引导学生围绕文本中的情感展开讨论，比如问学生对某个人物的情感评价或对某个情感事件的看法等。通过互动讨论，学生可以从不同的角度听取他人的观点和意见，扩展对情感的理解和认知。

（五）情感创作写作

教师可以鼓励学生进行情感创作写作，让他们通过自己的文字来表达情感内涵。可以给学生一些情感主题，如友情、爱情、成长等，让他们选择一个主题进行创作。在写作过程中，教师可以提供一些写作指导和范例，让学生有更好的思路和参考。通过创作写作，学生可以锻炼自己的情感表达能力，同时也加深对情感阅读的理解和体验。

第三节　培养学生的情感态度和情感能力

一、掌握基本的情感词汇和表达方式

（一）通过课堂教学引导学生学习情感词汇

教师可以在课堂上引导学生学习与情感相关的词汇。可以通过情感故事、情感图片或情感视频等形式，让学生了解不同情感所对应的词汇，比如喜欢、愤怒、伤心等。教师可以通过示范和操练的方式，帮助学生掌握这些情感词汇，并引导他们学会正确地运用这些词汇来表达自己的情感。

（二）通过课外阅读拓展学生的情感词汇

除了课堂教学，教师还可以推荐一些适合学生阅读的文学作品、散文、诗歌等，让学生在阅读中接触更多的情感词汇。通过阅读，学生能够感受到文学作品中丰富的情感表达，并能够学习到更多关于情感的词汇以及不同情感背后的含义和特点。

（三）教授常用的情感表达方式

除了词汇的学习，教师还应该教授学生常用的情感表达方式。这包括肢体语言、面部表情和声音语调等非语言性的情感表达方式。教师可以通过示范和练习的方式，让学生学会运用正确的肢体语言、面部表情和声音语调来传递自己的情感，同时也能够理解他人通过这些表达方式所传递的情感信息。

（四）鼓励学生在日常生活中实践情感表达

除了课堂教学，教师还应该鼓励学生在日常生活中实践情感表达。可以给学生提供一些情感表达的机会，比如写日记、写情书、演讲等，让学生有机会通过文字或口头表达来表达自己的情感。同时，教师也应该注重对学生情感表达的指导和反馈，帮助他们提高情感表达的准确性和表现力。

（五）培养学生的情感理解能力

除了学习情感词汇和表达方式，学生还需要培养对他人情感的理解能力。教师可以通过情感解读的活动或案例分析的形式，引导学生学会观察他人的情感表达，并尝试理解他人情感背后的原因和需求。同时，教师也可以组织学生进行情感交流和分享，让他们有机会倾听和理解他人的情感经历，从而培养学生的情感理解能力。

二、学习和欣赏优秀文学作品

（一）选择优秀文学作品

教师可以选择一些具有代表性的优秀文学作品，如经典诗歌、著名小说、知名戏剧等，确保作品的内容丰富、情感深厚，并能引起学生的兴趣和共鸣。对于不同年龄段的学生，可以根据他们的阅读水平和兴趣爱好选择适合的作品。

（二）导入作品背景和作者信息

在学生开始阅读作品之前，教师可以简要介绍作品的背景和作者的相关信息。这些背景和信息可以帮助学生更好地理解作品的创作背景和情感表达的来源，提高对作品的整体理解和阅读体验。

（三）引导学生深入解读情感元素

在学生阅读作品的过程中，教师可以引导他们深入解读作品中的情感元素。可以通过问题引导的方式，让学生思考和讨论作品中人物的情感状态、情感冲突以及情感转折等方面。教师可以帮助学生分析作品中情感的变化原因和影响，并引导他们理解作品中蕴含的深层情感。

（四）开展情感互动和分享

在学生完成阅读后，教师可以组织情感互动和分享的活动。可以以小组或全班的形式，让学生表达对作品的理解、感受和思考。学生可以分享自己对作品中情感的理解和体验，也可以倾听他人的分享，通过多角度的交流和讨论，进一步拓宽对情感表达的理解和感知。

（五）评价和反思

在学生阅读和分享完作品后，教师可以给予评价和反思的指导。可以针对学生的阅读体验和表达方式，提出具体的建议和肯定，引导学生思考如何更好地理解和表达作品中的情感。同时，也可以引导学生进行对自身情感的反思，让他们认识到阅读优秀文学作品对于情感的启发和影响。

三、观察和体验身边的情感事件

（一）引导学生观察身边的情感事件

教师可以引导学生关注身边的情感事件，并鼓励他们进行观察和记录。这些情感事件可以是学生家庭中的亲情关系，朋友之间的友情，或者是学校中的师生关系等。教师可以提供案例或者让学生分享自己的经历，以激发学生对情感事件的兴趣并引导他们观察细节。

（二）鼓励学生体验情感事件

除了观察，教师还可以鼓励学生主动参与身边的情感事件，亲身体验其中的情感。例如，通过组织家庭活动、开展小组合作、设置角色扮演等方式，让学生亲自体验亲情、友情和师生关系中的情感变化和交流。这样的体验可以让学生更加深入地理解情感的复杂性和多样性。

（三）分析情感事件的影响因素

在学生进行观察和体验后，教师可以引导他们分析情感事件的影响因素。例如，学生可以思考和讨论导致情感事件发生的原因，以及不同人的情感反应和表达方式。教师可以提出问题，引导学生思考情感事件中的心理和社会因素，并帮助他们理解人与人之间的情感互动及其对个体的影响。

（四）促使学生思考情感事件的价值和意义

在学生对身边的情感事件进行观察和分析后，教师可以引导他们思考这些事件的价值和意义。学生可以思考情感对人类关系和社会发展的重要性，并从中学习如何处理和表达自己的情感。教师可以启发学生思考情感事件对个人成长和社会互动的影响，培养他们的情感智慧和情感管理能力。

（五）总结和反思

在学生观察和体验身边情感事件的过程结束后，教师可以组织总结和反思的活动。学生可以分享自己的观察和体验，通过讨论和交流，加深对情感事件的理解和认识。同时，教师也可以引导学生思考如何运用所学的情感理解和表达技巧来处理和解决实际生活中的情感问题。

通过观察和体验身边的情感事件，学生可以更加深入地理解情感的多样性和复杂性，了解不同情感事件对人们的影响和作用。这样的学习过程有助于学生培养情感智慧和情感管理能力，提高他们的情感表达和处理问题的能力，使他们能够更好地与他人建立良好的情感关系。

四、开展情感体验活动

（一）情感写作活动

情感写作是一种将情感转化为文字的表达方式。教师可以组织学生进行情感写作活动，让他们根据自己的真实感受和情感体验，撰写文章、日记或诗歌等。在这个过程中，学生可以通过文字来描述自己的情感状态、情感变化以及对情感事件的思考和理解。教师可以提供一些写作题材或启发性的问题，以激发学生的创作灵感，并指导他们如何运用语言表达情感。

（二）情感绘画活动

情感绘画是一种将情感转化为图像的表达方式。教师可以组织学生进行情感绘画活动，让他们用色彩、线条和形状等元素来创作表达自己情感的画作。学生可以选择自己感兴趣的主题，或者根据情感事件进行创作。在这个过程中，学生可以通过绘画来表达自己的情感状态和情感变化，同时也锻炼了艺术表达能力。教师可以引导学生观察一些艺术家的作品，讨论情感绘画的技巧和风格，以帮助学生更好地表达自己的情感。

（三）情感分享活动

情感分享活动可以让学生互相倾听和理解彼此的情感经历。教师可以组织学生进行小组或全班的情感分享活动，让他们有机会表达自己的情感，并倾听他人的观点和经历。通过分享和交流，学生可以更深入地了解不同人的情感体验，增加对情感多样性和复杂性的认识。教师在活动中起到引导和促进交流的作用，鼓励学生尊重他人的情感，建立共情和支持的氛围。

（四）情感剧场活动

情感剧场是一种通过戏剧表演来表达和探索情感的方式。教师可以组织学生进行小剧场表演，让他们选择情感事件或情感主题进行创作和演绎。学生可以通过戏剧表演来模拟情感互动和情感变化，进一步理解不同情感的表达方式和影响。教师可以提供一些表演技巧的指导，并引导学生分析角色的情感状态和情感冲突，以帮助他们更好地体验和表达情感。

（五）情感反思活动

情感反思活动可以帮助学生回顾和总结自己的情感体验，并从中获取启示和成长。教师可以组织学生进行情感反思的讨论或写作活动，让他们回顾自己参与的情感活动，思考自己的情感变化和收获。学生可以分析自己在情感体验中的反应和行为，思考如何更好地处理和表达情感，以及情感对个人成长和人际关系的重要性。教师可以提供指导性的问题，引导学生进行深入的反思和思考。

通过开展情感体验活动，学生能够将自己的情感转化为文字、图像或表演来表达和释放，更深入地认识和理解自身的情感，并培养情感表达能力。这样的活动不仅促进了学生的情感发展，同时也增强了他们的自我意识和情感智慧。

五、参与情感交流和分享

（一）班会情感交流

班会是一个集体讨论和交流的平台，教师可以组织学生参与情感交流。在班会中，教师可以提出一些引导性问题，让学生分享自己的情感经历、困惑或喜悦，同时也鼓励他们倾听他人的分享。通过这样的交流，学生可以了解到同学们的成长和挣扎，增加彼此之间的理解和共鸣。教师应该创造一个开放、尊重和安全的环境，让学生敢于表达真实的情感，并在交流中获得支持和关心。

（二）小组座谈会

小组座谈会是一个更加亲密和私密的交流形式，可以帮助学生更深入地了解彼此的情感体验。教师可以组织学生分成小组，在小组内分享自己的情感经历和感受，同时也聆听他人的分享。在小组座谈会中，学生可以更加放松地表达自己的内心世界，与同龄人互相支持和鼓励。教师可以设定一些指导性的话题或问题，激发学生的思考和交流，同时提供适当的引导和反馈。

（三）感恩活动

感恩活动是一种情感交流和分享的具体形式，可以帮助学生更加关注他人的情感需求和关怀。教师可以组织学生参与感恩活动，比如写感谢信、制作感恩卡片等。通过这些活动，学生可以表达对家人、朋友、老师或其他人的感激之情，同时也可以了解到他人对自己的情感关怀和支持。这样的活动不仅培养了学生的感恩意识，还促进了情感交流和分享，营造了积极向上的班级氛围。

（四）主题讨论活动

主题讨论活动可以引导学生围绕特定的话题进行深入的情感交流和分享。教师可以选择一些与学生生活经验相关的话题，如友情、爱情、家庭等，让学生表达自己对这些话题的看法和情感体验。在讨论中，学生可以学会倾听他人的观点，并提出自己的想法和感受。教师应该引导学生尊重他人的观点，鼓励多元化的思考和表达，以促进情感的交流和分享。

（五）情感故事分享

情感故事分享是一种通过讲述故事来表达和分享情感的方式。教师可以邀请学生自愿分享自己或他人的情感故事，让他们通过讲述来表达自己的情感和体验。在分享过程中，学生可以理解到情感的多样性和复杂性，同时也可以从他人的故事中获取启发和共鸣。教师应该鼓励学生在分享中真实和坦诚，同时保持对他人隐私的尊重和保护。

通过参与情感交流和分享活动，学生可以更好地了解彼此的情感经历，增强彼此之间的关系和互助。这样的活动不仅培养了学生的倾听和表达能力，还促进了情感智慧的培养和发展。教师在组织活动时要注重营造良好的氛围和提供适当的引导，确保学生能够积极参与并获得正面的情感体验和成长。

六、培养同理心和情感理解能力

（一）角色扮演活动

角色扮演是一个有趣而有效的方式，可以帮助学生体验和理解他人的情感。教师可以设计一些情境，让学生扮演不同的角色，并身临其境地经历各种情绪和情感状态。通过角色扮演，学生可以更好地理解他人的感受和需求，培养出同理心和情感理解能力。教师可以引导学生从不同角度思考问题，让他们意识到情感的多样性和复杂性，以及在不同情境下的情感反应差异。

（二）情感解读活动

情感解读活动可以帮助学生学会观察和解读他人的情感表达。教师可以播放一些情感丰富的视频或音频片段，然后引导学生分析其中的情感内容，了解情感在语言、表情、声音等方面的表现特点。通过情感解读活动，学生可以提高对他人情感的觉察和理解能力，培养出对情感细微变化的敏感度。教师可以组织学生进行小组讨论，共同探讨和分享彼此对情感解读的观点和体会。

（三）情感文学阅读

情感文学阅读是培养同理心和情感理解能力的重要途径之一。教师可以引导学生阅读一些经典的文学作品，特别是那些涉及人物情感和内心世界的作品。通过阅读这些文学作品，学生可以与作品中的角色产生共鸣，体验他们的情感起伏和成长过程，从而更好地理解他人的情感体验。教师可以组织学生进行文学讨论，引导他们分析和解读作品中的情感表达，并与自身经历进行对比和思考。

（四）社会实践活动

社会实践活动可以帮助学生亲身体验他人的生活和情感需求，进一步培养同理心和情感理解能力。教师可以组织学生参与一些社会志愿者活动，如探访孤寡老人、帮助特殊群体等。在实践中，学生可以目睹他人的困境和情感状态，深入了解他们的需求和感受。通过这样的实践活动，学生能够更加真实地体验他人的情感，从而培养出关心和关爱他人的情感素养。

（五）心理教育课程

心理教育课程是培养同理心和情感理解能力的一种系统化方式。教师可以通过开设心理教育课程，向学生传授情感管理和情感理解的知识和技巧。课程中可以包括对情感的定义、分类和表达方式的介绍，以及情感理解和同理心的培养方法等。通过系统的学习和实践，学生可以逐渐提升情感理解能力，更好地与他人建立情感联系，并为他人提供情感支持和关怀。

通过以上活动和教育方式，教师可以培养学生的同理心和情感理解能力。这些能力的培养不仅有助于学生与他人建立良好的人际关系，还能够提高他们的情商和社交能力。同时，教师在开展相关活动时要注意引导和关注学生的情感变化，帮助他们理解情感的复杂性和多样性，从而促进他们的全面发展。

七、定期进行情感教育的评价和反馈

（一）观察学生的情感表现

教师可以通过观察学生在课堂和社交场合中的情感表达和互动情况，来评估学生的情感态度和情感能力的发展情况。观察的要点可以包括学生对他人情感的觉察程度、情感表达的准确性和适当性、与他人建立情感联系的能力等。教师可以记录下学生的情感表现，并根据观察结果给予反馈和指导。观察评估的过程中，教师要保持客观和公正，尽量避免主观臆断。

（二）使用情感测试工具

教师可以借助一些情感测试工具，对学生的情感态度和情感能力进行评估。这些工具可以是标准化的心理测量问卷，也可以是自行设计的情感评估工具。通过测试工具，教师可以了解学生对不同情感的认知和处理能力，以及他们对情感表达和情感需求的理解程度。评估结果可以作为教师制订个性化的情感教育计划和指导学生的依据。

（三）个案访谈和反思

教师可以定期与学生进行个案访谈和反思，了解他们对情感教育的体验和感受。通过访谈，教师可以深入了解学生对自己和他人情感的理解和认知，以及他们在情感表达和情感处理方面的困惑和需求。针对不同学生的情感发展情况，教师可以给予针对性的指导和建议，帮助他们更好地培养情感理解能力。

（四）同伴评价和合作学习

教师可以组织学生之间的同伴评价和合作学习，促进学生之间的情感互动和反馈。学生可以互相观察和评价对方的情感表达和情感理解能力，从而帮助彼此发现自身在情感方面的优势和不足。教师可以提供评价的指导标准，并引导学生进行积极和建设性的反馈。通过合作学习，学生可以相互学习和借鉴，共同提高情感理解能力。

（五）家长参与和反馈

教师可以邀请家长参与情感教育评价和反馈的过程。家长可以提供学生在家庭环境中表现的情感态度和情感能力的观察和评价。教师可以通过与家长的沟通和交流，了解学生在不同环境中的情感发展情况，并给予家长相应的指导和建议。家长的参与和反馈有助于促进学生情感教育的全面发展，并增强学生在不同情境下的情感适应能力。

通过定期进行情感教育的评价和反馈，教师可以及时了解学生的情感发展情况，并根据评价结果提供个性化的指导和支持。评价和反馈的过程应当注重引导和启发学生的思考，鼓励他们主动参与情感发展的过程，并培养出对自己和他人情感的敏感性和理解力。同时，教师要与学生、家长和其他教育者保持有效的沟通和合作，共同为学生的情感教育提供支持和帮助。

第五章 现代语文审美教育与文学欣赏

第一节 审美教育在语文教育中的地位和作用

一、审美教育在语文教育中的地位

审美教育是语文教育中不可或缺的重要组成部分，它在培养学生综合素质方面发挥着关键的作用。首先，审美教育可以促进学生对语言文字的理解和表达能力的提升。通过对文学作品的赏析和阅读，学生可以感受到语言的魅力和表达的深度，从而提高他们的阅读能力和批判性思维能力。其次，审美教育有助于丰富学生的情感体验和情绪表达能力。文学作品蕴含着丰富多样的情感和形象，通过欣赏和理解这些作品，学生可以体验到人类情感的广度和深度，培养自己的情感认知和表达能力。此外，审美教育还可以拓展学生的文化视野和跨文化交流能力。通过接触不同历史时期、不同文化背景下的文学作品，学生可以了解和尊重不同文化之间的差异，培养跨文化交流和理解的能力。综上所述，审美教育在语文教育中具有不可替代的地位，它能够综合提升学生的语言表达能力、情感体验能力和跨文化交流能力。

二、审美教育在语文教育中的作用

（一）激发学生的学习兴趣和热爱

审美教育以艺术作品的欣赏和理解为核心内容，可以引起学生对语文学习的兴趣和热爱。通过接触优秀的文学作品，学生可以感受到作品中的情感、思想和艺术魅力，从而激发他们的思考和共鸣。文学作品的丰富表达和独特创造激发了学生对语文学习的主动性和积极性，使他们对语言的力量和美感产生浓厚的兴趣。

（二）培养学生的审美能力和鉴赏力

审美教育注重培养学生的审美能力和鉴赏力。学生通过接触和理解不同类型、风格的文学作品，可以提升他们对美的感知能力和欣赏水平。审美能力是人们在欣赏和创造艺术时所具备的能力，通过审美教育的培养，学生能够从作品中感知到艺术家的用心和创意，进而形成独立而健康的审美观点和趣味。他们可以从美的维度去理解和评价作品，培养自己的审美品位和判断力。

（三）提升学生的情感体验与表达能力

审美教育通过文学艺术作品的欣赏和情感体验，可以增强学生的情感体验与表达能力。文学作品以其独特的表现手法和情感表达方式，引发学生的共鸣和情感体验。学生在阅读作品时，会感受到其中人物形象的喜怒哀乐、挫折与成长，进而认识到自己内心世界的情感变化。通过对作品中人物形象和情感描写的理解，学生可以更加深入地了解自己内心世界的情感变化，提升情感认知和情绪管理能力。同时，审美教育还能够激发学生的创造力和表达能力，使他们能够更好地用语言准确地表达自己的情感和思想。

（四）增强学生的文化素养

审美教育在语文教育中不仅注重培养学生的语言能力，还着重培养学生的文化素养。通过欣赏和理解文学作品，学生可以了解不同历史时期、不同文化背景下的人们对生活、情感、道德等方面的思考和表达。文学作品是人类文化积淀的精华，通过感知和理解这些作品，学生能够拓宽视野，增强对人类文化多样性的认识。审美教育将多元文化融入语文教育中，使学生具备更加宽广的文化视野和跨文化交流的能力，培养学生成为有全球视野的公民。

（五）培养学生的批判思维和创造力

审美教育注重培养学生的批判思维和创造力。通过对文学作品的分析和解读，学生可以发展批判性思维，培养独立思考和问题解决的能力。审美教育鼓励学生深入思考作品中的主题、形式、语言等方面的特点，培养他们进行逻辑推理和判断的能力，提升分析问题和解决问题的能力。同时，审美教育也鼓励学生参与艺术创作，通过表达自己的想法和情感，培养学生的创造力和表达能力。这种创造力的培养不仅体现在语文学科内，还能够在其他学科和实际生活中发挥作用，让学生成为具有创新思维的人才。

第二节　现代语文教育中的文学欣赏教学方法

一、文本导读法

（一）文本导读法简介

文本导读法是一种教学方法，用于帮助学生深入理解和分析文学作品。该方法通过整体结构、主题、人物形象等方面的导读，引导学生探索作品的基本情节、主旨和意义，培养其感悟能力和理解力。

（二）选择经典文学作品

在文本导读法中，首先需要选择一篇经典文学作品作为教学材料。这样的选择应综合考虑作品的代表性、文学价值以及学生的年龄和水平。经典作品通常具有丰富的文化内涵和艺术特色，能够激发学生的思考和共鸣。

（三）整体结构导读

在文本导读的开始阶段，教师可以对作品的整体结构进行导读。通过梳理作品的篇章结构、情节发展和人物关系等要素，让学生对作品有一个整体的了解。同时，教师可以提出问题或观点，引发学生对作品整体的思考和猜测。

（四）主题导读

在文本导读的过程中，教师应关注作品的主题，并引导学生对主题进行深入探究。可以通过提问和讨论的方式，引导学生思考作品所要表达的核心思想和价值取向。通过主题的导读，学生可以更好地理解作品的意义和情感内涵。

（五）人物形象导读

文学作品中的人物形象是作品灵魂所在，因此在文本导读中需要重点关注。教师可以引导学生分析作品中的人物形象，包括其性格特点、行为举止和言语表达等方面。通过深入理解人物形象，学生可以更好地把握作品的情节发展和内在逻辑。

（六）语言运用导读

文学作品的语言运用是表达情感和思想的重要手段。在文本导读中，教师可以引导学生分析作品中的修辞手法、语言风格和叙述方式等。通过语言运用的导读，学生可以更好地领略作品的艺术魅力和独特之处。

二、情感体验法

（一）情感体验法简介

情感体验法是一种注重学生情感参与的文学欣赏教学方法。它通过创造具有情感共鸣的环境和氛围，让学生深入体验和感受文学作品的情感冲击力和审美魅力。这种方法旨在激发学生对文学作品的情感共鸣，培养其情感表达能力和情感认知。

（二）营造情感参与的环境和氛围

在进行情感体验的教学中，教师需要创造积极、和谐的课堂氛围，让学生感到舒适和安全。可以通过布置温馨的教室环境、播放适合作品情感的音乐、使用恰当的道具等方式来营造情感参与的氛围。

（三）多种形式的情感体验

教师可以通过多种形式来引导学生进行情感体验。例如，朗读文学作品时，教师可以用情感饱满的语调和表情朗读，将作品中的情感传递给学生。此外，通过音乐、戏剧表演等形式也可以让学生更加深入地体验到作品中的情感氛围和情感变化。

（四）引导学生分享情感体验

在进行情感体验的过程中，教师可以引导学生分享自己的情感体验。可以组织小组讨论、展示个人演绎或通过书写等方式，让学生将自己的感受和体验表达出来，并与他人互动交流。通过分享，学生能够深入思考作品所带给他们的情感冲击和启示。

（五）深入思考和探究

情感体验不仅仅是情感的释放和表达，更应该包含对作品的深入思考和探究。教师可以通过提问和讨论的方式，引导学生思考作品中蕴含的情感内涵、人物形象的情感表达以及与自身经历的联系等。通过深入思考和探究，学生能够更加全面地理解作品的主题和意义。

通过情感体验法，教师可以激发学生对文学作品的情感共鸣，培养其情感表达能力和情感认知。同时，这种方法也有助于学生培养对文学作品的独特感知和审美体验，提升他们的文学素养和审美能力。教师在实施情感体验法时，应注意根据学生的情感经历和能力进行适度引导，确保学生在情感体验过程中获得积极的成果。

三、对比分析法

（一）对比分析法简介

对比分析法是一种通过对不同文学作品进行对比分析的教学方法。该方法通过比较不同作家、不同时期、不同风格的作品，帮助学生深入理解和欣赏作品，拓展他们的文学视野和审美观点。通过对比分析，学生可以发现作品之间的异同之处，从而更好地理解作品的主题、结构和语言风格等方面的特点。

（二）选择合适的对比对象

在进行对比分析时，教师应选择主题相近或形式相似的文学作品作为对比对象。这样能够使学生更加有针对性地进行比较研究，从而更好地理解作品的特点和艺术价值。比如可以选择同一时期的两位作家的作品进行对比，或者选择具有相似主题但不同风格的作品进行对比。

（三）从多个方面进行对比

对比分析应该从多个方面进行，包括作品的主题、结构、语言风格等方面。学生可以比较作品的整体情节、人物形象的刻画以及语言表达方式等。通过对比分析，学生能够更全面地了解作品的特点，并从中发现不同作品的艺术表达方式和技巧。

（四）引导学生进行深入思考

在对比分析中，教师应该引导学生进行深入思考。可以通过提问的方式，鼓励学生思考不同作品之间的异同之处，并进一步探讨其背后的原因和意义。例如，为什么不同作家对于同一主题的处理方式会有所不同？不同的语言风格如何影响了作品的表达效果？这样能够培养学生的批判性思维和综合评价能力。

（五）促进学生的创造性思维

通过对比分析，学生可以触发创造性思维。他们可以从不同作品中汲取营养，融合各种元素，创造出独特的文学作品或观点。教师应该鼓励学生发挥想象力，激发他们对文学创作的兴趣，并指导他们运用对比分析的方法来进行自主创作。

通过对比分析法，教师可以帮助学生深入理解和欣赏文学作品，拓展他们的文学视野和审美观点。这种方法能够培养学生的批判性思维和综合评价能力，并促进他们的创造性思维。教师在实施对比分析法时，要注重引导学生进行深入思考和讨论，促使他们对作品做出自主的分析和评价。

四、互动讨论法

（一）互动讨论法的特点

互动讨论法是一种以学生为主体、参与度高的文学欣赏教学方法。其特点包括鼓励学生思考、促进交流和辩论、培养批判思维和提高文学理解能力等。

（二）组织小组讨论

教师可以将学生分成小组，让他们围绕特定的文学作品或主题展开讨论。每个小组成员可以就自己对作品的理解和观点发表意见，并与其他小组成员进行交流和辩论。通过小组讨论，学生可以从不同的角度和立场获取更多的观点和见解，扩展对作品的理解和欣赏。

（三）提出开放性问题

教师可以提出开放性问题，引导学生深入思考和交流。这些问题可以涉及作品的主题、人物形象的塑造、情节的发展等方面。通过提出开放性问题，可以激发学生的思辨能力，让他们从不同的角度思考和分析作品，进一步加深对作品的理解。

（四）辩论和分享

在互动讨论中，教师可以组织学生进行辩论或作品分享。辩论可以让学生从不同立场争论观点，提高他们的分析和辩论能力。作品分享可以让学生分享自己对作品的理解和感悟，促进他们的交流和合作。

（五）引导学生思考和反思

互动讨论法注重引导学生思考和反思。教师可以通过针对性的问题引导学生深入思考作品的含义、艺术表达方式等。同时，教师还应鼓励学生对自己的观点进行反思和修正，培养批判思维和综合评价能力。

通过互动讨论法，教师能够激发学生的思维活跃度，提高他们的批判思维和分析能力。学生在讨论和交流的过程中，不仅可以深化对文学作品的理解，还能从中获得启示和新的思考。同时，互动讨论法还能促进学生的合作与沟通能力的发展，培养他们主动学习和独立思考的能力。

五、创意表达法

（一）创意表达法的特点

创意表达法是一种以学生为中心、注重个性化和艺术创作的文学欣赏教学方法。其特点包括鼓励学生创造力、提供自由表达的机会、培养审美意识和表达能力等。

（二）个性化创作方向

教师可以为学生提供一些创作方向或主题，但要求学生在创作中保持个性和独立思考。这样可以激发学生的创造力，让他们通过自己的表达去深化对作品的理解和欣赏。

（三）多种艺术形式

创意表达法涉及多种艺术形式，如写作、绘画、舞蹈、音乐等。教师可以根据学生的兴趣和特长，鼓励他们选择适合自己的艺术形式进行创作。这样可以满足学生的不同需求，同时促进他们在艺术表达中的全面发展。

（四）发现潜能和培养能力

通过创造性表达，学生可以发现自己的艺术潜能，并提升自己的表达能力。在创作中，学生可以锻炼自己的观察力、想象力和表现力，培养出色的艺术创造力和表达能力。

（五）鼓励审美意识和感悟

创意表达法注重培养学生的审美意识和感悟能力。教师可以引导学生在创作过程中关注作品的美感、情感表达等方面，并通过评价和反思来促进学生对自己作品的审美认知和艺术触觉的提高。

创意表达法不仅能够增强学生对文学作品的深入理解和欣赏，还能够激发他们的创造力和表达能力。通过艺术创作，学生可以将自己与作品进行融合，通过表达自己的思想和情感，有效地提升对文学作品的亲身体验和理解。此外，创意表达法还能促进学生的审美情趣和艺术修养，在培养学生全面发展的同时，也为其未来的个人成长和职业发展打下坚实基础。

第三节　培养学生的审美情趣和文学鉴赏能力

一、学习文学基础知识

（一）文学流派的特点

学习文学基础知识的第一步是了解不同的文学流派及其特点。教师可以向学生介绍主要的文学流派，如古文诗、散文、小说、戏剧等，并解释它们的特点和风格。例如，古文诗注重形式和韵律，追求意境和情感表达；散文以散漫的写作方式呈现思想和感受；小说通过人物塑造和情节发展来讲述故事，展现社会生活；戏剧则以对话和舞台表演为主要表现手段。

（二）文学史的演变

文学史是理解文学作品和了解文学发展脉络的重要基础。教师可以向学生介绍文学史的主要时期和代表性作品，让他们了解不同时期文学作品的背景和特点。例如，可以讲述中国文学史的古代文学、近代文学和现代文学等时期，以及不同时期的文学思潮和作家代表作品。通过了解文学史的演变，学生可以更好地理解和分析作品的文化背景和艺术风格。

（三）名家作品的风格

学习文学基础知识还包括对名家作品的风格和特点的了解。教师可以选取一些重要的文学作品，如《红楼梦》《西游记》《论语》等，介绍作品的作者、写作背景以及作品的主题、结构、语言风格等方面的内容。通过分析名家作品的风格，学生可以进一步领会不同作家的创作特点和文学思想，提高自己的文学鉴赏能力。

（四）文学批评方法

学习文学基础知识还包括了解文学批评的基本方法和理论。教师可以向学生介绍文学批评的主要流派和观点，如形式主义、结构主义、阐释学等，让他们了解不同的文学批评方法对作品的解读和评价方式。通过学习文学批评方法，学生可以培养批判性思维，提高对文学作品的理解和评价能力。

（五）文学交流与传播

学习文学基础知识还要强调文学交流与传播的重要性。教师可以向学生介绍文学刊物、文学奖项、文学研究机构等，让他们了解文学作品的传播渠道和评价体系。同时，鼓励学生积极参与文学交流活动，如阅读会、写作比赛等，提升自己的创作和表达能力，并与他人分享和交流自己的文学理解和体验。

通过学习文学基础知识，学生可以拓宽自己的文化视野，培养审美情趣和文学鉴赏能力。同时，还能够帮助学生更好地理解和分析文学作品，提高自己的写作和表达能力。学习文学基础知识不仅是培养学生的艺术修养和人文素养的重要途径，也为他们未来的学业发展和个人成长奠定了坚实的基础。

二、选读优秀文学作品

（一）《红楼梦》

《红楼梦》是中国古代文学的代表之一，被誉为中国古典小说的巅峰之作。它以丰富的人物形象、精细的情节安排和细腻的描写手法展现了清朝贵族社会的生活和人性的复杂。通过对贾、史、王、薛四大家族的兴衰起伏和荣枯离合的描绘，展示了世俗社会的虚妄与道德沦丧，以及生命的无常和离别的悲凉。学生可以从中领悟到对人生意义、社会伦理和情感境界的思考。

（二）《西游记》

《西游记》是中国四大名著之一，被誉为中国古代神魔小说的经典之作。它以孙悟空、猪八戒、沙僧、唐僧四位主要角色为核心，讲述了他们西天取经的奇幻旅程。小说以幽默风趣的口语表达、丰富多样的神话传说和生动活泼的人物形象，展现了正邪斗争、善恶对抗和人性的矛盾与拯救。通过阅读这部作品，学生可以领悟到封建社会中对真善美的追求、人性的复杂性以及力量和智慧的辩证统一。

（三）《诗经》

《诗经》是中国古代文学史上第一部诗歌总集，被誉为中国民族文化的根本。它收录了约300篇不同体裁的诗歌，涵盖了婚姻、政治、自然等多个方面的主题。这些诗歌语言简练、意境深远，通过表达个人情感和社会现实，展示了中国古代先民的生活智慧和情感世界。通过阅读《诗经》，学生可以感受到古代文人的聪明才智、审美情趣和社会责任感。

（四）《论语》

《论语》是孔子及其弟子言行录的总称，是中国古代儒家思想的重要典籍。它以简明的语言和具体的实例记录了孔子的言传身教和儒家思想的核心观点。《论语》主要讨论了人伦关系、社会道德、政治治理等问题，通过对人的修身齐家治国平天下的思考，引导人们追求道德的完善和社会的和谐。通过阅读《论语》，学生可以了解到中国古代文化中的伦理道德观念、人际关系和社会治理的重要原则。

（五）《活着》

《活着》是中国当代作家余华的代表作品之一。它以一个普通农民的命运为线索，讲述了中国近现代历史的沧桑巨变对普通人生活的冲击和摧毁。小说通过生动的叙述方式和深刻的情感揭示了人性的坚韧、家庭的尊严和生命的意义。读者可以通过这部作品反思人的尊严与苦难、历史对个体的影响以及人类对生存意义的思考。

通过选择优秀的文学作品进行阅读，学生可以接触到不同时期、不同风格的作品，拓宽自己的文化视野和审美情趣。同时，阅读优秀作品也可以培养学生的文学鉴赏能力，提高他们的写作和表达水平，从而更好地理解和欣赏文学的艺术魅力。

三、文学作品解析与欣赏

（一）《红楼梦》

《红楼梦》是一部具有复杂性和深度的文学作品。教师可以引导学生从以下几个方面进行解析和欣赏：

1.主题与情感：《红楼梦》以荣府的兴衰为主线，展现了贾宝玉、林黛玉等人物的爱情、友情和命运的起伏。学生可以通过分析作品中的主题，如爱情的纠葛、家族的沉浮等，理解作者对于生命的思考和情感的表达。

2.人物形象：作品中塑造了众多丰满鲜活的人物形象，每一个人物都具有独特的性格和命运。学生可以通过对人物形象的分析，揭示出人性的复杂性和社会背景对人性的影响。

3.描写手法：《红楼梦》以细腻入微的描写手法著称，例如景物描写、人物心理描写等。学生可以通过欣赏这些描写，感受到作者对于细节的关注和艺术的表达能力。

4.文化内涵：《红楼梦》融入了大量的传统文化元素，如诗词、礼俗等。学生可以通过对其中的文化内涵进行解读，了解中国古代文化的底蕴和价值观念。

（二）《西游记》

《西游记》作为一部神魔小说，具有丰富多样的审美特点。教师可以引导学生从以下几个方面进行解析和欣赏：

1.幽默与讽刺：《西游记》以幽默风趣的语言和情节展开，通过对人物形象和事件的讽刺揭示社会中的弊端和人性的矛盾。学生可以欣赏这种幽默和讽刺，体会到作者对于现实的思考和批判。

2.神话传说：作品中融入了丰富的神话传说，如孙悟空的出生和成长、各种妖怪的形象等。学生可以通过对这些神话传说的解读，了解中国古代神话文化和民间传说的魅力。

3.武打场景：《西游记》中的武打场景纷呈多样，充满了想象力和冲突性。学生可以通过分析这些场景，欣赏作者对于动作描写和节奏掌控的巧妙运用。

4.人物形象的塑造：作品中塑造了孙悟空、猪八戒、沙僧等一系列深入人心的形象。学生可以通过对人物形象的解析，理解作者对于不同性格特点和命运轨迹的刻画。

（三）《诗经》

《诗经》是中国古代文学宝库中的瑰宝，具有深远的影响力。教师可以引导学生从以下几个方面进行解析和欣赏：

1.古代诗歌风格：《诗经》是中国最早的诗歌总集，包含了多种不同的体裁和风格。学生可以通过阅读不同的诗篇，感受到古代诗歌的韵律之美和表达手法的多样性。

2.感情与意境：每一篇诗歌都表达了作者的情感和对生活的感悟，同时创造了独特的意境。学生可以通过分析诗歌中的情感表达和意象描绘，领悟到诗歌所蕴含的深层次内涵。

3.社会背景与人文价值：《诗经》反映了古代社会的风貌和人民的生活状态，具有重要的历史和文化价值。学生可以通过对诗歌中的社会背景和人情世态的理解，揭示出古代社会中的伦理道德观念和审美追求。

（四）《论语》

《论语》是儒家思想的重要典籍，具有深厚的思想和哲学内涵。教师可以引导学生从以下几个方面进行解析和欣赏：

1.修身齐家治国平天下：《论语》主要讨论如何实现个体修身、家庭和睦、国家治理以及天下太平。学生可以通过阅读其中的经典语录，了解儒家思想中的伦理道德观念和政治理想。

2.言行录的特点：《论语》以言行录的形式记录了孔子及其弟子的言谈举止。学生可以通过分析其中的对话和言论，揭示出儒家文化中的智慧和道德规范。

3.文化传承：《论语》被誉为中国古代文化的瑰宝，具有重要的文化价值。学生可以通过解读其中的文化内涵，了解中国传统文化的根基和价值观念。

（五）《活着》

《活着》是一部现代文学作品，具有强烈的社会关怀和人文关怀。教师可以引导学生从以下几个方面进行解析和欣赏：

1.历史背景与社会写实：《活着》以中国近现代历史为背景，通过描绘一个普通人物的命运反映社会动荡对人民生活的影响。学生可以通过解读作品中所反映的历史事件和社会现实，了解中国社会的变迁和人民的苦难。

2.人物形象与命运：小说中的主人公通过经历各种人生遭遇，展示了抗争、坚持和生命意志的力量。学生可以通过对人物命运的解读，体验到生命的脆弱与可贵，思考人生的意义和价值。

3.情感表达与人性关怀：《活着》以鲜明的情感表达和对人性的关怀而感人心弦。学生可以通过欣赏作品中的情感描写，体会到作家对于家庭、友谊和尊严的追求。

通过对文学作品的解析和欣赏，学生可以拓宽自己的文化视野和审美情趣，提高自己的鉴赏能力和表达能力。同时也能够理解和欣赏文学作品所蕴含的人文关怀和精神境界。

四、启发式讨论和思辨

（一）《红楼梦》

1.讨论题：贾宝玉与林黛玉的爱情观是如何被作品所描绘的？他们的爱情是一种怎样的情感？

学生可以从作品中找到相关的描写及对话，分析贾宝玉和林黛玉之间的感情互动，以及他们对爱情的理解和表达。同时，也可以结合作者的意图和文化背景，思考这种爱情观在古代社会中的价值和局限。

2.讨论题：荣府的衰落与家族伦理的关系如何体现？

学生可以探讨荣府的衰落是如何与家族伦理观念、个体选择以及社会环境相互作用的。他们可以思考家族伦理观的优点和弊端，并分析作品中家族伦理观的塑造和影响，将其与现实中的家族观念进行对比和批判。

（二）《西游记》

1.讨论题：作品中的孙悟空形象如何体现了自由与束缚的矛盾？

学生可以思考孙悟空这一形象所蕴含的自由个性和反叛精神，在人性的矛盾中表达对束缚的反抗。通过分析孙悟空在作品中的行为、心理描写和与其他角色的互动，学生可以展开关于个性、规则以及社会秩序的深入讨论。

2.讨论题：小说中的妖怪形象是如何反映社会现象和人性弱点的？

学生可以思考妖怪形象在《西游记》中的角色和意义，以及它们所代表的社会现象和人性弱点。通过分析妖怪形象的特征、行为和与主角之间的互动，学生可以探讨妖怪形象所揭示的社会问题和人性缺陷，并思考这些问题对于现实社会的启示。

（三）《诗经》

1.讨论题：《诗经》中的诗篇如何体现了古代社会的价值观和审美观念？

学生可以选择几首不同体裁的诗篇，分析其中的价值观和审美观念，并将其与当代社会进行对比。他们可以关注作品中对于美、仁、礼等核心价值的表达，思考这些价值与现实社会的联系和对个体生活的影响。

2.讨论题：《诗经》中的诗歌表达了怎样的情感和意象？

学生可以选取几首不同类型的诗歌，分析其中的情感表达和意象描绘。通过欣赏诗歌中的声音、形象和节奏，学生可以体验到诗歌的意境美和情感共鸣，同时也可以思考这些诗歌所表达的情感与当代社会的联系。

（四）《论语》

1.讨论题：《论语》中的孔子思想如何与现代社会价值观相联系？

学生可以选取几个经典的言论或故事，分析其中的智慧和道德规范，并将其与当代社会的价值观进行对比。他们可以思考儒家思想中的伦理道德观念对于当代社会的借鉴意义和课题，并提出自己的看法和判断。

2.讨论题：《论语》中关于教育和学习的观点有哪些启示？这些观点在当代教育中还适用吗？

学生可以选择《论语》中与教育和学习相关的章节，分析其中的观点和原则，并思考这些观点在当代教育中的应用和适用性。他们可以探讨教育的目的、方法和价值观念，并提出自己对于教育改革的思考和建议。

（五）《活着》

1.讨论题：作品中的命运与个人选择之间存在怎样的关系？

学生可以分析主人公的命运轨迹，以及他在面对逆境时所做的选择。通过深入探讨命运与选择之间的相互作用，学生可以思考个体在复杂社会背景下如何应对命运，以及个人意志和社会环境之间的关系。

2.讨论题：作品中表达了哪些对家庭、友情和尊严的关怀？

学生可以选取几个情节或对话，分析作品中对于家庭、友情和尊严的关怀和思考。通过欣赏这些情节和对话，学生可以深入探究作者对于人际关系和道德观念的关注，同时也可以思考这些关怀与当代社会的联系和启示。

通过启发式的讨论和思辨，学生能够从多个角度思考文学作品，并形成独立的见解和分析能力。这种讨论和思辨的过程不仅能够加深对作品的理解和欣赏，还培养了学生的批判性思维、沟通能力和团队合作精神。同时也促进了学生对于文学作品与现实生活的联系和对社会问题的关注。

五、展示与分享平台

（一）朗诵会

组织学生参与朗诵会，让他们有机会展示自己对文学作品的解读和表演能力。学生可以选择自己喜爱的文学作品，通过朗诵的方式将作品中的情感和意境传达给观众。朗诵会可以包括诗歌、散文、小说片段等不同形式的文学作品，并提供一个交流和分享的平台，让学生借此展示自己的才华和独特见解。

（二）文学评论交流活动

组织学生在小组或班级内进行文学评论交流活动，让他们分享对某一文学作品的见解和分析。每个学生可以选择自己感兴趣的作品，撰写一篇评论文章或进行口头发言，与其他同学进行交流和互动。通过这种形式，学生可以学会倾听他人的观点、提出自己的疑问和质疑，并在交流中不断完善和深化自己的文学见解。

（三）文学创作比赛

组织文学创作比赛，鼓励学生展示自己的文学创造力和表达欲望。比赛可以包括诗歌、短篇小说、散文等不同类型的文学作品。学生可以根据主题或自由创作，通过提交作品的方式参与比赛。评委会可以评选出优秀作品，并在学校内进行展示和发布。这样既激发了学生的创作激情，也为他们提供了一个展示才华的舞台。

（四）学术研讨会

组织学术研讨会，邀请学生就特定的文学话题展开深入研究和讨论。学生可以选择自己感兴趣的文学题材、作品或文学理论进行研究，并准备一份学术报告。在研讨会上，学生可以向其他参会者分享自己的研究成果，并就相关问题进行交流和探讨。这种形式的活动有助于培养学生的学术研究能力、批判思维和团队合作精神。

（五）文学社交平台

建立一个专门的文学社交平台，让学生可以在线分享自己的文学作品、文学见解和读书心得。这个平台可以是一个网站、微信公众号或在线论坛等形式，提供一个交流和互动的空间。学生可以在平台上发布自己的作品，与其他学生进行评论、点赞和互动。这样既促进了学生之间的交流和分享，也拓宽了学生的文学视野和阅读层次。

通过这些展示与分享的平台，学生能够充分展示自己的文学才华和见解，借此提升他们的表达能力、创造力和自信心。同时，这些平台也为学生提供了一个与其他同学交流和互动的机会，促进了学术研究、思想碰撞和社交发展的多维度成长。

六、创设多元文化环境

（一）引入多元文学作品

教师可以向学生介绍来自不同国家、不同民族的文学作品，包括诗歌、小说、戏剧等。通过阅读和讨论这些作品，学生可以了解不同文化的艺术表达方式、思想观念和价值取向。教师可以选择一些经典的多元文学作品，如《傲慢与偏见》《百年孤独》等，引导学生思考和探讨作品中反映的文化特点和主题。

（二）开设跨文化文学课程

学校可以开设跨文化文学课程，旨在让学生深入了解不同文化之间的联系和差异。这门课程可以涵盖不同国家和地区的文学作品，通过对比研究，学生可以发现文学作品中的共性和特殊性，进一步理解和欣赏多元文化。课程可以包括文学史、文学流派、作家传记等内容，通过多种教学方法激发学生的兴趣和参与度。

（三）举办跨文化文学活动

学校可以举办跨文化文学活动，例如国际文学节、文学沙龙等。这些活动可以邀请来自不同国家的作家、学者和文学爱好者，分享他们对文学的理解和创作经验。学生可以参与讲座、座谈会和读书会等，与来自不同文化背景的人交流和互动，拓宽自己的文学视野和文化认知。

（四）多语言交流活动

组织多语言交流活动，鼓励学生使用自己的母语或学习的外语进行跨文化交流。学校可以设立语言角或语言俱乐部，供学生使用不同语言交流和表达。学生可以分享自己的文学作品、翻译作品或阅读心得，与其他学生进行交流和互动。这种形式的活动有助于学生提升语言能力、增进跨文化理解和友谊。

（五）丰富文学资源

学校可以充实图书馆的文学藏书，引进多元文化的文学作品。除了传统的纸质图书，还可以提供电子书、有声书等多种形式的阅读材料。此外，学校还可以邀请专业的文学教育机构或个人合作，提供文学培训、讲座和展览等活动，为学生创造更多接触和了解多元文化的机会。

通过创设多元文化环境，学生可以深入了解世界各地的文学作品和文化特点，培养自身的跨文化交流能力和拓宽文学视野。这样的教育环境有助于学生培养包容性。

第六章　现代语文创新教学方法与工具

第一节　现代语文教学方法的创新和发展趋势

一、任务型教学方法

（一）任务型教学方法的基本原理和特点

任务型教学方法以任务为核心，将学生置于实际情境中，通过完成任务来达到语文学习的目标。其基本原理和特点如下：

1.实践性原理：任务型教学强调学生在实践中学习，注重培养学生的语言运用能力和实践能力。学生通过实际任务的完成，不仅巩固和运用所学知识，还能够将语文知识应用于实际生活中，增强语文学习的实际意义。

2.学习动机原理：任务型教学激发了学生的学习兴趣，提高了学习的积极性和主动性。任务通常具有一定的挑战性和意义，能够激发学生的好奇心和求知欲，使他们对学习更感兴趣，更主动地参与其中。

3.合作性原理：任务型教学注重学生之间的合作与交流，培养学生的合作意识和团队精神。学生在任务中需要相互配合、协作，共同解决问题、完成任务。通过合作学习，学生可以相互借鉴、互相学习，提高语言交流和思维能力。

4.综合性原理：任务型教学注重知识的综合运用。任务通常是综合性的，要求学生综合运用已学的知识、技能和策略，跨学科地解决问题。这样既加深了学生对知识的理解和记忆，又培养了他们的综合分析和解决问题的能力。

（二）任务型教学的设计和实施步骤

任务型教学的设计和实施步骤包括以下几个方面：

1.任务选择：根据学生的学习需要和现实情境，选择具有实际意义和挑战性的任务。任务应该符合学生的认知水平和兴趣，能够激发学生的学习积极性。

2.任务分解：将任务分解为若干个小任务，并确定每个小任务的学习目标和完成标准。每个小任务都是一个学习环节，学生需要通过完成小任务逐步实现整个任务的目标。

3.学习资源准备：准备与任务相关的教学资源，包括教材、教具、参考资料等。教师还可以为学生提供一些实践活动的机会，如实地考察、调查研究等。

4.学习指导：在任务开始前，教师向学生介绍任务的目标和要求，为学生提供必要的背景知识和技能支持，指导学生如何解决问题、完成任务。

5.学习实施：学生根据任务的要求，运用所学的知识和技能，进行分析、思考、探索。在学习的过程中，教师及时给予学生必要的指导和反馈。

6.任务评价：对学生的任务完成情况进行评价，包括过程评价和结果评价。过程评价关注学生的学习过程，包括合作与交流情况、解决问题的策略等；结果评价关注学生的学习成果，包括任务完成的质量和效果。

（三）任务型教学方法的优势和意义

任务型教学方法具有以下优势和意义：

1.提高学习效果：任务型教学使学习更具实际意义，能够激发学生的主动性和积极性，提高学习的效果。通过完成实际任务，学生能够更好地理解和掌握语文知识，并将其应用于实际生活中。

2.培养实践能力：任务型教学注重培养学生的实践能力和语言运用能力。学生通过实际任务的完成，不仅巩固和运用所学知识，还能够将语文知识应用于实际生活中，提高实践能力。

3.培养合作与交流能力：任务型教学鼓励学生之间的合作与交流，培养学生的合作意识和团队精神。学生在完成任务的过程中，需要相互协作、共同解决问题，提高了他们的沟通和合作能力。

4.培养综合分析和解决问题的能力：任务型教学注重知识的综合运用，培养学生的综合分析和解决问题的能力。学生在实际任务中需要综合运用所学的知识和技能，跨学科地解决问题，提高了综合能力。

（四）任务型教学方法的实施策略

在实施任务型教学时，可以采取以下一些策略：

1.设计有挑战性的任务：任务应该具有一定的难度和挑战性，能够激发学生的学习兴趣和求知欲。

2.提供支持和指导：教师在任务开始前，应向学生提供必要的背景知识和技能支持，指导学生如何解决问题、完成任务。

3.培养合作与交流能力：鼓励学生之间的合作与交流，组织小组讨论、合作学习等活动，培养学生的合作意识和团队精神。

4.引导思考和反思：通过提问、讨论等方式，引导学生深入思考，促进他们对任务的理解和分析能力。

5.及时给予反馈：对学生的任务完成情况进行及时反馈，关注学生的学习过程和学习成果，及时纠正错误，激发学生的积极性。

（五）任务型教学方法的发展趋势

随着教育理念的不断更新和教育技术的发展，任务型教学方法也呈现出一些新的发展趋势：

1.个性化任务设计：根据学生的不同需求和特点，设计个性化的任务，提供个性化的学习支持和指导。

2.多媒体技术的应用：利用多媒体技术丰富任务的形式和内容，提供更多元化的学习资源，增强任务的吸引力和趣味性。

3.社区合作学习：鼓励学生在社区中进行实际任务的实施，与社会进行互动和合作，增加任务的真实性和实用性。

4.跨学科整合：将不同学科的知识和技能整合到任务中，培养学生的跨学科思维和解决问题的能力。

5.智能化辅助教学：结合人工智能等新技术，开发智能化教学软件和平台，为学生提供个性化的学习支持和反馈。

二、探究式教学方法

（一）引导学生提出问题

探究式教学的第一步是引导学生提出问题。教师可以通过情境描述、引入新知识等方式激发学生的好奇心和求知欲，引导他们思考与问题相关的事物和现象，并鼓励他们提出自己的问题。这样可以调动学生的思维，培养他们主动思考和质疑的习惯。

（二）开展实际调查和研究

在学生提出问题之后，教师可以组织学生进行实际调查和研究。学生可以利用各种资源和工具，如图书馆、互联网、实地考察等，收集相关资料和信息。通过实际操作和观察，学生可以深入了解问题背后的原因和机制，并加深对知识的理解。

（三）讨论交流与合作学习

学生在调查研究的过程中，教师可以组织讨论交流和合作学习的活动。学生可以借助小组讨论、角色扮演、辩论等方式，互相分享自己的思考和发现，提出不同的见解和观点，激发彼此之间的思维碰撞和交流。通过讨论交流，学生可以深化对问题的理解，拓展思维的广度和深度。

（四）总结与归纳知识

在实际调查、讨论交流的基础上，教师可以引导学生进行知识的总结与归纳。学生通过整理和梳理思路，将所学知识进行系统的归纳总结，形成自己的学习成果。这样不仅有助于学生对知识进行深入理解，还培养了他们的知识整合和表达能力。

（五）评价与反思

探究式教学的最后一步是评价与反思。教师可以通过考试、作业、项目展示等方式对学生的学习成果进行评价。同时，教师也要与学生一起反思学习过程，让学生思考他们在探究过程中的收获和不足之处，以便更好地改进学习方法和提高学习效果。

三、个性化教学方法

（一）了解学生的兴趣和需求

在个性化教学中，了解学生的兴趣和需求是关键的第一步。教师可以通过问卷调查、个人面谈等方式来了解学生的兴趣爱好、学习风格和学习目标。通过了解学生的个性特点，教师可以有针对性地设计教学内容和活动，为每个学生提供个性化的学习支持。

（二）制订个性化学习计划

基于对学生的了解，教师可以制订个性化的学习计划。学习计划应根据学生的学习目标和现有水平，确定适合他们的学习内容和学习方式。教师可以设置个性化的学习目标，安排不同层次和难度的任务，以满足学生的个性化需求。

（三）灵活运用教学资源和教学策略

个性化教学要求教师能够灵活运用各种教学资源和教学策略，以满足学生的个性化学习需求。教师可以利用多媒体教学、教育科技工具、合作学习等方式，提供多样化的学习资源和学习活动。同时，教师还可以采用不同的教学策略，如示范引导、探究式学习、分层教学等，以适应学生的不同学习风格和能力水平。

（四）个性化教学评价与反馈

个性化教学中的评价和反馈也需要根据学生的个性化需求进行调整。教师可以采用多元化的评价方式，如作业、项目、口头表达等，以便更全面地了解学生的学习情况。同时，教师还要及时给予学生针对性的反馈和指导，帮助他们发现自己的优势和不足，进一步提高学习效果。

（五）持续关注学生的发展

个性化教学并不是一次性的过程，教师需要持续关注学生的发展，及时调整和优化个性化学习计划。教师可以与学生进行定期的学习反馈和交流，了解他们的学习进展和困难，并根据反馈结果做出相应的调整和改进。通过与学生的密切合作和有效沟通，教师可以不断提高个性化教学的效果。

四、合作学习方法

（一）建立合作学习的组织结构

在实施合作学习之前，需要建立一个合适的组织结构。可以将学生分成小组或团队，每个小组或团队由3~6名学生组成。为每个小组或团队指定一个组长或负责人，负责协调组内的工作和交流。

（二）设定明确的学习目标和任务

在合作学习中，需要设定明确的学习目标和任务，使学生知道他们要达到什么样的成果和效果。学习目标可以是知识掌握、问题解决、项目完成等，任务可以是小组讨论、实验设计、项目研究等。通过明确的学习目标和任务，可以引导学生的学习方向和行为。

（三）促进积极的互动和交流

合作学习强调学生之间的互动和交流。教师可以通过组织讨论、分角色讨论、合作完成任务等方式，促进学生之间的积极互动。同时，教师也可以提供一些互动工具和方法，如头脑风暴、小组讨论、角色扮演等，以激发学生的思维和创造力。

（四）引导学生合理分工和协作

在合作学习中，学生需要学会合理分工和协作。教师可以为每个小组或团队提供明确的角色和任务分工，确保各个成员在学习过程中充分发挥自己的优势和特长。同时，教师还应该引导学生学会协商、妥协和倾听他人意见，建立良好的合作氛围和合作关系。

（五）及时反馈和评价学生的合作学习

在合作学习中，教师需要及时反馈和评价学生的表现和成果。教师可以通过观察小组或团队的讨论和合作过程，评价学生的沟通协作能力和团队合作能力。同时，也可以通过作业、项目报告等方式，评价学生的合作学习成果。及时的反馈和评价可以帮助学生认识自己的不足之处，并进一步完善合作学习的能力和素质。

第二节　利用现代技术工具提升语文教学效果

一、多媒体教学工具

（一）电子白板

电子白板是一种多媒体教学工具，通过与计算机连接，可以在白板上展示电脑屏幕上的内容。教师可以在电子白板上书写、标注，展示课件、图表、动画等教学资源，使学生更直观地理解和记忆教学内容。教师还可以通过手指操作或特制笔进行互动，增加学生参与感和积极性。

（二）投影仪

投影仪可以将计算机或其他媒体设备上的内容投影到屏幕或墙壁上，实现大屏幕展示。教师可以利用投影仪播放教学视频、音频等多媒体素材，让学生通过视听的方式感受语文知识和语言运用。同时，投影仪也可以用于展示课件、文本资料等，方便师生共同阅读和讨论。

（三）音频设备

音频设备如录音机、音响等可以播放语音素材，提供真实的语音样本和朗读示范。教师可以引导学生通过听力训练、模仿朗读等方式提高语音准确性和流利度。此外，音频设备还可以播放音乐、歌曲等，激发学生对诗歌的兴趣和感受，同时也可以进行语音评估和自我反思。

（四）视频设备

视频设备如摄像机、播放器等可以播放教学视频资源。通过观看相关视频，学生可以更直观地了解文学作品的情节、人物形象和背景知识。此外，通过观看优秀的朗诵演唱视频，学生可以学习到正确的语音、语调和表达方式，提高语文水平和艺术素养。

（五）在线资源

利用互联网和电子设备，教师可以获取丰富的在线资源，如电子书、学习平台、教育应用程序等。这些资源可以提供多样化的语文学习内容和活动，满足不同学生的需求和兴趣。同时，教师还可以通过在线交流和讨论，促进学生之间的互动和合作，拓展语文学习的广度和深度。

二、在线学习平台

（一）学习资源丰富

在线学习平台提供了大量的语文学习资源，包括教科书电子版、课件、教学视频、阅读材料、作文范文等。学生可以通过在线平台轻松获取这些资源，丰富自己的学习内容。与传统纸质教材相比，在线学习平台提供的资源更加多样化和灵活，学生可以根据自己的兴趣和需求选择适合自己的学习资料。

（二）学习时间灵活

在线学习平台的特点之一就是学习时间的灵活性。学生可以根据自己的时间安排和节奏，在任何时间、任何地点进行学习。这对于那些有时间限制或无法参加常规课程的学生来说尤为重要。学生可以自主决定学习的进度和学习的深度，提高学习效果。

（三）互动交流增强

在线学习平台提供了学生与老师以及同学之间的互动交流环境。学生可以与老师进行在线讨论，提问问题，获得解答和指导，同时也可以与同学交流学习心得、分享观点。这种互动交流不仅加强了学生与老师之间的互动，也促进了同学之间的合作和交流，提高了语文学习的效果。

（四）个性化学习支持

在线学习平台可以根据学生的学习情况和学习需求，提供个性化的学习支持。通过学生的学习数据和反馈，系统可以为学生推荐适合其水平和兴趣的学习资源，给予学习建议和反馈。这种个性化的学习支持可以帮助学生更好地调整学习策略，提高学习效果。

（五）在线测评与作业批改

在线学习平台可以设置在线测评和作业提交功能，方便老师进行学生的学习评估和作业批改。学生可以通过在线平台完成测验和作业，并得到及时的评估和反馈。这不仅提供了方便快捷的学习评估方式，也帮助学生及时了解自己的学习情况，及时补充不足，提高学习效果。

三、教育应用软件

（一）丰富的学习资源

语文学习类应用软件提供了丰富的学习资源，包括课程资料、习题和练习、教学视频等。学生可以通过应用软件获取这些资源，根据自己的学习进度和需求进行学习。这些资源往往由专业的教师或教育机构提供，并经过精心设计和策划，具有很高的质量和教学价值。

（二）个性化学习支持

语文学习类应用软件可以根据学生的学习情况和个性化需求，提供相应的学习支持。通过学生的学习数据和反馈，应用软件可以分析学生的学习表现和问题，并给出相应的学习建议和指导。例如，对于学习成绩较好的学生，应用软件可以推荐更高难度的学习内容；对于学习困难的学生，可以提供更多的辅导和练习。这种个性化的学习支持帮助学生更好地调整学习策略，提高学习效果。

（三）互动学习与合作学习

语文学习类应用软件提供了互动学习和合作学习的机会。学生可以通过应用软件与其他同学进行讨论和交流，分享学习心得和观点。一些应用软件还提供了在线小组学习功能，可以组建学习小组进行共同学习和合作任务。这种互动和合作学习模式，不仅能够促进学生之间的交流与合作，还能够拓宽学生的思维和视野，提升语文学习的效果。

（四）学习进度掌握与反馈

语文学习类应用软件通常提供学习进度的记录和反馈功能。学生可以了解自己的学习进展和学习效果，及时调整学习策略。应用软件可以根据学生的学习数据和表现，给予相应的评估和反馈，帮助学生及时发现和纠正学习中的问题。这种学习进度的掌握和反馈，帮助学生更好地管理学习时间和学习计划，提高学习效果。

（五）学习兴趣培养与激励

语文学习类应用软件注重培养学生的学习兴趣和激励学习动力。一些应用软件通过设计有趣的学习活动、设置学习挑战和奖励机制，激发学生的学习兴趣和积极性。应用软件还可以提供学习记录和成就展示功能，让学生看到自己的学习成果和进步，增强学习的自信心和成就感。这种学习兴趣培养和激励机制，促进学生更主动地进行语文学习，提高学习效果。

四、社交媒体

（一）拓宽交流平台

社交媒体为学生提供了一个广泛的交流平台，使他们能够与更多的人分享自己的观点、作品和学习经验。通过在社交媒体上发布文章、图片和视频等内容，学生可以展示自己的语文学习成果和创作才华。同时，他们也可以与其他人进行互动和讨论，分享学习心得和解决问题的方法。这种开放式的交流平台能够促进学生之间的沟通与合作，拓宽视野，提高语文表达和交流能力。

（二）激发写作兴趣

社交媒体的分享可以激发学生的写作兴趣。学生可以借助社交媒体平台，将自己的思考和观点通过文字表达出来，与他人进行交流和分享。这种自由灵活的写作方式，能够让学生更加主动地思考和表达，培养他们的创造力和独立思考能力。同时，与其他人的互动和反馈也能够激励学生不断改进和提高自己的写作技巧，增强写作的自信心和乐趣。

（三）提高写作技巧

在社交媒体上发布自己的作品，学生不仅可以锻炼写作技巧，还能够通过他人的评论和反馈，了解自己的不足之处并加以改进。其他人的评价和建议可以帮助学生发现自己写作中的问题，比如语言表达的准确性、逻辑性和文采等方面。学生可以根据这些反馈意见进行修改和完善，逐渐提高自己的写作水平。同时，通过观摩他人的作品，学生也可以学习到一些优秀的写作技巧和表达方式，丰富自己的写作风格。

（四）培养批判思维

在社交媒体上与他人进行互动交流，学生可以学会发表自己的观点，并学会批判性地思考和评价他人的观点。通过与他人的互动讨论，学生需要对自己的观点进行辩证思考和论证，同时也需要客观地分析和评价他人的观点。这种批判性思维的培养有助于学生提升逻辑思维能力和辩论能力，培养学生独立思考和判断的能力。

（五）提升文化素养

社交媒体的分享可以促使学生更广泛地接触和了解不同的文化和观点。通过与他人的交流和互动，学生可以了解其他地区或国家的文化、习俗和观念等方面的差异。这些文化的碰撞和交流有助于学生拓宽视野，增加对多元文化的认知和理解。同时，社交媒体的分享也可以促使学生更深入地学习语文教材中的文化知识，增强对语文学科的兴趣和理解。

第三节　现代语文教学中的互动与合作模式

一、小组合作学习

（一）小组合作学习的定义和意义

小组合作学习是指教师将学生分成小组，让他们共同合作完成学习任务或解决问题的一种教学模式。在语文教学中，小组合作不仅可以促进学生对文本的深入理解，还可以培养学生的合作意识、交流能力和批判思维能力。

小组合作学习的意义在于：

1.激发学生的学习兴趣和积极性：通过小组合作学习，学生可以互相激发学习的兴趣和积极性，共同探索、讨论和解决问题，提高学习动力。

2.提高学生的思维能力和表达能力：在小组合作学习中，学生需要进行思维交流和合作讨论，可以培养他们的思辨能力、逻辑思维能力和口头表达能力。

3.培养学生的合作意识和团队精神：小组合作学习要求学生相互合作、相互协作，培养他们的合作意识、团队精神和相互依赖的意识，提高集体智慧的发挥。

4.促进学生的自主学习和批判思维能力：在小组合作学习中，学生需要独立思考、分析问题，培养自主学习和批判思维能力，提高解决问题的能力和创新能力。

（二）小组合作学习的实施步骤

小组合作学习的实施步骤包括以下几个方面：

1.组建小组：教师可以按照一定的原则将学生分成小组，如性别均衡、能力搭配等，确保每个小组的成员能够互相补充和合作。

2.设定任务和目标：教师根据教学内容和学习目标设定任务，明确小组合作的具体目标，让学生明确自己的任务和责任，并给予必要的指导。

3.促进合作与交流：教师可以通过提问、启发性的问题或情境创设引导学生展开合作与交流，在小组内共同探索和解决问题。

4.小组内部合作：学生在小组内部进行合作，可以讨论、分享彼此的观点和理解，共同完成任务，并形成小组内部的共识和协作力量。

5.小组间交流与分享：教师可以组织小组之间的交流和分享，让不同小组的学生互相借鉴和学习，形成跨小组的合作和合力。

6.总结与评价：在小组合作学习结束后，教师可以对学生进行总结和评价，鼓励学生分享自己的收获和感悟，并给予适当的肯定和指导。

（三）小组合作学习的实施策略

在实施小组合作学习时，教师可以采取以下策略：

1.清晰明确的任务目标：教师要设定清晰明确的任务和目标，让学生知道他们需要达到的目标是什么，从而更好地进行合作学习。

2.合理分组：教师在分组时要根据学生的能力、性格特点等因素进行合理的安排，确保小组内成员的互补性和协作性。

3.角色分工：在合作学习中，可以设置一些角色，如组长、记录员、时间管理者等，明确每个角色的职责，增加学生的参与度和责任感。

4.提供适当的支持和指导：教师在合作学习过程中要及时给予学生必要的支持和指导，引导他们合理分工、有效合作，解决遇到的问题。

5.鼓励批判性思维：教师可以提供一些具有启发性的问题，引导学生进行批判性思维，培养他们的思辨能力和创新能力。

6.促进交流与反馈：教师要鼓励小组成员之间的积极交流和互动，同时及时给予学生的反馈和评价，激励他们不断改进和提高。

（四）小组合作学习的注意事项

在实施小组合作学习时，需要注意以下几点：

1.确保任务的适度难度：任务过于简单会让学生失去兴趣，任务过于复杂会影响学生的学习效果，需要根据学生的实际情况设定任务的适度难度。

2.平衡小组内部的贡献度：在小组合作学习中，有些学生可能表现出过度主导或消极依赖的倾向，教师需要引导学生平衡小组内部的贡献度，让每个成员都能积极参与并获得发展。

3.监控小组氛围和合作效果：教师需要及时监控小组的合作氛围和合作效果，发现并解决可能产生的问题，确保小组合作学习的顺利进行。

4.倡导公平与合作：教师应该倡导小组成员之间的公平与合作精神，鼓励学生互相尊重、关心和支持，形成和谐的小组合作氛围。

（五）小组合作学习在实际教学中的应用

小组合作学习在语文教学中有着广泛的应用。例如，在文本阅读中，教师可以要求学生分成小组，深入讨论文本的主题、情节、人物等，促进思维碰撞和交流，并通过小组间的分享和展示，扩大学生的视野和理解力；在写作指导中，教师可以组建小组，让学生相互修改和评价彼此的作文，提升写作质量和表达能力；在文学赏析和演讲课堂中，教师可以设置小组活动，让学生在小组内部进行精读和深度解析，并进行小组间的角色扮演和演讲比赛，提高学生的文学鉴赏和口头表达能力。

二、角色扮演与情景模拟

（一）角色扮演和情景模拟的定义和特点

角色扮演和情景模拟是一种教学方法，通过学生扮演角色和模拟真实情境来促进学习。学生可以在教师的引导下，以不同的角色身份参与对话和表演，以此来模拟真实的情境。这种教学方法的特点包括：

1.互动性：角色扮演和情景模拟强调学生之间的互动和合作，通过对话和表演，学生可以与他人进行互动交流，并共同创造出情境的真实感。

2.情感体验：学生可以通过扮演角色和模拟情境，深入理解教材内容，并更好地感受其中的情感变化和人物形象。

3.创造性和想象力：角色扮演和情景模拟鼓励学生发挥创造力和想象力，在虚拟情境中展示自己的表达能力和思维方式。

4.语言运用：通过角色扮演和情景模拟，学生需要实时运用所学的语言知识和技巧，提高他们的口语表达能力和语言运用能力。

（二）角色扮演和情景模拟在语文教学中的应用价值

1.提高语言能力：通过角色扮演和情景模拟，学生可以实践语言运用，提高口语表达和交际能力。

2.激发兴趣和参与度：角色扮演和情景模拟可以激发学生的学习兴趣，增加他们对课程内容的关注和参与度。

3.培养创造力和想象力：角色扮演和情景模拟鼓励学生发挥创造力和想象力，培养其独特的思维方式和表达能力。

4.加深理解和记忆：通过角色扮演和情景模拟，学生可以更加深入地理解教材内容，并将知识应用于实际场景中，提高学习效果。

5.培养情感表达能力：角色扮演和情景模拟可以让学生更好地感受和表达情感，培养其情感表达能力和情商。

（三）设计角色扮演和情景模拟任务的原则

在设计角色扮演和情景模拟任务时，需要考虑以下原则：

1.目标明确：明确角色扮演和情景模拟的目标和要求，确保学生能够清楚知道自己需要达到什么样的效果。

2.情境真实：模拟的情境应该能够反映真实生活中的场景，使学生在扮演角色和对话中获得真实感和参与感。

3.角色角度多样：设置多个角色身份，让学生可以选择不同的角色进行扮演，并从不同视角来理解问题和情境。

4.合理分组：根据学生的兴趣和能力，合理分组，确保每个小组都有机会扮演不同的角色和模拟不同的情境。

5.提供指导和反馈：在角色扮演和情景模拟过程中，教师应提供必要的指导和反馈，引导学生更好地表达和思考。

（四）角色扮演和情景模拟的实施步骤

角色扮演和情景模拟的实施步骤可以包括以下几个环节：

1.选定教学内容：根据教学目标和教材内容，选择一个适合的情境和角色扮演的主题。

2.设计角色扮演任务：确定每个学生扮演的角色身份和任务要求，明确对话内容和情境设定。

3.分组和准备：根据角色要求和任务，将学生划分成小组，并提供相关材料和指导，让学生充分准备角色扮演任务。

4.执行角色扮演：学生按照任务要求扮演角色并进行对话和表演，教师和其他学生可以进行观察和记录。

5.反馈和评价：教师对学生的角色扮演进行反馈和评价，指出优点和改进之处，并鼓励学生进行思考和总结。

（五）角色扮演和情景模拟的效果评估

在评估角色扮演和情景模拟的效果时，可以从以下几个方面进行评估：

1.角色扮演的表演效果：评估学生在角色扮演中的表演能力、语言表达能力和情感交流能力。

2.对话和互动效果：评估学生在对话中的语言运用能力、交际技巧和沟通效果。

3.角色理解和情感表达：评估学生对角色的理解程度和情感表达能力，是否能够展现角色的独特性格和情感经历。

4.合作和团队精神：评估学生在小组合作中的分工协作能力、团队意识和互助精神。

评估可以采用观察记录、学生自评和互评等方式进行，全面了解学生在角色扮演和情景模拟中的表现和成长。同时，还可以通过问卷调查等方式获取学生对角色扮演和情景模拟教学的反馈，为今后的教学改进提供参考。

三、互联网资源共享

（一）互联网资源共享丰富了语文教学内容

在互联网平台上，教师和学生可以轻松获取到大量的语文学习资源，包括教学视频、电子书籍、讲义等。这些资源来源广泛，涵盖了各个层次和领域的知识，能够为教学提供全面而多样化的支持。通过利用这些资源，教师能够更好地准备课堂内容，使教学更加生动有趣。而学生也能够通过自主选择和使用这些资源，进行巩固和扩展知识，提高语文素养。

在互联网上，教师可以通过搜索引擎、教育平台等途径获取到丰富的语文教学资源。

他们可以选择合适的教学视频来辅助讲解，提供更直观、形象的语言实例；他们可以下载电子书籍和讲义，用于备课和教学参考；他们还可以获取到各种教学工具和软件，帮助学生更好地理解和掌握语文知识。

同时，学生也可以通过互联网轻松获取到丰富的语文学习资源。他们可以通过在线学习平台学习优质的教学视频，听取名师的讲解和示范；他们可以下载电子书籍和讲义，进行自主学习和查阅资料；他们还可以通过在线论坛和社交媒体与其他同学分享心得体会，相互学习和交流。

这些互联网资源的来源广泛，内容丰富多样。不仅包括了经典文学作品、语言技巧和修辞手法等基础知识，还包括了当代文学作品、新闻报道、文化传统等与时俱进的内容。这为教师提供了更多的选择和参考，使他们能够根据学生的实际情况和教学目标进行有针对性的教学设计。同时，学生也能够根据自己的兴趣和需求，灵活选择和使用这些资源，提高学习的积极性和主动性。

（二）互联网资源共享促进了学生之间的交流与合作

通过在线平台，学生可以分享自己的学习经验、作品和心得体会。他们可以将自己的作文、演讲稿等作品上传到网络上，与其他同学共享，获取他们的意见和建议。这种学生之间的分享不仅有助于展示个人的学习成果，更能够为其他同学提供启发和借鉴。

在互联网上，学生们还可以相互评论和评价，形成积极的学习氛围。他们可以就某个问题展开讨论，分享自己的见解和思考，互相启发和补充。这样的交流和合作能够促进学生的思维碰撞和思想交流，帮助他们更好地理解和应用语文知识，拓宽视野，激发创新思维。

通过互联网资源的共享，学生们还能够跨越时空的限制，与全国乃至全世界的学生进行交流和合作。他们可以通过在线平台参加语文比赛、作文大赛等活动，与其他地区、其他学校的学生一起竞争和学习。这样的交流和合作不仅能够拓宽学生的学习视野，还能够培养他们的团队合作精神和竞争意识。

（三）互联网资源共享提高了学生的学习效果和成果

学生可以根据自己的学习需求，在互联网上进行相关学习资源的搜索和筛选，并结合自己的学习目标进行学习。通过多渠道获取信息和素材，学生可以扩大知识面，提高学习的广度和深度。

与传统的教师授课相比，互联网资源的共享具有时效性和针对性的优势。学生可以根据自己的学习进度和兴趣，选择合适的学习资源进行学习。他们可以随时随地通过电脑、手机等设备访问互联网上的学习资源，灵活安排学习时间，提高学习的效率。

同时，学生在利用互联网资源进行学习的过程中，也能够培养自主学习和信息获取的能力。他们需要学会筛选和评估信息的可信度和适用性，培养辨别信息、思考问题的能力。这样的能力不仅在语文学习中有益，也对学生的终身学习和职业发展具有重要意义。

学生在使用互联网资源进行学习时，还可以利用在线学习平台的学习记录和反馈功能，及时了解自己的学习进展和存在的问题，并根据反馈结果进行调整和改进。这样的反馈机制有助于学生形成良好的学习习惯，发现和解决学习中的困难，提高学习效果。

（四）互联网资源共享培养学生的信息素养和创新能力

在使用互联网资源时，学生需要对信息进行筛选、评估和加工，培养其良好的信息获取和处理能力。他们需要学会辨别信息的可信度和适用性，培养批判性思维。

通过互联网资源的共享，学生可以接触到各种形式的信息，包括文本、图片、音频、视频等多媒体素材。他们需要学会从这些信息中提取有用的内容，并将其整合到自己的学习中。在此过程中，学生需要运用信息技术工具，如搜索引擎、词典工具等，提高信息的利用效率。

同时，学生还可以通过学习他人的优秀作品和创新思维，激发自己的创新能力和创造力。互联网上存在大量的原创作品、创意设计等资源，学生可以通过欣赏和借鉴这些作品，拓宽自己的视野，培养创新思维。

学生在互联网资源的利用过程中，还应该遵守版权法和道德准则，尊重他人的知识产权。他们需要学会正确引用和参考，注重原创和创新，在发展自己创造力的同时，也要保护他人的创作成果。

（五）互联网资源共享促进了教师的专业成长和教学改进

教师可以通过互联网平台分享自己的教学方法、资源和经验，与其他教师进行交流与合作。借助互联网平台的力量，教师们可以共同提高教学水平，探索创新的教学模式，从而推动语文教育的不断发展和进步。

在互联网上，教师们可以加入各种教育专业社区和在线教研组织，与其他教师进行交流与分享。他们可以发布自己的教学案例和心得体会，与其他教师进行讨论和反思。这样的交流和分享有助于教师们形成资源共享和协作的意识，改善和丰富自己的教学实践。

通过与其他教师的交流与合作，教师能够拓展思路、拓宽视野，接触到更多的教育资源和教学理念。他们可以了解到其他学校、其他地区的教育实践和成果，从中获取启示和借鉴。这样的交流和合作有助于教师们不断提高自身的专业素质，为学生提供更好的语文教育服务。

四、教师与学生互动

（一）提问激发学生思考和表达能力

提问作为教学的重要手段，可以激发学生的思考能力。通过提出开放性问题，教师可以引导学生去思考问题的本质、内涵和解决方法。这样的思考过程可以让学生不仅限于简单的知识点记忆，而是对问题进行深入的分析和思考，培养他们的逻辑思维和批判性思维能力。

通过提问，教师可以鼓励学生积极参与讨论，从而提高他们的表达能力。在语文教学中，教师可以提出一些有争议性的问题，激发学生对文本或话题的不同见解和观点。学生在讨论中需要运用语言进行表达，并理清思路进行交流。这种交流和表达的过程可以让学生锻炼口头表达的能力，提高他们的语言组织和表达能力。

教师在提问时应该注意问题的设置。开放性问题可以让学生自由发挥，表达个人观点和见解。例如，在讨论一个文学作品时，可以提出像"你如何理解主人公的内心活动？""你对故事结局的解读是什么？"这样具有启发性、引导性的问题。同时，教师也要给学生足够的思考时间，鼓励他们逐步深入思考，避免急于求成或者简单回答。

教师在提问和引导学生思考时，还应该善于给予适当的引导和补充。当学生回答问题时，教师可以通过提问或给出更多的信息来引导他们进一步思考。例如，当学生对一个问题回答不完整时，教师可以追问："你还有其他的想法吗？"或者给予启示："是否可以从不同角度思考一下？"这样的引导可以帮助学生从多个角度分析问题，培养他们的综合思考能力。

提问不仅是教师与学生之间的互动，也可以促进学生之间的互动和合作。在讨论环节中，教师可以引导学生互相提问、回答和补充观点，让学生们形成一个良好的学习氛围和互助的学习氛围。这种合作和互动可以培养学生的合作能力和团队精神，提高他们的学习效果和综合素质。

（二）讨论促进学生交流和合作

讨论是一种有效的教学方法，可以促进学生之间的交流和合作。下面将从以下几个方面详细阐述如何通过讨论来促进学生的交流和合作。

1.创建积极的学习氛围：教师在课堂上应该营造一个积极、开放的学习氛围，让学生感到放松和自由。教师可以鼓励学生表达自己的观点，倾听他们的意见，并尊重每个人的不同想法。这样的学习氛围可以激发学生踊跃参与讨论，积极交流自己的看法。

2.设计合适的讨论活动：教师可以设计各种形式的讨论活动，如小组讨论、角色扮演、辩论等。这些活动可以提供各种场景和情境，让学生在讨论中互相交流和合作。例如，教师可以给学生分配不同的角色，让他们从不同的立场和角度去思考问题，并在讨论中共同探索解决方案。

3.注重学生主体地位：在讨论过程中，教师应该给予学生充分的发言权和主导权。教师可以提出问题引导讨论，但要让学生自由表达自己的观点和想法。同时，教师还应该鼓励学生互相倾听、尊重和回应彼此的意见。通过这种平等的交流方式，可以促进学生之间的合作和理解。

4.引导学生批判性思考：在讨论过程中，教师可以引导学生进行批判性思考，提出有深度和启发性的问题。教师可以鼓励学生从不同的角度分析问题，提出有根据的论据和证据，使讨论更加深入和有价值。这样的引导可以培养学生的批判性思维能力，提高他们的分析推理能力。

5.激发学生的合作意识：在讨论活动中，教师可以设定合作目标和任务，鼓励学生之间相互协作、共同解决问题。例如，教师可以让学生分组完成一个项目，每个小组成员负责不同的任务，并在讨论中互相补充和完善。这样的合作可以培养学生的团队精神和合作能力，同时也促进学生之间的交流和合作。

通过讨论这种方式，教师可以促进学生之间的交流和合作。教师需要在课堂上营造积极的学习氛围，设计合适的讨论活动，并注重学生主体地位和批判性思考。同时，教师还应该激发学生的合作意识，让他们相互协作、共同解决问题。这样的讨论形式可以提高学生的语文素养和综合能力，培养他们的交流、合作和思维能力。

（三）及时反馈和评价

1.及时反馈学生的学习成果：教师应该定期对学生的作业、测验以及课堂表现进行评价和反馈。通过及时反馈，学生可以了解自己的学习成果，知道自己在语文学习中的优点和不足之处。教师可以通过互动讨论、写作批改等方式，给予学生具体的建议和指导，帮助他们纠正错误、提高水平。

2.鼓励学生自我评价和互评：除了教师的评价外，学生自己的评价和互相评价也是重要的一环。教师可以引导学生学会自我评价，让他们思考自己的学习过程、方法和结果，并总结经验教训。同时，教师还可以组织学生之间的互评活动，让他们互相交流、分享彼此的观点和见解。这样的评价方式可以激发学生的主动性，培养他们的批判思维和自我调节能力。

3.给予具体的改进建议：在给予学生反馈和评价时，教师应该尽量具体和详细地指出学生的问题和不足之处，并提供相应的改进建议。教师可以针对学生的具体表现，提出具体的改进方案，如提高阅读理解能力、扩展写作思路等。这样的反馈和评价可以帮助学生明确自己的学习目标，并指导他们在相应的方面进行针对性的努力。

4.激发学生的积极性和兴趣：教师的评价和反馈不仅要关注学生的问题和不足之处，还应该激发他们的积极性和兴趣。教师可以肯定学生的努力和进步，鼓励他们继续努力。同时，教师还可以通过赞扬、奖励等方式，激发学生的学习动力，增强他们对语文学习的兴趣和主动性。

5.根据学生的反馈调整教学策略：教师评价和反馈的过程应该是一个双向的互动过程。教师应该重视学生的反馈和意见，根据学生的需求和学习情况，及时调整教学策略和方法。教师可以通过问卷调查、讨论小组等方式，了解学生的学习感受和意见，从而更好地适应学生的需求，提高教学效果。

（四）建立良好的师生关系

1.建立信任和尊重：教师应该与学生建立信任和尊重的关系。教师可以通过倾听学生的观点和意见，尊重他们的选择和决策，展示对学生的关心和认可。同时，教师也应该向学生展示自己的专业知识和能力，让他们相信自己是可以信任和依靠的。建立信任和尊重的基础可以使师生之间的交流更加畅通和有效。

2.关注学生的发展和需求：教师应该关心学生的个人发展和需求，了解他们的兴趣、特长和困惑。教师可以与学生进行个别谈话，鼓励他们表达自己的想法和意见，帮助他们找到适合自己的学习方向和目标。通过关注学生的发展和需求，教师可以更好地指导学生的学习，满足他们的学习需求，提高学习效果。

3.提供支持和鼓励：教师应该提供学生所需的支持和鼓励。当学生遇到困难或挫折时，教师应该给予他们积极的支持和鼓励，帮助他们克服困难和挫折。教师可以与学生共同寻找解决问题的方法和策略，鼓励他们勇于尝试和探索。通过提供支持和鼓励，教师可以提高学生的自信心和学习动力，促进他们的成长和发展。

4.建立积极的学习氛围：教师应该营造积极向上的学习氛围，让学生感受到学习的乐趣和意义。教师可以设计有趣和富有挑战性的教学活动，激发学生的学习兴趣和主动性。同时，教师还可以通过赞扬和奖励学生的优秀表现，增强学生的自豪感和成就感。良好的学习氛围可以激发学生的学习热情，提高他们的学习效果。

5.促进良好的沟通和互动：教师应该与学生保持良好的沟通和互动。教师可以定期与学生进行面谈或小组讨论，了解学生的学习情况和问题，并给予相应的指导和支持。教师还可以鼓励学生在课堂上积极参与，提问和分享自己的观点。良好的沟通和互动可以加深师生之间的理解和信任，促进教学的有效进行。

五、项目合作学习

（一）项目合作学习的定义和特点

项目合作学习是一种教学模式，通过多学科融合和跨学科探究来促进学生全面发展。在语文教学中，可以设计一些综合性的项目任务，要求学生在合作中运用语文知识和技能，进行文本分析、写作创作等活动。项目合作学习的特点包括：

1. 综合性：项目合作学习要求学生综合运用各学科的知识和技能，解决实际问题。

2. 跨学科性：项目合作学习鼓励学生跨越学科边界，进行综合性的学习和探究。

3. 合作性：项目合作学习强调学生之间的合作与协作，培养团队精神和合作意识。

4. 实践性：项目合作学习强调学生在实际情境中进行思考、探究和解决问题。

（二）项目合作学习在语文教学中的应用价值

项目合作学习在语文教学中具有重要的应用价值：

1. 提高语文素养：通过项目合作学习，学生在实际问题解决中运用语文知识和技能，提高对语文的理解和运用能力，提高语文素养。

2. 培养综合能力：项目合作学习要求学生跨学科合作，综合运用各种能力，培养学生的综合素质。

3. 培养团队合作精神：项目合作学习强调学生之间的合作与协作，培养学生的团队合作精神，提高集体智慧。

4. 培养创新意识：项目合作学习鼓励学生通过创造性思维和实践活动解决问题，培养学生的创新意识和实践能力。

5. 提高学习动机和兴趣：项目合作学习可以激发学生的学习动机和兴趣，使学生更加主动积极地参与到学习中。

（三）设计项目合作学习任务的原则

在设计项目合作学习任务时，需要考虑以下原则：

1. 目标明确：明确项目合作学习的目标和要求，确保学生能够清楚知道自己需要达到什么样的效果。

2. 综合性：确保项目合作学习任务能够整合多个学科的知识和技能，培养学生的综合素质。

3. 可行性：项目合作学习任务应该具有一定的可行性，在教师的指导下，学生能够完成任务并取得预期的效果。

4. 可操作性：项目合作学习任务应该给予学生一定的自主权和选择空间，让他们能够进行创造性思考和实践活动。

5.评价细化：项目合作学习的评价应该细化到各个环节和角色，准确评估学生的合作能力、学科知识掌握程度和创新能力。

（四）项目合作学习的实施步骤

项目合作学习的实施步骤可以包括以下几个环节：

1.选题和设计：教师根据学生的年级、学科要求和课程目标，选定一个适合的项目合作学习主题，并设计相应的任务和要求。

2.分组和分工：教师根据学生的兴趣、能力和特长，将学生划分成小组，并根据项目任务的需要，确定每个学生在小组中的分工和角色。

3.指导和辅导：教师对学生进行项目合作学习的指导和辅导，引导他们进行文本分析、资料收集、团队协作等活动，并提供必要的指导和帮助。

4.实施和展示：学生按照任务要求，进行实际操作和实践活动，完成项目合作学习任务，并进行成果展示和交流。

5.评价和反思：教师对学生的项目合作学习进行评价，并给予及时的反馈，引导学生进行反思和改进，总结经验教训。

（五）项目合作学习的案例和效果评估

在语文教学中，项目合作学习可以带来许多积极的效果。以下是一些案例和效果的评估方法：

案例1：合作创作一本古诗选集

效果评估

合作能力：观察学生在项目合作过程中的角色分工、沟通合作和协调能力。

文言文掌握程度：通过对学生创作的古诗进行评估，了解他们对于古诗文体、语言运用的理解和运用能力。

创新意识：观察学生在创作过程中是否有独特的创意和想法，并对创意的质量进行评估。

评估方法

观察记录：教师可以观察学生在合作中的表现，记录他们的角色定位、交流沟通方式、团队协作能力等。

学生自评：学生可以对自己在合作中的贡献和学习成果进行评价，包括自己的创作成果、合作过程中的难点与收获等。

互相评价：学生可以互相评价合作伙伴在项目中的表现，包括是否积极参与、能否与团队成员良好合作、提供了什么样的帮助等。

案例 2：制作一个关于文言文的微电影

效果评估

合作能力：观察学生在项目合作中的团队合作能力、角色分工和沟通协调能力。

文言文掌握程度：通过观察电影中文言文的运用情况，评估学生对于文言文的理解和运用能力。

创新意识：观察学生在制作过程中的创意和想法，并评估其创意的独特性和质量。

评估方法

观察记录：教师可以观察学生在制作过程中的角色定位、沟通合作方式、是否能够达成共识等。

学生自评：学生可以对自己在合作中的贡献和学习成果进行评价，包括自己在制作中的角色、创意的产生过程和收获等。

互相评价：学生可以互相评价合作伙伴在项目中的表现，包括是否积极参与、能否与团队成员良好合作、提供了什么样的帮助等。

此外，还可以采用问卷调查的方式获取学生对项目合作学习的反馈，了解他们的学习体验和感受。问卷可以包括对项目合作学习的意见、收获、困难和建议等方面的问题。通过综合考虑观察记录、学生自评、互评和问卷调查的结果，可以得出对项目合作学习效果的综合评估，为今后的教学改进提供参考。

第七章 现代语文口头表达与演讲技巧培养

第一节 口头表达在语文教育中的重要性和特点

一、口头表达在语文教育中的重要性

（一）提高语言表达能力

口头表达是学生实践语言运用的过程，通过口头表达，学生能够锻炼和提高自己的语言表达能力。在口头表达中，学生需要选择合适的词汇来准确地表达自己的意思，需要组织清晰的句子来表达思想，并且要注意语音语调和表达技巧，使自己的语言更加生动、有说服力。口头表达能够帮助学生熟练掌握语言知识，提高听说能力，培养自己的文学素养和语感，使学生成为一个能够流利自如地运用语言的人。

（二）培养思维能力

口头表达要求学生能够快速地组织语言、清晰地表达自己的思想，这就要求学生具备良好的思维能力。在口头表达的过程中，学生需要迅速地思考问题，分析和总结信息，并将其转化为语言表达出来。口头表达能够培养学生的思维敏捷性，使他们能够更好地理解和运用语言，培养学生的逻辑思维能力和批判性思维能力，使他们能够更加深入地思考问题，分析问题，提出自己的观点和见解。

（三）培养人际交往能力

口头表达常常发生在交流的场景中，例如对话、辩论等。通过口头表达的实践，学生能够与他人进行互动和合作，培养学生良好的人际交往能力。在口头表达中，学生需要倾听他人的观点，尊重他人的意见，学会与他人进行有效的沟通和交流。口头表达能够培养学生的倾听能力、沟通能力和合作意识，使他们能够更好地与他人合作，建立良好的人际关系，提升自己的团队合作能力。

（四）培养自信心和个性魅力

口头表达能够让学生在公众面前展示自己的思想和才华。通过与他人交流和演讲的实践，学生可以逐渐建立起自信心，并展现自己的个性魅力。口头表达能够培养学生的自信心，使他们能够自信地在公众场合表达自己的观点和意见，展示自己的才华和能力。

口头表达还能够培养学生的演讲技巧和表达能力，使他们能够更好地吸引听众、引起共鸣，成为一个有魅力的演讲者。

（五）提高综合素养

口头表达不仅是一种语言技能的训练，更是一种涵养和综合素养的培养。通过口头表达的实践，学生能够培养自己的文学素养、语感和审美意识，增加文化修养。口头表达还能够培养学生的观察力和思考力，使他们能够更加敏锐地观察周围的世界，思考人生的问题。口头表达能够提升学生的综合素质，使他们在各个方面都能够表现出色。

二、口头表达的特点

（一）口头表达的实用性

口头表达是人们日常沟通的主要形式之一，具有很高的实用性。通过口头表达，我们能够更加准确地传递信息、表达思想和观点。在日常生活中，我们常常需要与他人进行交流，例如与家人、朋友、同学和同事沟通交流，通过口头表达，我们可以向他们传达我们的需求、感受、意见和建议。此外，在工作和学习中，口头表达也扮演着至关重要的角色。无论是参加会议、做报告还是进行演讲，我们都需要运用口头表达能力来表达自己的观点、展示自己的知识和技能。因此，在语文教育中应该重视口头表达的培养，使学生能够在实际生活中更好地运用口头表达能力。

（二）口头表达的即时性

口头表达是即时的，不像书面表达需要经过编辑和修改。当我们在进行口头表达时，需要快速地组织语言并做出反应。这对于培养学生的应变能力和思维敏捷性至关重要。通过口头表达，我们能够锻炼学生的即时性思维能力，使他们能够快速地理解和回应他人的观点和问题。此外，口头表达还可以培养学生的自信心和胆量，在公众场合中自如地表达自己的意见和观点。

（三）口头表达的互动性

口头表达多发生在交流的场景中，例如对话、辩论等。通过口头表达的实践，学生能够与他人进行互动和合作，培养学生良好的人际关系和合作意识。在口头表达的过程中，学生需要倾听他人的观点和意见，并做出回应。这种互动能够使学生更好地理解他人的观点，增强彼此之间的沟通和理解能力，培养学生的合作精神和团队意识。

（四）口头表达的多样性

口头表达形式多样，可以是对话、演讲、辩论等形式。不同的口头表达形式要求学生具备不同的语言和思维能力。例如，对话需要学生具备良好的倾听和回应能力；演讲需要学生能够清晰地表达自己的观点和逻辑推理能力；辩论则需要学生能够运用论据和证据来支持自己的观点并驳斥对方的观点。通过不同形式的口头表达，学生可以展示自己的语言和思维能力，培养自己的表达能力和说服能力。

（五）口头表达的反馈即时性

口头表达可以得到即时的反馈。在实践中，学生可以通过听取他人的观点和回应来不断调整和完善自己的表达方式，进一步提高自己的口头表达能力。在与他人交流的过程中，学生可以了解到自己的表达是否准确、清晰和有说服力，并根据反馈进行相应的改进。这种及时的反馈能够帮助学生更好地认识到自己的优点和不足，从而不断提升口头表达能力。

第二节　现代语文教育中的口头表达培养策略

一、创设情境

（一）创设情境的重要性

创设情境是一种有效培养学生口头表达能力的策略。口头表达是语文学习的核心内容之一，对学生的综合素养和沟通能力有着重要的影响。创设多样化的情境，可以激发学生的自我表达兴趣，提高他们在真实语境中的口头表达能力。

（二）设计有意义的讨论话题

教师可以设计一些有意义的讨论话题，将学生引入到不同的情境中进行口头表达练习。这些话题可以与学生的生活经验、兴趣爱好或社会热点相关，以增强学生的参与度和表达兴趣。例如，可以选择一些与青少年成长教育、环保等相关的话题，让学生对其进行讨论和表达观点。

（三）模拟社交场合的情境

一个有效的创设情境的方式是模拟社交场合，让学生扮演不同的角色，在对话中进行口头表达练习。例如，可以设计一场约会场景，让学生分组进行角色扮演，进行对话练习。教师可以提供一些情景框架，引导学生展开对话，并鼓励他们就特定问题进行思考和表达。

此外，还可以模拟其他社交场合，如家庭聚会、朋友聚会等，让学生在不同的情境中进行表达练习。通过创设这样的情境，学生可以更好地练习自我介绍、询问他人情况、表达意见和建议等交际技能，提高他们在实际社交中的口头表达能力。

（四）模拟商务谈判的情境

商务谈判是现实生活中常见的情境之一，在其中进行角色扮演的练习有助于培养学生的口头表达能力。教师可以设计一些商务谈判的情境，让学生分组进行角色扮演，进行对话练习。每个小组可以代表不同的企业或组织，进行商务洽谈。学生需要根据自己所扮演的角色，表达自己的观点，进行辩论和谈判。这样的练习可以锻炼学生的辩论能力、沟通能力和谈判技巧。

（五）引导学生进行文学作品讨论

通过引导学生进行文学作品的讨论，也可以有效创设情境，培养他们的口头表达能力。教师可以选取一些经典的文学作品，让学生读后进行讨论，并表达自己对作品的理解和感受。学生可以就作品中的情节、人物性格、主题等方面展开讨论，让他们在讨论中提升自己的逻辑思维和表达能力。这样的练习不仅促进了学生对文学作品的理解和欣赏，也加强了他们对语言的运用和表达能力的培养。

二、系统训练

（一）听力训练

在口头表达培养中，听力训练是一个重要的环节。通过提高学生的听力理解能力，可以帮助他们更好地理解他人的口头表达，并准确把握信息。教师可以设计一些听力材料，包括录音、对话等，让学生进行听力练习。同时，可以结合实际情境设置听力任务，如听取电话留言、听取导游讲解等，让学生在真实语境中进行听力训练。通过反复练习，学生可以提高听力的准确性和流畅度，为后续的口头表达打下良好的基础。

（二）口语表达训练

口语表达是口头表达能力的核心内容之一。教师可以通过模仿和模式对话的方式，帮助学生锻炼口语表达能力。可以选择一些常见的口语表达情境，如问候、介绍自己、描述事物等，让学生进行角色扮演，进行对话练习。此外，可以利用一些情景剧或小组讨论的方式，让学生在真实的语境中进行口语表达练习。通过这样的训练，学生可以提高口语流利度、表达准确性和语音语调的自然性。

（三）阅读优秀文本

阅读优秀的口头表达文本对提高学生的口头表达能力也具有很大的帮助。教师可以引导学生阅读一些优秀的演讲稿、辩论文章、口述历史等口头表达文本，并进行分析和讨论。通过阅读这些文本，学生可以感受到语言的美感和表达方式的巧妙，提高自己的语感和语调表达能力。同时，学生还可以通过模仿优秀的口头表达文本，锻炼自己的表达技巧和语言组织能力。

（四）写作训练

写作训练也是口头表达能力培养的重要环节之一。通过写作训练，可以培养学生的逻辑思维和语言组织能力，为口头表达提供良好的基础。教师可以设计一些口头表达相关的写作任务，如口头报告的书面整理、辩论观点的陈述等，让学生进行写作练习。在写作训练中，教师可以关注学生的词汇选择、句子结构和段落结构等方面，为学生提供及时的指导和反馈。通过写作训练，学生可以提高自己的语言组织能力和文字表达能力，进而促进口头表达的水平提高。

（五）综合实践与评估

口头表达能力的培养需要通过综合实践和评估来全面提升。教师可以设计一些口头表达任务，如小组讨论、演讲比赛等，让学生在真实情景中进行口头表达实践。同时，教师还可以制定评估标准，对学生的口头表达进行评估和反馈。评估标准可以包括语言准确性、表达清晰度、表达流利度等方面，以帮助学生了解自己的不足，并及时改进和提升。通过综合实践和评估，学生可以不断提高口头表达的能力和水平。

三、提供示范

（一）示范优秀口头表达范例

在口头表达教学中，教师可以通过播放录音或视频，让学生聆听优秀的口头表达范例。这些范例可以是来自专业演讲人士、优秀辩手或其他口头表达领域的专家。通过聆听这些范例，学生可以感受到标准的语音语调和流利的表达方式，同时也能够触发他们对口头表达的兴趣和学习动力。

教师可以选择与学生学习内容相关的范例进行展示，如科学知识的解说、历史事件的描述等。通过这些范例，学生可以学习到如何组织语言、运用适当的词汇和句子结构来进行口头表达。教师可以对范例进行解析和分析，引导学生理解其中的优秀之处，并鼓励他们模仿和学习这些优秀口头表达的特点。

（二）教师的示范表达

除了播放优秀的口头表达范例，教师也可以自己进行清晰流利的口头表达，并让学生模仿和学习。在教学过程中，教师应该注重自身表达的准确性和流利度，用标准的语音语调进行口头表达。教师可以在课堂上展示一些常见的口头表达情境，并以示范的方式进行口语表达。

例如，在学习问候和自我介绍的情境下，教师可以模拟一段对话，通过标准的语音语调、流畅的表达和恰当的姿态进行示范。同时，教师可以提示学生注意口头表达中的细节，如语速、停顿、声音的高低变化等。学生可以通过观察和模仿教师的示范，来提高自己的口头表达能力。

（三）示范讨论和辩论

在口头表达教学中，教师可以组织学生进行小组讨论和辩论活动，并给予示范。教师可以设定一个主题或问题，让学生分成小组进行讨论，并进行口头表达。在讨论和辩论过程中，教师可以示范如何展开话题、提出观点、反驳他人观点等。

教师的示范可以是全班讨论的一部分，也可以是专门安排的示范演示。教师可以选择一些有争议性的话题，与学生进行辩论，并示范如何用恰当的语言和逻辑进行口头表达。通过这样的示范，学生可以了解到优秀的口头表达具有客观性、权威性和逻辑性等特点，激发他们对口头表达技巧的探索和实践。

（四）示范口头报告和演讲

口头报告和演讲是口头表达教学中的重要环节，教师可以给学生提供示范。教师可以选择一些适合学生的话题，进行口头报告或演讲的示范。在示范中，教师应该注意清晰明了地表达自己的观点和思路，并结合适当的手势和肢体语言，使口头表达更加生动和有吸引力。

同时，教师还可以对示范口头报告或演讲进行分析和评价，指出其中的优点和需要改进的地方。通过示范和评价，学生可以更好地理解口头报告和演讲的要领，提高自己的口头表达能力。

（五）个别指导与反馈

除了整体的示范，教师还应该给予学生个别的指导和反馈，帮助他们改进口头表达。教师可以定期进行学生的口头表达练习，并针对每个学生的表达情况进行评估和反馈。在个别指导中，教师可以针对学生的不足之处进行具体的指导，提供相应的技巧和方法。

例如，对于语音语调不准确的学生，教师可以针对其发音问题进行矫正，并给予适当的练习和反馈；对于表达逻辑不清晰的学生，教师可以引导其加强思维训练和语言组织能力的培养。通过个别指导与反馈，学生可以进一步提高口头表达的水平。

四、个性发展

（一）注重培养学生的个性特点

在口头表达教育中，注重培养学生的个性特点是非常重要的。每个学生都有自己独特的思维方式、兴趣爱好和表达风格，教师应该给予学生足够的空间来展现他们的个性。教师可以鼓励学生在口头表达中展示自己的创造力、想象力和独特的观点。

为了培养学生的个性特点，教师可以给学生提供一些开放式的主题或问题，让学生能够从自己的角度出发进行表达。同时，教师也应该倾听学生的意见和观点，尊重学生的个性选择，并给予积极的评价和鼓励。

（二）提倡多样化的表达形式

口头表达并不局限于传统的说话方式，教师应该提倡多样化的表达形式。学生可以运用音乐、舞蹈、戏剧等各种艺术形式进行口头表达。通过多样化的表达形式，学生可以更好地展示自己的个性和创造力，提高表达的效果和吸引力。

为了提倡多样化的表达形式，教师可以举办一些口头表达比赛或演讲比赛，并鼓励学生尝试不同的表达方式。教师可以提供资源和指导，帮助学生进行艺术表达的准备和展示。通过这样的活动，学生可以发掘自己在口头表达中的潜力，并培养自信心和创新力。

（三）给予积极的评价和鼓励

在学生进行口头表达时，教师应该给予积极的评价和鼓励。无论学生的表达方式是否与传统的说话方式不同，教师都应该关注学生的努力和创造力，并给予相应的肯定和回馈。

教师可以以学生的个人特点为基础，给出一些个性化的评价和建议。例如，对于一个有音乐天赋的学生，教师可以鼓励他在表达中加入音乐元素，使表达更加生动有趣；对于一个喜欢戏剧的学生，教师可以提供一些建议，帮助他提高舞台表演的技巧。

（四）正确的引导和指导

在培养学生个性发展的过程中，教师应该给予正确的引导和指导。教师可以通过引导学生思考、启发学生观点和提供专业知识等方式，帮助学生更好地展示自己的独特声音。

教师可以提出一些思考性的问题，激发学生的思辨和批判能力。通过引导学生探索多种观点和解决问题的方法，教师可以培养学生独立思考和创新的能力。同时，教师也可以提供一些实践和技巧的指导，帮助学生提升口头表达的水平。

（五）培养学生思辨、批判和创新的能力

个性发展不仅仅在于表达形式的多样化，还需要培养学生思辨、批判和创新的能力。口头表达教育应该注重培养学生的思维能力和逻辑思维，使他们能够在口头表达中独立思考、准确分析和合理判断。

为了培养这些能力，教师可以组织学生进行讨论和辩论活动，引导他们从不同角度

113

分析问题，并提出有据可依的观点和论证。教师还可以推动学生进行独立的研究和创新实践，鼓励他们在口头表达中展示自己的独特思考和创新成果。

五、合作学习

（一）培养学生的合作意识和团队精神

通过合作学习，可以有效地培养学生的合作意识和团队精神。在口头表达教育中，学生不仅仅需要具备个人的表达能力，还需要学会与他人进行合作和协作，共同完成任务或项目。

教师可以组织学生进行小组讨论、辩论或演讲比赛等活动，鼓励学生在团队中交流和合作。在这样的活动中，学生需要倾听他人的意见，尊重他人的观点，并通过合理的互动达成共识。通过与其他同学的合作，在集体智慧的激发下，学生可以得到更多的启发和思考，提高口头表达能力。

（二）提高口头表达能力

通过合作学习，学生可以提高口头表达能力。在合作学习的过程中，学生需要与团队成员进行有效的沟通，并将自己的想法和观点清晰地表达出来。通过与他人的交流和合作，学生可以更好地组织语言，提高口头表达的准确性和流畅度。

同时，合作学习也可以提供学生更多的练习机会。在小组讨论或辩论中，学生需要积极参与，与他人展开对话和交流。通过反复的练习，学生可以不断调整自己的表达方式，提高口头表达的技巧和效果。

（三）倾听和尊重他人意见

在合作学习中，学生需要学会倾听和尊重他人的意见。口头表达并不仅仅是自我陈述，更是与他人进行交流和对话的过程。通过倾听他人的意见，学生可以了解到不同的观点和思维方式，拓宽自己的思维边界。

教师可以引导学生在合作学习中积极倾听和尊重他人的意见。可以设置一些规则和约定，例如轮流发言、不打断他人发言等，以确保每个人都能够得到充分的表达机会。通过培养学生倾听和尊重的习惯，可以建立良好的合作氛围，提高口头表达的效果。

（四）适应不同的角色和身份

合作学习也有助于学生适应不同的角色和身份。在团队中，每个成员都有自己的职责和任务，需要扮演不同的角色，并与他人协调合作。这种多角色的转换和协作经验对于学生的口头表达能力有着积极的影响。

教师可以通过安排学生担任不同的角色，例如组长、发言人或记录员等，让学生在合作学习中体验不同的责任和要求。通过这样的经历，学生可以更好地理解不同角色的需求和特点，进一步提高口头表达的灵活性和适应性。

（五）提高沟通和表达技巧

合作学习是一个良好的平台，能够帮助学生提高沟通和表达技巧。在团队中，学生需要与他人进行有效的沟通，将自己的观点和想法清晰地传达给团队成员。同时，学生还需要学会倾听和理解他人的意见，以确保团队共同进步。

教师可以通过合作学习活动来培养学生的沟通和表达技巧。可以设置一些任务或情景，要求学生进行团队讨论或演讲，并在活动结束后进行反思和总结。通过这样的实践和反思，学生可以不断提高沟通和表达的能力，准确地传达自己的意思并理解他人的意见。

第三节　培养学生的演讲技巧和公众表达能力

一、演讲技巧培养

（一）主题选择

学生应该学会选择适合的演讲主题，以引起听众的兴趣，并能够有效地组织和展开演讲内容。主题选择要与听众相关，有意义且有吸引力，同时也要符合学生的兴趣和专长，确保能够持续激发学生的热情和动力。

在选择主题时，学生可以考虑以下几点：

1.目标受众：确定自己的目标受众是谁，以便能够选择他们感兴趣的主题。

2.个人兴趣：选择自己感兴趣的主题，这样能够更好地投入其中，增强演讲的表现力。

3.知识储备：选择自己具备一定知识储备和经验的主题，这样可以更加有底气和自信地进行演讲。

（二）结构规划

学生应该学会合理组织演讲内容的结构，包括引言、正文和结论。一个清晰的结构可以帮助听众更好地理解和记忆演讲内容，并使演讲更具说服力。

1.引言：引言部分应该能够吸引听众的注意，提出演讲的核心观点。可以使用引人入胜的故事、引用有影响力的名人言论或提出令人思考的问题来引起听众的兴趣。

2.正文：正文部分是演讲的重点，需要清晰地呈现事实、证据和论点，并有条理和逻辑性。可以按照时间顺序、问题解决的步骤或者递进式的结构进行组织，确保每个段落都紧密联系，内容连贯有序。

3.结论：结论部分要对演讲内容进行总结，并给出明确的结论。可以回顾主要观点和提供可行的解决方案，强调演讲的重要性和影响力，给听众留下深刻的印象。

（三）肢体语言和声音运用

学生应该学会运用肢体语言和声音来增强演讲的说服力和吸引力。良好的肢体语言和声音运用可以帮助学生更好地传达信息和情感。

1.肢体语言：学生应该注重身体姿势、手势和面部表情等肢体语言的运用。要保持自然、放松的姿态，充分运用适当的手势来强调重点和支持语言表达，面部表情要与演讲内容相配合，凸显情感和说服力。

2.声音运用：学生应该注重语调、节奏和音量的掌握。语调要富有变化和感染力，适时地使用停顿来给听众留下思考的时间；节奏要稳定而有节奏感，使得听众更容易跟随和理解；音量要控制好，不嘈杂也不过低，确保听众能够清晰地听到演讲内容。

（四）面对听众的技巧

学生应该学会与听众进行互动，建立起与听众的联系和共鸣。通过有效的互动，可以增加演讲的参与感和互动性，提升演讲的效果和影响力。

1.目光交流：学生应该与听众进行目光交流，尽可能地与每个听众建立眼神联系。这样可以让听众感受到被关注和重视，增强演讲的亲和力和互动性。

2.肢体语言互动：学生应该保持良好的肢体语言互动，例如积极回应听众的反应和提问，主动与听众进行身体姿势和手势的互动等。这样可以拉近与听众的距离，增强演讲的参与感和沟通效果。

3.问答互动：学生可以主动提出问题或鼓励听众提问，在演讲结束前留出时间进行问答环节。通过问答互动，可以更深入地了解听众的需求和反馈，加强与听众的沟通和联系，使演讲更具针对性和互动性。

（五）公众表达能力培养

1.自信心培养

学生应该培养自信心，相信自己的能力并敢于展示自己的观点和见解。自信心是成功演讲的关键要素之一，通过积极的心态、充分的准备和适当的练习，可以帮助学生树立自信，从而更好地进行公众表达。

2.语言准确性

学生应注重语言的准确性，避免口头表达中的语法错误和用词不当。良好的语言表达能力对于演讲的清晰度和流畅度至关重要，学生应通过阅读、写作和口语练习等方式不断提高自己的语言能力。

3.观点清晰度

学生应学会明确和清晰地表达自己的观点，避免含糊不清或模棱两可。在公众表达中，学生应该将自己的观点有条理地陈述出来，并通过事实、证据和例子等进行支持和论证，使观点更具说服力和可信度。

4.听众关注度

学生应注意抓住听众的关注点，针对听众的需求和兴趣展开表达，提高表达效果。了解听众的背景和兴趣，在公众表达中选择适合听众的案例、故事和实例，可以增加公众表达的吸引力和影响力。

二、公众表达能力培养

（一）自信心培养

自信心是成功公众表达的基石。学生应该培养自信心，相信自己的能力，并敢于展示自己的观点和见解。要培养自信心，首先需要树立积极的心态。学生应该相信自己有能力进行公众表达，相信自己的观点是有价值的。同时，适当的准备也是建立自信心的关键。学生在演讲前应该做足充分的准备，研究主题，收集相关资料，并制定详细的演讲大纲和提纲，以增加对演讲内容的自信度。此外，适当的演讲练习也可以帮助学生建立自信心。学生可以通过模拟演讲、小组讨论等方式，不断练习演讲技巧和表达能力，提高自信心的水平。

（二）语言准确性

语言准确性是有效公众表达的重要保障。学生应注重语言的准确性，避免口头表达中的语法错误和用词不当。为了提高语言准确性，学生应加强对语言知识的学习和掌握，包括词汇、语法和语用等方面。学生可以通过阅读高质量的文章和书籍，积累并学习优秀的表达方式和词汇用法。此外，写作和口语练习也是提高语言准确性的有效途径。学生可以多写作文、做口语练习，不断纠正错误并改进表达方式。

（三）观点清晰度

在公众表达中，观点的清晰度对于演讲的效果至关重要。学生应学会明确和清晰地表达自己的观点，避免含糊不清或模棱两可。为了提高观点的清晰度，学生应该在演讲前进行充分的思考和准备。在演讲过程中，学生应该将自己的观点有条理地陈述出来，并通过事实、证据和例子等进行支持和论证，使观点更具有说服力和可信度。为了更好地提高观点的清晰度，学生还可以参加辩论、演讲比赛等活动，锻炼自己的辩证思维和逻辑推理能力。

（四）听众关注度

公众表达的目的是与听众建立有效的沟通和交流。学生应注意抓住听众的关注点，针对听众的需求和兴趣展开表达，提高表达效果。了解听众的背景和兴趣是抓住关注度的关键。学生可以通过调查问卷、面谈等方式获取听众的信息，了解他们的关注点和需求。在演讲中，学生应选择适合听众的案例、故事和实例，以吸引听众的注意力并增加演讲的吸引力和影响力。此外，学生还可以在演讲中采用互动的方式，例如提问、小组讨论等，与听众进行互动，进一步提高听众的关注度。

（五）综合能力培养

除了以上几个方面的培养，学生还应综合发展自己的表达能力。学生可以通过广泛阅读、写作和口语练习等方式提高自己的综合能力。阅读可以帮助学生积累知识、拓宽视野，并学习到不同领域的表达方式。写作可以锻炼学生的思维和逻辑能力，并提高文字表达的准确性和流畅度。口语练习可以帮助学生提高语言的流利度和表达能力。通过综合能力的培养，学生可以全面提升自己的公众表达能力，并在各种场合中自信地进行演讲和表达。

第八章　现代语文批判性思维与文本分析能力

第一节　批判性思维对语文教育的意义和要求

一、批判性思维的意义

（一）批判性思维可以帮助学生更深入地理解文本

在语文教育中，批判性思维的培养能够帮助学生更深入地理解文本。传统的语文教育注重学生对文本的表层理解，但仅停留在表面理解无法完全把握文本的内在逻辑和隐含信息。而批判性思维可以帮助学生超越表层，发现文本背后的深层隐含，通过对文字、句子、段落和整体结构的分析，理解作者的意图和推理出可能存在的逻辑关系。这样的深层理解不仅能够提高学生的阅读理解能力，还能够拓展学生的思维空间和想象力，使其能够更好地运用所学知识。

（二）批判性思维培养学生的批判思考能力和创造性思维能力

批判性思维还能够培养学生的批判思考能力和创造性思维能力。批判思考是指对信息进行评估和推理的能力，要求学生能够客观、全面、深入地分析问题和观点，有能力辨别真伪、合理性和可行性。语文教育应该注重培养学生的批判思维能力，通过让学生从不同角度审视问题、自主构建论证链条、对立观点进行权衡比较等方式，激发和培养学生的批判思考意识和能力。同时，批判性思维也与创造性思维密不可分。通过批判性思维的锻炼，学生可以在解决问题时，从不同的角度思考和提出独创性的见解和方案，培养创新精神和能力。

（三）批判性思维培养学生辨别信息的能力

在信息爆炸的时代，学生面临着众多的信息来源和内容，如何辨别信息的真实性、有效性和可靠性，成为一个非常重要的能力。批判性思维能够帮助学生培养辨别信息的能力。通过批判性思维的训练，学生能够学会对信息进行分析、评估和验证，辨识信息中的偏见、误导和虚假信息，从而做出准确和明智的判断。在语文教育中，学生不仅要学习文本内容，还要学会审视文本的来源和立场，理解作者的观点、意图和论证方式。这样的辨别能力不仅对学业有帮助，也对学生的生活和未来发展具有重要意义。

（四）批判性思维培养学生的问题解决能力

批判性思维也是培养学生问题解决能力的有效途径。批判性思维能够帮助学生掌握分析和推理的方法，提高他们解决问题的能力。通过批判性思维的训练，学生能够从给定的信息中推断出隐含的信息，分析问题的关键因素和要素，运用所学知识和经验解决问题，并提出创新性的解决方案。批判性思维培养了学生的逻辑思维能力和问题解决能力，为他们的学习、生活和未来的工作提供了强大的支持。

（五）批判性思维促进学生的终身学习能力

批判性思维是一种基础性的思维能力，它不仅仅在语文教育中发挥作用，还能够促进学生的终身学习能力。批判性思维使学生具备了思考、分析和推理的能力，这些能力对于各个学科和领域的学习都是至关重要的。通过批判性思维的培养，学生在学习新知识和面对新问题时能够更加主动和灵活地进行思考和分析，从而更好地适应不断变化的社会和知识需求。

二、批判性思维的要求

（一）培养学生的自主思考能力

培养学生的自主思考能力是批判性思维的基础要求。学生需要具备独立思考和判断的能力，不仅仅是被动接受他人观点。为了培养学生的自主思考能力，语文教育可以采取以下措施：

1.提问引导：教师可以通过提问激发学生思考，引导他们主动思考问题。提问应该具有启发性，既能够唤起学生的兴趣，又能够引导学生注意问题的关键点。

2.讨论与辩论：组织学生进行小组或全班讨论，让学生分享自己的思考和见解。同时，可以引入辩论环节，让学生从不同角度观察问题，并表达自己的观点，锻炼他们的辩证思维能力。

3.阅读多样化的材料：提供多样化的阅读材料，涉及不同领域和不同观点的文章，让学生从多个角度审视问题，并且培养他们独立思考的意识。

4.引导学生进行推理和判断：教师可以设计一些情境或案例，要求学生基于已有的信息进行推理和判断，培养学生从因果、条件等不同角度思考问题的能力。

（二）培养学生的分析和评估能力

批判性思维需要学生具备对信息进行分析和评估的能力。他们应该能够深入挖掘文本中的信息，并能够辨别信息的真实性和可靠性。为了培养学生的分析和评估能力，可以采取以下措施：

1.解读文本：学生需要学会对文本进行解读，包括理解作者使用的语言、句式和修辞手法等，分析文本结构和逻辑关系，从中获取有效信息。

2.挖掘信息：学生需要学会提取文章中的主题、观点和论证过程，并将其整理和归纳，培养梳理和整合信息的能力。

3.评估观点和论据：学生需要学会评估作者的观点、论证和论据是否合理和可靠。教师可以引导学生提出质疑并提供反例，培养学生分析和评估的能力。

4.学会找出信息的局限性：学生要了解信息的来源和背景，意识到信息存在局限性，并且能够从不同角度进行分析和评估。

（三）培养学生的推理和解决问题能力

批判性思维要求学生具备推理和解决问题的能力。学生应该能够从给定的信息中推断出隐含的信息，运用已有的知识解决实际问题。为了培养学生的推理和解决问题能力，可以采取以下措施：

1.引导学生应用思维方法：教师可以引导学生学习和应用推理、归纳、演绎等思维方法，培养他们从已有的信息中推断、总结和归纳的能力。

2.组织情境性学习任务：设计情境性的学习任务，让学生在实际问题中运用批判性思维来解决问题。如模拟法庭辩论、伦理冲突讨论等，激发学生的创造力和创新精神。

3.鼓励学生提出解决方案：学生需要学会提出合理的解决方案，并能够通过推理和论证进行支持。教师可以鼓励学生进行头脑风暴和讨论，培养他们解决问题的能力。

（四）培养学生的沟通和表达能力

批判性思维需要通过语言进行表达。学生应该具备清晰、准确、有逻辑性的表达能力，能够将批判性思维转化为有效的语言表达。为了培养学生的沟通和表达能力，可以采取以下措施：

1.阅读与写作训练：通过丰富的阅读和写作训练，培养学生的文字表达能力。教师可以引导学生读懂他人的观点，并批判性地进行分析和评估，然后用自己的语言进行表达。

2.辩论演讲训练：组织学生进行辩论和演讲活动，让学生能够清晰地陈述自己的观点和论证过程。通过辩论和演讲，培养学生在公众场合进行有效沟通和表达的能力。

3.语言规范指导：教师需要对学生的语言进行规范指导，培养学生准确使用词汇、语法和句式的能力。同时，要求学生在表达观点时，要有逻辑性和条理性。

第二节　现代语文教育中的文本分析和批评能力培养

一、文本分析能力的培养

（一）词汇和句法分析

在现代语文教育中，培养学生的词汇和句法分析能力是重要的一环。通过学习和掌握各种词汇和句法结构的意义和用法，学生可以更准确地理解文本的表达方式和修辞手法。他们需要学会辨析词义，理解句子成分之间的关系，从而能够准确把握文本的意思。具体来说，培养词汇和句法分析能力可以包括以下几个方面：

学习和积累词汇：学生应该通过广泛阅读和学习，掌握各种词汇的意义和用法。同时，学生还应注意词汇的搭配、义项辨析以及词义的延伸。这样，他们就能够更好地理解文本中的词语，并且能够准确运用到自己的写作与表达中。

理解句法结构：学生需要学会分析句子的结构，理解各个句子成分之间的关系。他们应该能够辨别主谓宾结构、定状补结构等，并理解不同结构对语义的影响。通过句法分析，学生能够更好地理解句子的表达方式和修辞手法。

掌握修辞手法：学生需要学会识别和理解各种修辞手法，并能够分析修辞手法在文本中的应用和效果。例如，学生可以学习韵律、押韵、比喻、排比等修辞手法，从而更好地理解作者的表达意图。

（二）上下文推测

培养学生的上下文推测能力是提高文本分析能力的关键一环。通过细致观察文本所处的背景和语境，学生可以推断出文本中隐含的信息和作者的意图。这样，他们就能更好地理解作者的思想和观点，实现对文本的深入解读。具体来说，培养上下文推测能力可以包括以下几个方面：

考虑文本背景：学生应该了解文本所处的历史、时代背景，以及作者的社会、文化背景等。这样，他们就能够更准确地理解文本中的言之有物，把握作者的表达意图。

分析语境关系：学生应该仔细观察文本中的语境关系，包括词语之间、句子之间的关系，以及段落、节之间的衔接关系。通过分析语境关系，学生可以推断出一些隐含的信息，从而更好地理解整个文本。

运用逻辑推理：学生需要运用逻辑推理的方法，根据文本中的线索和事实进行推断。他们应该能够分析文本中的因果关系、条件关系，以及前因后果等逻辑关系。通过逻辑推理，学生能够揭示出文本中的深层含义和作者的意图。

（三）主题和结构分析

在现代语文教育中，培养学生的主题和结构分析能力是非常重要的。学生应该能够分析文本的核心主题和段落结构，从而更好地理解文本的整体思路和结构。具体来说，培养主题和结构分析能力可以包括以下几个方面：

确定主题：学生应该学会分析文本的主题，把握文本所要表达的核心思想。他们需要通过对文本的细读和理解，找出文本中贯穿始终的核心概念，并能够表达出来。

分析段落结构：学生应该具备分析段落结构的能力，理解段落之间的逻辑关系和衔接方式。他们可以通过分析段落的开头、结尾，以及段落中的过渡语句、线索词等，来理解段落的核心思想和组织方式。

把握篇章结构：学生应该能够分析整个文本的篇章结构，理解各个节、段落之间的关系。他们需要理解文本的整体布局和组织方式，从而更好地把握文本的整体思路和内容。

（四）文本评价和批评

培养学生的文本评价和批评能力是提高文本分析能力的重要手段。学生应该具备对文本进行评价和批评的能力，包括对作者观点的评估、论证的合理性和说服力的分析等。具体来说，培养文本评价和批评能力可以包括以下几个方面：

评估作者观点：学生应该能够评估作者观点的合理性和可信度。他们需要运用批判性思维，从不同角度分析和评价作者的观点，包括背景、逻辑关系和依据等。

分析论证合理性：学生需要分析文本中的论证过程和逻辑关系，评估论证的合理性和说服力。他们应该能够辨识论证的强弱点，找出论据和结论之间的逻辑联系，并运用相关知识进行评价和批判。

表达批评观点：学生应该能够清晰、准确地表达自己的批评观点，通过语言和结构的运用使批评具有说服力和影响力。他们需要学会恰当地使用修辞手法，以加强自己批评观点的表达效果。

二、批评能力的培养

（一）批判性阅读

批判性阅读是培养批评能力的重要手段之一。学生应该通过对文本的深入分析和评价，培养独立的思考和分析问题的能力。批判性阅读要求学生不只是被动地接受和理解文本，而是要主动发现文本中存在的问题和瑕疵，并提出自己的观点和看法。这种能力培养可以通过以下几个方面来实施：

学生需要掌握文本分析的基本方法和技巧。他们应该学会提炼关键信息，辨别事实和观点，理解作者的意图和立场。同时，学生还应该学会辨别文本中的逻辑漏洞和论证不足，并能够对其进行批评和评价。

学生应该进行广泛的阅读，尤其是涉及不同领域和不同立场的文本。这样可以帮助他们开拓思维，拓宽视野，形成多元化的批评观点。同时，阅读不同类型的文本也可以帮助学生了解不同的作者风格和写作特点，从而更好地理解和评价文本。

学生需要进行文本批评的实践和训练。他们可以通过写作批评文章或组织批判性讨论的方式来表达自己的观点。在这个过程中，学生要注重逻辑思维的建设，注重事实依据的支持，注重论证合理性的展示。通过反复实践和不断改进，学生可以提高自己的批评能力。

（二）批评的方法和标准

学生需要了解批评的方法和标准，以便进行准确和有力的批评。批评的方法主要包括逻辑思维、事实依据、论证合理性等。以下是一些常用的批评方法和标准：

逻辑思维：学生应该学会运用逻辑思维分析问题，判断论证的合理性。他们需要辨别论述中的前提、结论和推理关系，并检验其是否符合逻辑规律。

事实依据：批评应该基于客观的事实依据。学生需要收集和整理相关的事实信息，并将其作为批评的依据。同时，学生也需要辨别信息的真伪和可靠性，以确保批评的准确性。

论证合理性：学生需要学会对论证进行评估，判断其合理性和说服力。他们可以考虑论证的完整性、充分性、逻辑性和针对性等方面。同时，学生还可以比较不同立场的论证，从而对问题进行更全面和深入的批评。

通过系统的学习和实践，学生可以提升自己的批评能力，并能够运用正确的批评方法和标准，进行准确和有力的批评。

（三）文本批评的表达

学生应该通过清晰、准确的表达，使批评具有说服力和影响力。他们需要学会运用恰当的语言和结构，以便更好地表达自己的观点和批评。以下是一些关键点：

清晰准确：学生的批评表达应该清晰明了，避免含糊不清或模棱两可。他们需要确保自己的观点能够准确传达给读者，避免产生误解。

语言运用：学生可以借助修辞手法和论证方法来增强批评的说服力。例如，使用比喻、对比等修辞手法可以使批评更形象生动；运用引用和例证等论证方法可以增加批评的可信度。

结构安排：学生需要合理安排文章结构，使批评具有逻辑性和条理性。他们可以采用分论点的方式进行组织，每个论点都要有充分的论证和事实依据来支持。

通过不断练习和反思，学生可以提高自己的文本批评表达能力，使批评具有说服力和影响力。

（四）综合运用

综合运用上述几点，学生可以通过以下步骤来培养批评能力：

阅读广泛：学生应该读取不同类型和不同立场的文本，培养多元化的思维和观点。

研究文本：学生应该学会深入分析和评价文本，发现其中的问题和瑕疵。

学习批评方法和标准：学生需要了解批评的方法和标准，提升批评的准确性和有效性。

批评实践和训练：学生可以通过写作批评文章或组织批判性讨论的方式来实践和训练批评能力。

反思和改进：学生应该不断反思自己的批评表达，找出不足之处，并进行改进和提高。

通过持续的努力和实践，学生可以逐渐培养出批评能力，提升自己的思考和分析问题的能力。

第三节　培养学生的批判性思维和分析能力

一、批判性思维的培养

（一）思考能力

1.引导学生学会提问，并鼓励他们从多个角度思考问题。教师可以通过提出开放性问题，鼓励学生自由思考，并引导他们分析问题背后的因果关系和逻辑关系。例如，当学生面临一个新的概念或问题时，教师可以引导他们提出各种可能的疑问，然后逐步引导他们进行分析和思考。

2.鼓励学生就同一主题或问题，比较不同观点，形成自己的判断和见解。教师可以组织小组讨论或辩论活动，让学生在比较和对立中建立自己的思维模式和思考框架。例如，教师可以给学生提供一些有争议的主题，要求他们就不同观点展开辩论，并最终形成自己的立场。

（二）分析和评估能力

1.教授学生分析文本的方法和技巧，包括对词汇、句法、修辞手法等进行分析。通过学习文本分析的基本技巧，学生可以更好地理解作者的意图和表达方式。例如，在语文课上，可以教授学生如何分析一篇文章的结构和段落之间的逻辑关系，从而更好地理解作者的观点和论证过程。

2.引导学生评估作者观点的合理性、论证的逻辑性以及论据的可靠性。学生应该学会批判性思考，从多个角度审视论证的有效性，并提出自己的批评与反驳。例如，在阅读一篇文章或听取一个演讲时，教师可以鼓励学生提出自己的质疑和看法，并引导他们用事实和证据来支持或反驳观点。

（三）推理和解决问题能力

1.培养学生推理和解决实际问题的能力，通过阅读和讨论，引导他们从给定信息中推断出隐含的信息，并提出合理的解决方案。例如，在数学课上，教师可以给学生提供一个实际问题，要求他们通过分析和推理来解决，并鼓励他们讨论各种可能的解决方案。

2.在教学中，可以引入真实或虚拟场景，让学生面临具体问题并寻找解决方法。例如，在社会科学课堂上，可以给学生一个模拟情境，要求他们根据自己的推理能力，提出解决方案，并进行讨论和评估。

二、文本分析和批评能力的培养

（一）文本分析能力的培养

1.教授学生文本分析的方法和技巧，包括上下文推测、主题和结构分析等。学生可以学习如何通过阅读理解文本，并从中获取信息。例如，教师可以引导学生分析文本中的关键词和句子，理解它们的含义，并推测作者的意图和观点。

2.引导学生深入解读文本，发现其中的内涵和价值。教师可以组织文学作品的研讨活动，让学生自主阅读并分享他们对作品的理解和感悟。通过深入讨论和交流，学生可以更好地理解文学作品的意义和作者的意图。

3.探索多种文本类型的分析方法。教师可以引导学生学习不同文本类型的分析策略，例如新闻报道、科学论文、历史文献等。通过比较不同类型的文本，学生可以培养灵活运用各种分析方法的能力。

（二）批评能力的培养

1.鼓励学生进行批评性阅读，对文本进行深入分析和评价，并表达自己的观点和见解。教师可以提供不同文本材料，引导学生对其进行分析和评价，培养学生批判性思维的能力。例如，在语文课上，教师可以提供一篇议论文，让学生分析作者的观点，并表达自己的赞同或质疑。

2.引导学生了解批评的方法和标准，提高批评的准确性和逻辑性。教师可以让学生学习相关的文学批评理论和方法，帮助他们更好地理解和分析文学作品。例如，教师可以教授学生一些常见的文学批评术语和概念，如象征主义、现实主义等，以便学生能够运用这些概念来深入理解文学作品并进行批判性评价。

3.提供机会让学生参与文本创作和反思。教师可以组织写作活动，要求学生根据自己的观点和见解，撰写相关的评论或批评文章。同时，教师也要引导学生反思自己的观点和批评，鼓励他们在写作过程中进行自我审查和修正。

三、实践与应用

（一）设计符合学生认知水平的文本分析和批评任务

在设计文本分析和批评任务时，需要根据学生的年级和能力水平来确定任务的难度和类型，以确保任务符合学生的认知水平。可以通过以下几个方面来设计任务：

1.选择适当的文本：选择与学生学习内容相关且具有一定难度的文本，如文学作品、科学文章、历史记录等。确保文本内容既能引发学生兴趣，又能提供足够的挑战。

2.设计问题和要求：根据学生的能力水平，设计不同难度和类型的问题和要求。可以从多个角度出发，引导学生进行批判性思考和分析。例如，要求学生分析文本中的主题、情节、角色形象等，并提供具体证据支持他们的观点。

3.提供指导和支持：在任务设计中，可以提供一定的指导和支持，帮助学生理解任务要求和分析文本的方法。例如，提供一些分析文本的提示或模板，引导学生进行思考和组织分析。

通过设计符合学生认知水平的文本分析和批评任务，可以帮助学生主动思考并运用所学知识进行分析和批评，提高他们的批判性思维和分析能力。

（二）提供案例和实际问题让学生进行分析和批评

除了设计文本分析和批评任务外，还可以引入案例和实际问题来培养学生的批判性思维和分析能力。具体做法如下：

1.提供真实案例：选择与学生生活经验相关的真实案例，如社会问题、环境问题、道德问题等。让学生通过分析和批评这些案例，了解问题的本质和影响，并思考可行的解决方案。

2.引导分析和批评：在学生对案例进行分析和批评时，可以提出一些引导性问题，帮助学生深入思考问题的不同方面。例如，要求学生分析案例中的原因、影响、利弊等，并提出自己的观点和解决方案。

3.鼓励合作探究：可以组织学生进行小组或团队合作，共同分析和批评案例，并讨论可行的解决方案。通过合作探究，学生可以从不同的角度和经验中获取启示，提高他们解决问题的能力。

通过引入真实案例和实际问题，学生可以将批判性思维和分析能力应用到实际生活中，培养他们解决问题的能力。

（三）组织辩论、讨论和写作等活动

除了任务设计和引入案例外，还可以通过组织辩论、讨论和写作等活动来培养学生的批判性思维和分析能力的实际操作能力。具体做法如下：

1.组织辩论活动：选择一些有争议性的话题或问题，组织学生进行辩论活动。通过辩论，学生需要运用批判性思维和分析能力，找出问题的关键点，并提出自己的观点和理由。同时，辩论活动也可以培养学生的表达能力和逻辑思维能力。

2.进行小组讨论：组织学生进行小组讨论，让他们就特定的话题或问题展开讨论。在讨论中，学生可以分享自己的观点和经验，并倾听他人的意见。通过与他人的交流和对话，学生可以拓宽思维，学会接受他人观点的同时保持批判性思考。

3.鼓励写作练习：设计写作任务，让学生通过撰写文章或论文来展示他们的批判性思维和分析能力。在写作过程中，学生需要组织自己的思路，分析问题并提出自己的见解。通过写作练习，学生可以进一步培养批判性思维和分析能力，并提高他们的表达和逻辑思维能力。

通过组织辩论、讨论和写作等活动，可以让学生能够运用批判性思维和分析能力进行实际操作，并提高他们的表达能力。这些实践和应用的活动将有助于学生全面发展并提高他们的批判性思维和分析能力。

四、评估与反馈

（一）设计评估任务

为了全面评估学生的批判性思维和分析能力的提高情况，可以采取以下几种方式：

1.课堂讨论：在课堂上组织有针对性的讨论，引导学生分析和评价不同观点和观点背后的逻辑、证据以及可能的偏见。通过观察学生的参与程度、提问质量以及回答问题的思路和深度，来评估他们的批判性思维和分析能力的发展情况。

2.作业：设计一些需要学生进行分析和批判性思考的作业，如阅读材料后要求学生写出自己的观点并给予理由、对某个问题进行论证等。通过学生的作业完成情况和他们在作业中表现出的批判性思维和分析能力，来评估他们的发展情况。

3.考试：在考试中设置一些需要学生进行推理分析和逻辑思考的题目，如案例分析、论述题等。通过学生在考试中的答题过程和答案的质量，来评估他们的批判性思维和分析能力的发展情况。

这些评估任务可以定期进行，如每学期末或每个单元结束时进行一次评估，以便及时了解学生的发展情况，并针对性地进行教学调整和指导。

（二）给予及时的反馈和指导

为了帮助学生改进和提高他们的批判性思维和分析能力，教师可以采取以下措施：

1.及时批改作业：在批改作业时，要给予学生具体的反馈和指导。不仅仅是给出分数或评价，还应注重指出学生的优点和不足之处，同时提供具体的建议和改进方向。通过这样的反馈和指导，激励学生找到自己的问题并积极改进。

2.课堂讨论中的实时反馈：在课堂讨论过程中，教师可以及时给予学生反馈。可以表扬他们的好观点和分析，也可以指出他们的思路或逻辑上的不足，鼓励他们进行更深入的思考和讨论。

3.定期个别指导：除了课堂上的反馈外，教师还可以定期与学生进行个别指导，针对他们的批判性思维和分析能力提出具体建议。通过个别指导，帮助学生更好地认识自己的问题，并提供针对性的改进方法和资源。

重要的是，给予的反馈和指导应当具体、有针对性，并且要激发学生的积极性和动力，让他们意识到自己的成长和进步，并坚持不断地提高。

（三）鼓励学生进行自我评估

自我评估和反思是学生主动提高批判性思维和分析能力的关键环节。教师可以通过以下方式来鼓励学生进行自我评估和反思：

1.提供指导性问题：在学习活动结束后，教师可以提供一些指导性问题，引导学生对自己的批判性思维和分析能力进行评估。这些问题可以包括他们在学习过程中遇到的难题、解决问题的思路、分析逻辑的合理性等等。

2.学生自主总结：鼓励学生在一定时间内对自己的批判性思维和分析能力进行总结。可以要求他们列出自己的优点和不足之处，并思考如何改进和提高。同时，可以要求学生制订一个具体的提高计划，包括学习策略、资源利用等方面。

3.分享与交流：鼓励学生分享自己的评估和提高计划，促进学生之间的交流和互相学习。可以通过小组讨论、学习分享会等方式，让学生相互了解彼此的经验和方法，并取长补短。

通过自我评估和反思，学生可以更好地认识到自己的能力和潜力，并且主动寻求提高。教师应该尊重学生的个体差异，并根据学生的反馈和自我评估结果，给予更具体和个性化的指导和支持。

第九章　现代语文多元文本教学与阅读能力提升

第一节　多元文本教学对语文教育的贡献和挑战

一、多元文本教学对语文教育的贡献

多元文本教学是指在语文教学中广泛运用各种形式、类型、媒介的文本，包括文字、图片、音频、视频等。多元文本教学对语文教育具有以下贡献：

（一）拓宽学生的知识视野

多元文本教学通过引入各种形式、类型、媒介的文本，为学生提供了更广泛的知识来源。传统的语文教学主要依靠教科书和经典文学作品，而多元文本教学则能够将更多的知识和信息引入到课堂中。学生可以通过阅读和分析各类文本，了解不同领域的知识，如科学、历史、社会、艺术等。这样的教学方式能够帮助学生建立起更为丰富的知识体系，拓宽他们的学习视野。

（二）增强学生的阅读兴趣

多元文本教学注重学生的主体性和参与性，通过多样化的文本形式激发学生的阅读兴趣。不同于传统的纯文字阅读，多元文本教学运用文字、图片、音频、视频等多种表现形式呈现信息，使得学生在阅读过程中能够更好地感知、理解和关联信息，从而提高阅读的积极性和主动性。此外，多元文本教学还能够根据学生的个体差异和学习需求，灵活选择合适的文本形式，使得每个学生都能够找到自己喜欢和感兴趣的文本类型，从而更加主动地参与到阅读中去。

（三）提升学生的批判性思维

多元文本教学强调对文本的深入分析和评价，促进学生的批判性思维能力的培养。在多元文本教学中，学生需要理解和解读各类文本，并进行逻辑推理和评判。通过比较不同文本之间的异同，学生能够培养出辨别信息真伪、评估文本可信度的能力。此外，多元文本教学还可以鼓励学生对文本中的问题进行思考和提出自己的见解，从而培养他们的思辨和判断能力。这种批判性思维的培养对学生的学术发展和人生成长具有重要意义。

二、多元文本教学对语文教育的挑战

（一）教师素养和准备

多元文本教学对教师的素养要求较高。教师需要熟悉不同形式的文本，包括文字、图片、音频、视频等，并能够综合运用各种媒介进行教学设计。这需要教师具备广泛的知识储备和跨学科的能力，以便选择适合教学内容的多元文本。此外，教师还需要关注文本的选择、筛选和质量控制等方面，确保所选文本符合教学目标和学生的学习需求。

为了提高教师的素养，学校和教育机构应该加强对教师的培训和专业发展。提供相应的培训课程，帮助教师了解多元文本教学的理论基础和实践经验，并提供相应的示范和指导。同时，教师应积极参与教学研讨和交流，在实践中不断总结经验、改进方法，不断提升自己的教学能力和素养。

（二）学生阅读策略的培养

多元文本教学强调学生主动参与和批判思考，在阅读过程中需要运用一定的阅读策略。然而，学生可能缺乏有效的阅读策略，需要教师引导和培养学生的相关能力。

教师可以通过开展课堂讨论、提问和引导等方式培养学生的阅读策略。例如，教师可以提供一些问题或任务，要求学生在阅读过程中寻找关键信息、进行信息整合和推理判断等操作。此外，教师还可以组织学生进行合作学习，互相交流和分享自己的阅读体验和策略，促进学生之间的互动和学习。

另外，学校还可以开设针对阅读策略的专门课程或工作坊，教授学生不同类型文本的阅读技巧和方法。通过系统性的培训和指导，帮助学生掌握有效的阅读策略，并将其运用到多元文本的阅读中。

（三）多元文本的使用和评价标准

不同类型的文本具有不同的特点和使用规则，教师需要了解并教授相应的技巧和知识。例如，文字表达的逻辑性和精确性，图像的符号含义和视觉效果，音频的声音特点和语音语调等。教师需要在课堂上指导学生如何正确理解和应用不同类型的文本，并培养学生对文本的批判性思维能力。

此外，如何评价学生在多元文本教学中的表现也是一个挑战。评价标准需要科学准确，能够全面反映学生对多元文本的理解和运用能力。评价可以包括学生对文本的理解深度、逻辑推理能力、评价和判断能力等方面。教师可以采用多种形式的评价方法，包括平时表现、作业评价、项目展示、小组合作等，以便全面了解学生的学习状况。

第二节　现代语文教育中的阅读能力培养策略

一、阅读素材选择

（一）阅读素材选择的重要性

在现代语文教育中，阅读素材的选择对于培养学生的阅读能力至关重要。适宜的阅读素材不仅能够激发学生的阅读兴趣，还能提供丰富的知识和情感体验，促进学生思维发展和价值观塑造。

（二）文学作品的选择

文学作品是培养学生阅读能力的重要素材之一。可以选择优秀的文学经典作品，如《红楼梦》《西游记》等，以及优秀的现当代文学作品，如鲁迅的短篇小说、余华的长篇小说等。通过阅读文学作品，学生可以感受到不同时期、不同地域的文化、历史和人生智慧，丰富自己的情感世界。

（三）新闻资讯的选择

新闻资讯是紧跟时事的阅读素材，可以帮助学生了解社会、国家和国际热点话题。选择有代表性的新闻报道和分析评论，引导学生了解新闻报道的基本结构和特点，提高他们的阅读理解和信息筛选能力。

（四）科普读物的选择

科普读物是培养学生科学素养和综合阅读能力的重要来源。可以选择与学生年龄相适应的科普读物，如自然科学、社会科学、生物医学等领域的专题读物。通过阅读科普读物，学生可以了解最新的科研成果和科学思维方法，培养他们的科学探究意识和判断能力。

（五）历史文献的选择

历史文献是了解历史文化的重要途径。可以选择具有代表性的历史文献，如《史记》《资治通鉴》等，让学生感受到历史文化的魅力。通过阅读历史文献，学生可以了解历史事件的发展过程、人物的思想和行为，提高他们的历史意识和文化素养。

二、阅读技巧指导

（一）预测技巧

预测是一种通过文本中的线索和背景知识来推断即将发生的情节、内容或结论的技巧。教师可以在学生阅读前引导他们观察文本标题、段落开头和结尾，以及插图和图表等视觉元素，从而激发学生的预测思维。预测能够帮助学生提前建立起对文本的期待，从而增强他们的阅读动机和主动性。

（二）推理技巧

推理是根据文本中的线索和暗示进行逻辑推理和推断的技巧。教师可以引导学生关注文本中的因果关系、条件关系、比较关系等，帮助他们推断出作者的意图、人物的心理状态或事件的发展趋势。推理能够培养学生的逻辑思维和推理能力，促进他们对文本的深入理解。

（三）概括技巧

概括是将文本中的主要信息进行提炼和总结的技巧。教师可以引导学生从文本中找出关键词、关键句或关键段落，然后将它们组织成一个简洁准确的概括。概括能够帮助学生抓住文本的重点和核心内容，提高他们的阅读效率和准确性。

（四）判断技巧

判断是在阅读过程中对文本中观点、事实真伪和立场进行分析和评价的技巧。教师可以引导学生提出问题，如"这个观点合理吗？""这个事实可信吗？"等，然后通过查找相关依据和开展讨论来形成自己的判断。判断能够培养学生的批判思维和判断能力，提高他们对信息的辨别和评估能力。

（五）综合运用技巧

阅读技巧的运用不应该是孤立的，而是需要综合运用。教师可以引导学生在阅读过程中灵活运用多种技巧，根据不同的文本类型和阅读目的选择合适的技巧组合。通过综合运用技巧，学生能够更全面地理解文本，提高阅读的深度和广度。

三、语境营造

（一）角色扮演

通过角色扮演的方式，可以将学生置身于文本中的特定情境中，体验和理解文本中的人物角色的情感、行为和心理。教师可以设定一些情景，让学生扮演文本中的角色，通过对话和表演来展示角色的性格、价值观和冲突等，从而加深对文本的理解和体验。

（二）小组讨论

小组讨论可以创造一个有意义的交流场景，让学生在对文本的理解上互相交流、辩论和合作。教师可以将学生分组，让他们就文本中的某个主题或问题展开讨论，分享各自的观点、理解和证据，并通过相互的反馈和辩论来深化对文本的理解和分析。

（三）实地考察

实地考察是将学生带出教室，亲身参观与文本相关的地点或场所，以切身体验来理解和感受文本所描述的情境和背景。例如，在阅读一篇描写自然风景的文章后，可以安排学生去户外进行观察和记录，让他们通过实地的感知和观察来丰富对文本的理解和想象。

（四）情感共鸣

通过情感共鸣的方式，教师可以帮助学生与文本中的情感内容建立联系，从而更深入地理解文本。教师可以组织学生分享自己与文本相关的个人经历、情感体验或思考，让学生将自己的情感与文本中的情感相互对照、碰撞和共鸣，进一步理解和感受其中的情感内涵。

（五）创设情境

为了帮助学生更好地理解文本，教师可以通过创设情境的方式提供一种真实而有意义的交流背景。例如，教师可以引入一些真实的事件、场景或问题，结合文本内容让学生进行思考和讨论，从而将学生引入到文本所描述的情境中，加深理解和感知。

四、词汇扩展

（一）词汇卡片

通过使用词汇卡片，教师可以将单词和相关的图片或例句印在卡片上，让学生通过观察和记忆卡片上的内容来学习词汇。教师可以设计各种活动，如猜词游戏、词义配对等，让学生通过与卡片的互动来巩固和运用所学的词汇。

（二）词汇游戏

通过词汇游戏，可以增加学生学习词汇的趣味性和参与度。教师可以设计各种词汇游戏，如闪卡游戏、词汇拼图、单词接龙等，让学生在游戏中积累和运用词汇。同时，教师还可以组织学生之间进行团队竞赛，激发学生的竞争意识和学习动力。

（三）词汇扩展活动

教师可以结合文本内容，设计一些与词汇相关的扩展活动，帮助学生在实际语境中理解和运用词汇。例如，教师可以要求学生根据词汇表达自己的观点、写作短文或展开小组讨论，从而促使学生在语境中灵活使用所学的词汇。

（四）词汇复习与巩固

在课堂中，教师应该将词汇的复习和巩固贯穿于教学的整个过程中。可以通过反复出现、运用和操练，以及与其他内容的结合来加深学生对词汇的理解和记忆。教师可以利用课堂时间进行多次的复习和巩固，同时鼓励学生在课后进行个人或小组的复习。

（五）词汇扩展资源

教师可以为学生提供丰富的词汇扩展资源，如词汇书籍、在线词典、词汇 App 等，让学生在课余时间自主地进行词汇学习。同时，教师还可以引导学生有效地利用这些资源，如学会使用词汇的检索和应用功能，培养自主学习和解决问题的能力。

五、阅读策略培养

（一）阅读前的准备

在阅读之前，学生可以进行一些准备工作，如了解文章的主题、目的和结构，预测文章内容，并激发自己的阅读兴趣。教师可以引导学生通过观察标题、插图和段落开头等来获取文章的信息，帮助学生建立起对文章的大致理解框架。

（二）扫读和略读

扫读和略读是快速获取文章整体信息的阅读策略。学生可以运用扫读技巧快速浏览文章，抓住关键词和主要段落，获取文章的大致内容。而略读则是针对特定问题或关注点快速寻找相关信息的阅读策略。教师可以引导学生练习这两种阅读策略，培养他们快速捕捉信息和理解文章结构的能力。

（三）重点标记和摘要提炼

在阅读过程中，学生可以通过标记或划线来突出文章中的重点信息和关键句子。这样有助于帮助学生理清文章的逻辑结构和重要论点，并在之后的复习和回顾中更容易找到需要的信息。同时，学生还可以尝试将文章的主旨和要点提炼为简洁、准确的摘要，帮助巩固对文章的理解和记忆。

（四）提问和解答

学生可以在阅读过程中积极提问并寻找答案。提问有助于激发学生的思考和好奇心，帮助他们更深入地理解文章。教师可以鼓励学生提出问题，并指导他们通过寻找书中的文字线索或进行推理来解答问题。同时，教师还可以组织学生之间的小组讨论或展开课堂互动，促进他们在讨论中共同解决问题。

（五）反思和总结

阅读后，学生应该进行反思和总结。他们可以回顾自己的阅读过程，思考自己遇到的困难、解决的方法及其效果，并对自己的阅读策略进行调整和改进。教师可以引导学生反思并记录自己的阅读体验，帮助他们形成有效的阅读习惯和策略，并不断提升阅读能力。

六、阅读评价与反馈

（一）阅读理解评价

在进行阅读理解评价时，教师可以采用多种方式，如选择题、填空题、阅读表达、综合归纳等。通过这些评价形式，可以考查学生对文章的整体理解情况、关键信息的获取和归纳能力以及对文章结构和逻辑的把握程度。同时，教师还可以设计一些开放性问题，鼓励学生表达自己的意见和观点，并提供合理的解释和支持。

（二）阅读策略评价

阅读策略的使用对于提高阅读能力至关重要。教师可以观察学生在阅读过程中是否能够灵活运用各种阅读策略，如扫读、略读、重点标记等，并对其使用的效果进行评价。此外，教师还可以收集学生的阅读笔记和摘要，评估学生是否能够准确、简洁地概括文章内容，并从中获取关键信息。

（三）阅读速度评价

阅读速度是衡量阅读能力的重要指标之一。教师可以通过计时的方式评估学生的阅读速度，并与标准的阅读速度进行比较。同时，教师还可以要求学生在规定时间内完成一定数量的阅读任务，以考查他们在限时条件下的阅读能力和应对能力。

（四）阅读批注评价

学生在阅读过程中的批注和标记可以反映他们对文章的理解和思考程度。教师可以收集学生的阅读批注，评估学生是否能够准确地标记出关键词、关键句子，并对其进行有效的解释和思考。此外，教师还可以评估学生对文章中难点和疑惑的处理方式，并给予相应的指导和帮助。

（五）口头反馈和讨论

除了书面评价之外，教师还可以进行口头反馈和讨论。在课堂上，教师可以针对学生的阅读表现进行个别或整体的反馈，指出其优点和不足，并提供相应的建议和指导。同时，教师还可以组织学生之间的小组讨论，让他们互相分享自己的阅读体验和策略，并进行互动和交流。

七、融入信息技术

（一）电子书的应用

教师可以引导学生使用电子书进行阅读。电子书具有便携性和多样性的特点，学生可以在任何时间和地点进行阅读。教师可以为学生提供电子书资源，让学生选择自己感兴趣的书籍进行阅读。同时，电子书还具有一些便捷的功能，如搜索、标注、批注等，可以帮助学生更好地理解和整理阅读材料。

（二）网络资源的利用

教师可以引导学生利用互联网上的各种资源进行阅读。例如，通过阅读相关文献、新闻报道等，学生可以了解到最新的资讯和观点，培养自己对不同主题的兴趣和理解能力。同时，教师还可以推荐一些优质的网络阅读平台，让学生有更多选择，并且可以从中获取有深度和广度的阅读体验。

（三）阅读软件和应用的推广

教师可以向学生介绍一些优质的阅读软件和应用，并指导他们正确使用。这些软件和应用往往具有一些特殊功能，如语音朗读、单词翻译、题目解析等，可以为学生提供更好的阅读体验和学习支持。教师还可以推荐一些能够个性化定制阅读计划和统计学生阅读数据的应用，帮助学生更好地管理自己的阅读学习。

（四）数字化阅读材料的开发

教师可以利用信息技术开发数字化阅读材料，丰富学生的阅读资源。这些材料可以包括一些数字图书、网络文章、课外阅读资料等。通过数字化的形式，可以将阅读材料与图片、音频、视频等多种媒体元素结合起来，增加学生对阅读材料的理解和兴趣。同时，教师还可以根据学生的需求和兴趣，定制特定主题的数字化阅读材料，提供更多选择和挑战。

（五）信息素养的培养

在运用信息技术进行阅读的过程中，教师应该注重培养学生的信息素养。信息素养包括信息获取、信息评估、信息处理和信息应用等方面的能力。教师可以引导学生判断信息的真实性和有效性，培养学生对信息的批判性思维能力。此外，教师还可以引导学生规范使用网络资源，遵守知识产权和网络道德，培养学生的网络安全意识和责任感。

第三节　培养学生的多元阅读能力和信息素养

一、理解与评价能力

（一）提供多样化的阅读材料

教师可以通过选择不同类型的阅读材料来培养学生的理解与评价能力。多样化的阅读材料包括文学作品、科普读物、历史资料等，涵盖了不同领域和风格的文本。这样能够使学生接触到各种不同的思想观点和表达方式，培养他们理解不同文本的能力。同时，多样化的阅读材料也可以丰富学生的知识储备，提升他们的综合素质。

（二）引导学生深入思考

培养学生的理解与评价能力需要引导他们深入思考文本中的问题和观点。教师可以通过提问、讨论和分析等方式激发学生进行自主思考和探索。例如，可以针对文本中的关键问题提出开放性问题，鼓励学生从不同角度思考和表达自己的观点。通过这样的引导，学生可以加深对文本意义和内涵的理解，并培养他们独立思考和批判思维的能力。

（三）分析文本的结构和语言特点

学生需要学会分析文本的结构和语言特点，以了解作者的意图和表达方式。教师可以指导学生分析文章的段落结构、句子结构、修辞手法等，帮助他们更好地理解文本。通过分析文本的结构和语言特点，学生可以更准确地把握文本的逻辑关系和信息脉络，提升自己的理解能力。

（四）提取关键信息

学生在阅读过程中需要学会提取关键信息，辨别主要观点和支撑论据。教师可以对关键信息进行讲解和解释，帮助学生抓住文本的重点内容。此外，教师还可以引导学生进行信息筛选和整理，培养他们从海量信息中提取有用信息的能力。通过训练学生的关键信息提取能力，可以提高他们的信息处理效率和阅读理解能力。

（五）合理判断和评价

培养学生的理解与评价能力还需要教师引导学生合理地对文本进行判断和评价。这包括对作者观点的认同或否定、对论据的可信度的评估等。教师可以鼓励学生从不同角度和立场思考问题，培养他们客观、全面的评价能力。同时，教师还可以引导学生运用相关知识和逻辑思维进行推理，从而提高他们的判断准确性和逻辑思维能力。

二、跨媒体阅读能力

（一）跨媒体阅读能力对学生的重要性

在当今信息时代，大量的信息以多种形式呈现在我们眼前，包括文字、图像、音频、视频等。仅仅依靠传统的文字阅读已经不能满足学生的需求，因此，学生需要具备跨媒体阅读能力，即在不同媒体和平台上进行阅读，并理解不同媒体形式的特点。跨媒体阅读能力的培养对于学生具有以下重要性：

1.更全面地获取信息：跨媒体阅读能力可以帮助学生更全面地获取信息。每种媒体形式都有其独特的表达方式和传递信息的方式。通过学会解读非文字形式的信息，如图像、音频、视频等，学生可以更好地了解和把握信息的真实含义，从而更全面地获得知识。

2.提高综合素养和思维能力：不同媒体形式具有不同的表达方式、结构逻辑和符号含义，学生需要具备分析、比较和评价的能力，才能正确理解并综合利用这些信息。跨媒体阅读能力的培养有助于学生拓宽思维视野，提高问题解决和创新能力。

3.培养批判思维和分析能力：跨媒体阅读需要学生具备批判思维和分析能力，能够理解媒体内容的背后意图和目的。通过对不同媒体形式之间的对比和补充，学生可以发现信息的局限性和偏见，并培养批判性思维能力，从而更好地理解和评估媒体内容。

（二）教师如何培养学生的跨媒体阅读能力

教师在培养学生跨媒体阅读能力时可以采取以下策略：

1.引导学生观察、分析和讨论不同媒体形式所传递的信息和意义。教师可以选择一些有代表性的例子，引导学生仔细观察、分析并讨论其中的信息和意义。例如，可以选取一张图片或一段视频让学生解读其表达的信息和情感。

2.提供多样化的媒体材料和资源。教师可以提供具有多样化媒体形式的阅读材料，如报纸、杂志、音频剧等，让学生有机会接触和体验不同媒体形式的阅读。通过实践活动，激发学生的兴趣和好奇心，培养他们主动探索并理解不同媒体的能力。

3.鼓励学生进行跨媒体比较和对比。教师可以引导学生选择同一主题或内容，在不同媒体形式中进行对比研究，如文字报道与视频报道之间的差异。通过比较和对比，学生能够深入了解不同媒体传递信息的方式和特点，培养批判思维和分析能力。

4.结合课程内容，设计任务和项目。教师可以结合课程内容，设计任务和项目，让学生在实际操作中运用跨媒体阅读能力。例如，要求学生制作多媒体报告、解读广告图像等，通过实际实践提升学生的综合素养。

（三）培养学生跨媒体阅读能力需注意的问题

在培养学生的跨媒体阅读能力时，教师需要注意以下几个问题：

1.注重培养学生的批判思维和观察力。在引导学生解读不同媒体形式的信息时，教师应鼓励学生从多个角度思考和分析，培养他们对信息的批判性思维和观察力。

2.引导学生正确使用多媒体技术。虽然多媒体技术为学生提供了更加丰富和多样的阅读形式，但教师需要引导学生正确使用多媒体技术，避免信息过载和单一依赖某种媒体形式的问题。

3.培养学生的文化素养和道德意识。在跨媒体阅读过程中，学生需要理解媒体内容的背后意图和目的，并具备批判式思维。教师应引导学生积极思考和评估媒体内容，培养他们的文化素养和道德意识。

（四）跨媒体阅读能力的培养带来的益处

通过培养学生的跨媒体阅读能力，可以带来以下益处：

1.提高学生的信息获取和处理能力。跨媒体阅读培养学生理解和运用不同媒体形式的能力，使他们能够更全面地获取信息，并能够灵活处理和利用这些信息。

2.培养学生的思辨能力和创新意识。跨媒体阅读需要学生进行跨媒体比较和对比，培养他们的逻辑思维和创新意识，使他们能够更好地分析问题、解决问题并创造新的知识。

3.提高学生的传达能力。通过接触不同的媒体形式，学生能够学习和借鉴各种表达方式和技巧，提高自己的传达能力和沟通能力。

三、批判性思维能力

（一）批判性思维能力的重要性

批判性思维能力是现代教育的重要目标之一。在信息时代，大量的信息和观点充斥着我们的日常生活，学生需要有能力理解和评估这些信息，判断其真实性和价值。培养学生的批判性思维能力可以帮助他们成为独立、有判断力的思考者，具备更好的多元阅读能力和信息素养。

（二）培养学生批判性思维能力的方法

1.启发式提问：教师可以引导学生提出问题，激发他们对文本中观点和论证的思考。例如，学生可以问自己："这个观点是否有充分的证据支持？""作者是否引用了可靠的来源？"通过问问题，促使学生对信息进行更深入、全面的分析和评估。

2.引导辩论：教师可以组织学生进行小组或全班的辩论活动，让他们就某个观点展开辩论。通过这种争论的过程，学生不仅可以学会提出自己的观点，还能听取他人的意见，并学会权衡不同观点的利弊，进一步培养批判性思维能力。

3.分析争议性观点：教师可以选择一些具有争议性的观点作为教学素材，引导学生分析和讨论。通过分析争议性观点，学生可以从不同角度思考问题，了解不同观点的逻辑和证据，并培养他们评估信息和观点的能力。

4.提供模型和指导：教师可以给学生提供一些批判性思维的模型和指导，例如，在评估信息和观点时可以采用 SWOT 分析法（优势、劣势、机会、威胁）或五力分析法（竞争力、供应商力量、顾客力量、替代品威胁、进入壁垒）。这些模型和指导可以帮助学生系统地评估信息和观点，并提高他们的批判性思维能力。

（三）批判性思维能力的培养对学生的影响

培养学生的批判性思维能力对其终身发展具有深远的影响。具备批判性思维能力的学生能够更好地理解和分析信息，避免盲从和被误导，提高决策的准确性。此外，批判性思维能力还可以培养学生的创造性思维和解决问题的能力，使他们具备适应未来社会和职业需求的能力。

（四）学校的角色和教师的责任

学校在培养学生的批判性思维能力方面起着重要的作用。学校应该为学生提供一个积极的学习环境，鼓励他们提出问题、挑战观点，并引导他们进行批判性思考和辩论。同时，教师也有责任不断提升自己的教学能力，使用多种有效的教学方法来培养学生的批判性思维能力。

批判性思维能力是学生在现代社会生活和学习中必不可少的能力之一。培养学生的批判性思维能力需要从学校和教师两个层面共同努力。学校应该提供相应的教学资源和环境，教师应该使用有效的教学方法来引导学生进行批判性思考和辩论。通过这样的努力，我们可以培养出具备独立思考和判断能力的学生，为他们未来的学习和生活奠定坚实的基础。

四、信息获取与处理能力

（一）信息获取渠道的选择

学生需要学会选择适合自己的信息获取渠道和策略。以下是一些常见的信息获取渠道：

1.图书馆：学生可以通过图书馆借阅图书、参考资料等来获取信息。图书馆通常拥有丰富的藏书，包括各个学科的教材、专业书籍、期刊等。

2.学术数据库：学生可以利用学术数据库获取学术论文、研究报告、会议论文等专业性的信息资源。一些常用的学术数据库包括 Google Scholar、PubMed、Web of Science 等。

3.互联网：互联网是学生获取信息的重要渠道，包括搜索引擎、在线数据库、社交媒体等。学生可以通过搜索引擎快速查找与自己关注领域相关的信息。同时，一些专业性的在线数据库也可以提供学生所需的专业知识。

4.专业社区和论坛：学生可以加入一些专业社区和论坛，与同行交流、分享经验、获取信息。这些社区和论坛通常有丰富的专业知识和实践经验，可以帮助学生了解最新的研究进展和行业动态。

（二）信息搜索和筛选的方法和技巧

学生需要具备有效的信息搜索和筛选能力，以下是一些方法和技巧：

1.使用关键词：在进行信息搜索时，学生可以使用相关的关键词来缩小搜索范围。选择合适的关键词能够提高搜索结果的准确性。

2.高级搜索技巧：学生可以学习一些高级搜索技巧，如使用引号将短语括起来以搜索完整的短语，使用减号排除不需要的搜索结果，使用 site:指定搜索范围等。

3.评估信息可信度：学生需要具备辨别信息真伪的能力。他们可以查验信息来源的权威性、检验信息是否得到多个来源的确认等来评估信息的可信度。

4.筛选有效信息：学生需要根据自己的需求和目标筛选有价值的信息。他们可以关注信息的来源、发布时间、作者背景等因素，从而找到对自己有用的信息。

（三）推荐优质的阅读资源

教师可以推荐一些优质的阅读资源，帮助学生获取更深入和专业的知识。以下是一些推荐的阅读资源类型：

1.学术期刊：学术期刊是发布学术论文的重要媒介，学生可以通过阅读学术期刊来了解最新的研究进展和学科前沿。

2.专业书籍：专业书籍往往系统地介绍某个学科或领域的知识，学生可以选择一些与自己学习内容相关的专业书籍进行深入学习。

3.行业报告和调研：行业报告和调研可以提供有关某个领域市场动态、发展趋势等方面的信息。学生可以通过阅读这些报告了解目标行业的最新情况。

（四）信息整理归纳的方法

教师可以教授学生一些信息整理归纳的方法，帮助他们有效地处理和组织所获得的信息。以下是一些常用的信息整理归纳方法：

1.摘录重点：学生可以将获取到的信息中的重点内容摘录下来，便于后续的学习和回顾。

2.制作思维导图：学生可以利用思维导图工具将不同的信息内容进行分类和关联，形成一个有机的知识结构。

3.整理笔记：学生可以将所获得的信息整理成笔记，以便日后查阅和使用。

（五）信息技术培训

学校可以为学生提供一些必要的信息技术培训，帮助他们更好地处理和展示所获取的信息。以下是一些常见的信息技术培训内容：

1.利用电子表格：学生可以学习使用电子表格软件（如 Excel）来处理和分析大量的数据。

2.数据可视化：学生可以学习使用数据可视化工具（如 Tableau、Power BI 等）将复杂的数据转化为直观、易于理解的图表和图像。

3.多媒体展示：学生可以学习使用多媒体工具（如幻灯片制作软件）来展示他们的研究成果和表达思想。

五、道德与伦理素养

（一）学生道德与伦理素养的重要性

道德与伦理素养是个体在行为和决策中遵守社会道德规范和伦理原则的能力和品质。在当今信息化的社会中，培养学生的道德与伦理素养显得尤为重要。首先，道德与伦理素养有助于学生形成正确的价值观和道德底线。通过学习和理解伦理原则和道德规范，学生可以树立正确的人生观、价值观和行为准则。其次，道德与伦理素养使学生能够识别和拒绝虚假、有害的信息。在信息爆炸的时代，学生需要具备分辨信息真伪和判断信息道德性的能力，从而保护自己和他人的权益。第三，道德与伦理素养培养了学生的责任感和社会意识，使他们能够在信息的获取和传播过程中承担起社会责任，遵守信息传播的规范和原则。

（二）培养学生道德与伦理素养的方法

1.设计相关课程和活动：学校可以在课程设置中引入相关的道德与伦理教育，开设专门的课程或者活动。通过深入浅出的教学内容，情景模拟和案例分析等方式，帮助学生理解和掌握道德与伦理原则，并培养他们正确判断和决策的能力。

2.引导学生进行讨论和辩论：教师可以设立小组讨论、辩论赛等活动，让学生积极参与道德与伦理问题的探讨与讨论。通过自由的思辨与辩论，促使学生从不同角度审视道德问题，培养他们批判性思维和判断能力。

3.提供合适的阅读材料：教师可以选择经典文学作品、哲学著作、现实生活案例等，作为学生道德和伦理思考的材料。通过阅读这些材料，学生能够感受到不同的道德观念和伦理行为，培养他们的情感共鸣和道德情操。

4.建立良好的示范：教师应该成为学生道德与伦理行为的表率。教师要时刻注意自己的言行举止，注重传递正确的价值观和道德准则。只有教师以身作则，才能更好地影响学生，激发他们树立正确的道德观念和行为习惯。

（三）培养学生道德与伦理素养的目标

1.培养学生正确辨别和评价信息的能力：学生需要具备正确辨别虚假、有害信息的能力，并能够基于道德与伦理原则正确评价信息的真实性、公正性和价值。

2.培养学生正确判断和决策的能力：学生需要在面对伦理困境和道德冲突时，能够运用道德与伦理原则，做出正确的判断和决策。

3.培养学生积极履行社会责任的意识和能力：学生需要意识到信息传播不仅关乎个人利益，更涉及社会公共利益。他们应该积极履行社会责任，遵守信息传播的伦理规范，为社会和谐发展做出贡献。

（四）评价学生道德与伦理素养的方法

评价学生道德与伦理素养需要综合运用多种方法和手段。除了传统的考试和测试，还可以采用以下评价方式：

1.观察记录：教师通过观察学生在日常生活和学习中的言行举止，记录他们是否遵守道德规范和伦理准则，以及对待信息的态度和行为。

2.案例分析：通过给学生提供伦理决策案例，观察他们运用道德与伦理原则进行分析和决策的能力，并评价其道德判断的准确性和合理性。

3.作品展示：要求学生根据所学的道德与伦理知识，创作相关主题的文章、演讲、视频等作品，观察其对于道德与伦理问题的理解和表达能力。

六、文化意识和情感态度

（一）培养对不同文化的尊重和理解

在培养学生的文化意识和情感态度方面，首先要注重培养学生对不同文化的尊重和理解能力。这是因为我们生活在一个多元文化的社会中，了解并尊重不同文化的存在对于促进和谐发展至关重要。

为了实现这一目标，教师可以通过引导学生阅读和欣赏具有代表性的文学作品来扩展学生的文化视野。文学作品是一种窗口，可以让学生深入了解不同文化的历史、传统、价值观等。通过与作品中的人物和情节产生共鸣，学生能够更好地理解和体验文化内涵。

此外，教师还可以组织学生参观博物馆、艺术展览等文化活动，让学生亲身感受不同文化的独特魅力。通过实践参与，学生能够更加直观地感受到不同文化所带来的视觉、听觉和感官上的冲击，从而培养对不同文化的理解和尊重。

（二）欣赏和体验不同文本所表达的文化内涵

除了培养对不同文化的尊重和理解，学生还应该培养能够欣赏和体验不同文本所表达的文化内涵的能力。文本是我们了解和传承文化的重要媒介，通过阅读和欣赏不同类型的文本，学生可以深入了解其中蕴含的文化元素。

在教学中，教师可以引导学生阅读不同类型的文本，如诗歌、散文、小说、戏剧等，帮助学生捕捉其中所蕴含的文化内涵。通过分析文本中的人物形象、事件情节、语言风格等，学生能够深入领悟不同文化所追求的美、善、真的内涵，从而提升对文化的感知和理解。

此外，教师还可以组织学生参与演讲、朗诵、戏剧表演等活动，让学生通过身体语言和声音表达来体验文本所传递的情感和价值观。通过实践体验，学生可以更加深刻地理解文本所表达的文化内涵，进一步提高对文本的欣赏和理解能力。

（三）培养积极乐观的阅读态度

在培养学生的文化意识和情感态度方面，还要注重培养学生积极乐观的阅读态度。阅读是一种主动探索和享受的过程，而积极乐观的阅读态度可以让学生更好地投入其中，充分获得阅读带来的乐趣和收获。

为了培养学生的积极乐观的阅读态度，教师可以通过丰富多样的阅读材料和活动来激发学生的阅读兴趣。教师应该关注学生的个体差异，根据学生的兴趣爱好和认知水平提供适合的阅读内容，让学生能够找到乐趣和满足感。

此外，教师还可以组织学生进行阅读分享和讨论，让学生在交流和合作的氛围中感受到阅读的乐趣和成就感。通过与同伴的互动和反馈，学生能够拓展自己的阅读视野，增强阅读的乐观态度。

（四）提高对文学作品和优秀文本的情感理解能力

在培养学生的文化意识和情感态度方面，还要注重提高学生对文学作品和优秀文本的情感理解能力。文学作品是人类情感和思想的表达，通过阅读和理解优秀的文学作品，学生能够获得情感体验和人生思考的启示。

为了实现这一目标，教师可以通过引导学生深入感受文学作品中的情感表达和心理描写，帮助学生理解和分析作品所传递的情感内容。同时，教师还可以引导学生从作品中汲取人生智慧和价值观，帮助学生进行情感认知和人生思考。

此外，教师还可以组织学生进行创作活动，让学生通过自己的创作表达情感和思想。通过实践的参与，学生能够更深入地理解作品中所表达的情感，并将之应用到自己的创作中，从而提升对文学作品和优秀文本的情感理解能力。

第十章　现代语文写作能力培养与创新思维训练

第一节　写作能力对语文教育的重要性和发展

一、提高语言表达能力

（一）积累词汇和语法知识

在写作过程中，学生需要使用准确的词汇和语法结构来表达自己的思想和观点。因此，他们需要通过广泛阅读和学习，积累丰富的词汇量和语法知识。可以通过背单词、记忆常用短语和句型等方式来提升自己的语言水平。

（二）学习优秀范文

阅读和学习优秀的范文可以提高学生的语言模仿能力和写作技巧。通过分析和模仿范文中的语言表达方式、句子结构和篇章结构，学生可以学习到更多的表达方式和写作技巧。同时，范文也可以给学生提供思路和灵感，帮助他们更好地组织和呈现自己的想法。

（三）注重语言的准确性和流畅性

在写作过程中，学生应该注重语言的准确性和流畅性。准确性是指使用正确的词汇和语法结构，避免出现错误和歧义。流畅性是指语言的连贯性和通顺性，使读者能够理解作者的意图和观点。学生可以通过修改和润色自己的作文来提高语言的准确性和流畅性。

（四）培养语言感知力和表达能力

学生应该培养自己的语言感知力和表达能力。语言感知力是指对语言的敏感度和理解能力，学生可以通过多听、多读、多写来提高自己的语感。表达能力是指将自己的思想和观点用清晰、准确的语言表达出来的能力，学生可以通过写作练习和口头表达训练来提升自己的表达能力。

（五）注重反馈和修正

学生在写作过程中应该注重接受他人的反馈和批评，并及时进行修正和改进。可以请教老师或同学对自己的作文进行评价，从中找到自己的不足之处并进行改正。通过反复的修改和完善，学生可以逐渐提高自己的语言表达能力。

二、培养批判性思维和逻辑思维

（一）积极阅读与思辨

阅读是培养批判性思维和逻辑思维的重要途径之一。学生应该选择能够提供不同观点和立场的书籍、文章和材料进行阅读，并尝试理解其中的逻辑关系和推理过程。通过多角度思考和思辨，学生可以锻炼自己的辨析能力和分析思维。

（二）学习逻辑思维的方法和技巧

逻辑思维是一种基于事实和推理的思考方式。学生可以学习一些逻辑思维的方法和技巧，如归纳法、演绎法、假设检验等。这些方法和技巧可以帮助学生更好地组织和表达自己的观点，并对他人的观点进行分析和评价。

（三）培养问题意识和批判精神

培养问题意识和批判精神是培养批判性思维和逻辑思维的关键。学生应该主动提出问题并进行深入思考，对信息进行评估和分析。同时，学生还应该保持怀疑态度，不轻易接受信息，而是要通过自己的思考和推理来判断其真实性和合理性。

（四）练习论证和辩论

写作过程中的论证和辩论是培养批判性思维和逻辑思维的有效方法。学生可以选择一个具有争议性的话题，尝试进行论证和辩论。在论证和辩论过程中，学生需要收集、整理和评估相关的信息，分析各种观点和证据，通过合理的推理和论证来支持自己的立场。

（五）接受反馈和修正

学生在写作过程中应该接受他人的反馈和批评，并及时进行修正和改进。他们可以请教老师或同学对自己的观点和逻辑进行评价，从中找到自己的不足之处并进行改正。通过反复的修正和完善，学生可以逐渐提高自己的批判性思维和逻辑思维能力。

三、激发创新思维和想象力

（一）培养观察力和好奇心

创新思维和想象力的源泉之一是对周围世界的观察和好奇心。学生可以通过培养自己的观察力，留意身边的事物和现象，发现其中的规律和不同之处。同时，学生还应该保持好奇心，主动提出问题，并主动探索答案。观察力和好奇心的培养可以帮助学生发现问题和挑战，并激发他们寻找创新解决方案的动力。

（二）提供开放的学习环境

学校和家庭应该提供一个开放的学习环境，鼓励学生表达自己的观点和想法。学生应该感受到自己的思维和创造力是被认可和重视的。教师和家长可以鼓励学生参与讨论、分享自己的想法，并给予积极的反馈和支持。这样的学习环境可以激发学生的创新思维和想象力，鼓励他们不断地尝试和探索。

（三）鼓励多元思维和多样化的表达方式

学生应该被鼓励使用多元思维和多样化的表达方式来展示自己的想法。他们可以通过绘画、写作、演讲、设计等方式进行创造性表达。这样的多样化表达方式可以帮助学生发散思维，激发想象力，并将自己的创意具体化和实现化。

（四）提供创新启发和激发活动

教师可以设计一些创新启发和激发活动来培养学生的创新思维和想象力。例如，组织创意思维训练、启发性的问题解决活动、创新项目实践等。这些活动可以帮助学生锻炼自己的大脑灵活性和创新能力，培养他们从不同角度思考问题和找到创新解决方案的能力。

（五）提供开放的资源和机会

为了激发学生的创新思维和想象力，学校和社会应该提供开放的资源和机会。例如，提供图书馆、实验室、创客空间等创新学习场所，为学生提供参与科技竞赛、艺术展示、创新创业项目等活动的机会。这样的资源和机会可以帮助学生广泛接触各种创新领域和实践，激发他们的创新思维和想象力。

四、增强综合素质

（一）观察力和分析力的培养

写作需要学生对周围世界进行观察和思考。通过写作，学生可以锻炼自己的观察力，留意身边的事物和现象，发现其中的规律和不同之处。同时，学生还要具备分析问题的能力，能够深入思考和分析所面临的问题，并找出问题的关键因素和解决方案。通过不断观察和分析，学生可以提高自己的综合素质，培养问题解决能力。

（二）背景知识和文化素养的积累

写作需要学生有一定的背景知识和文化素养。学生应该广泛阅读，积累各个领域的知识。通过阅读，学生可以了解不同的观点和思想，拓宽自己的思维空间。同时，学生还应该了解各类文化和艺术形式，提高自己的文化素养。背景知识和文化素养的积累可以帮助学生在写作过程中更加深入地思考和表达。

（三）信息搜集和筛选能力的提升

写作需要学生搜集和筛选各种信息。学生可以通过查阅书籍、杂志、报纸，浏览互联网等渠道获取所需的信息。然而，获得大量的信息并不意味着一定能够写出优质的作品，学生还需要具备筛选信息的能力，辨别信息的真实性和可靠性，并选择与自己要表达的主题相关的信息。信息搜集和筛选能力的提升可以帮助学生更好地发掘素材，丰富自己的写作内容。

（四）思维整合和创新的能力培养

写作要求学生能够整合不同的知识和思想，形成自己独特的见解和观点。学生可以通过多角度思考问题，运用逻辑推理和批判性思维，将不同的观点有机地组合起来，提出新的见解和解决方案。思维整合和创新的能力培养可以帮助学生在写作过程中形成独立思考的能力，并培养综合应用和创新能力。

（五）批判性思维和表达能力的提高

写作需要学生具备批判性思维和良好的表达能力。学生应该具备批判性思考的意识，能够对自己和他人的观点进行客观评价和分析，并提出合理的批评和建议。同时，学生还需要具备清晰、准确和有逻辑性的表达能力，能够将自己的想法和观点清晰地传达给读者。批判性思维和表达能力的提高可以帮助学生在写作中更加深入地思考和表达自己的观点。

五、提升学习能力

（一）知识整合与应用

写作要求学生对所学知识进行整合和应用。在写作过程中，学生需要将散乱的知识点进行组织和连接，形成一个完整的结构。通过将知识点进行整合，学生可以更好地理解各个知识点之间的关系，并且能够将所学的知识应用到具体的问题中。这样的实践可以帮助学生加深对知识的理解和掌握，提升学习能力。

（二）思考与分析能力的培养

写作要求学生进行思考和分析。在写作过程中，学生需要对所要表达的观点进行深入思考，并进行逻辑思维和批判性思考。通过反复思考和分析，学生可以培养自己的思维能力，提高问题的解决能力和创新思维能力。这些能力的培养可以帮助学生更好地理解和运用所学的知识，提升学习能力。

（三）自主学习与学习计划的制订

写作需要学生进行独立思考和自主学习。学生在写作过程中需要主动查找所需的资料和信息，进行整理和筛选，并独立完成作品的撰写。通过这样的自主学习，学生可以培养学习的主动性和自主性，形成自己的学习方法和习惯。同时，学生还可以通过制订学习计划，合理安排时间和任务，提高学习效率和效果。

（四）批判性思维与创新能力的培养

写作要求学生具备批判性思维和创新能力。学生在写作过程中需要对自己和他人的观点进行评价和分析，并提出合理的批评和建议。同时，学生还需要通过整合不同的观点和思想，形成自己独特的见解和观点。这样的思维训练可以帮助学生更好地理解和运用所学的知识，提升学习能力。

（五）表达与沟通能力的提升

写作要求学生具备清晰、准确和有逻辑性的表达能力。学生在写作过程中需要将自己的想法和观点清晰地传达给读者。通过不断的写作训练，学生可以提升自己的表达能力，并且可以通过与他人的交流和讨论，进一步提升沟通能力。这样的提升有助于学生更好地理解和运用所学的知识，提升学习能力。

第二节　现代语文教育中的写作教学方法

一、提供良好的写作环境

（一）提供丰富多样的写作题材和素材

教师应该为学生提供丰富多样的写作题材和素材，包括生活经验、文学作品、科技信息、社会话题等。学生可以从中选择自己感兴趣的话题进行写作，这样能够激发学生的写作兴趣和积极性。教师可以引导学生进行头脑风暴，帮助他们扩大写作的思路和想象力。

（二）鼓励学生表达个性和思想

教师应该鼓励学生在写作中表达自己的个性和思想，尊重学生的独特观点和风格。学生应该被鼓励写出自己真实的感受和想法，而不只是迎合教师或标准答案的预期。教师可以提供充足的支持和反馈，在鼓励学生的同时指导他们如何更好地表达自己。

（三）提供充足的时间和空间

写作需要时间和空间进行头脑风暴、构思和反思。教师应该提供足够的时间，让学生有充分的机会思考和准备写作。同时，教室环境应该提供足够的安静和私密性，以便学生能够专注于写作。此外，可以为学生提供书写工具和支持材料，使他们更加舒适地进行写作。

（四）鼓励同伴互助和合作

教师可以鼓励学生进行同伴互助和合作，通过互相讨论和交流来提升写作水平。学生可以互相分享自己的写作经验和技巧，相互批评和反馈，从中学习和改进自己的写作方式。这样的合作可以促进学生之间的思维碰撞和互相激发创意。

（五）提供实际应用与展示机会

教师应该为学生提供实际应用与展示的机会，让学生的写作不仅仅停留在课堂内部。可以组织写作比赛、创作展览、写作分享会等活动，让学生的作品得到认可和展示的机会。这样的实际应用和展示能够激发学生写作的动力，并增强他们的自信心和表达能力。

二、引导写作过程

写作教学中的引导过程可以分为以下几个阶段：

（一）写前准备阶段

在这个阶段，教师应该引导学生进行主题选择和资料搜集。教师可以提供多个话题供学生选择，帮助他们找到自己感兴趣的写作题材。同时，教师可以指导学生如何进行资料搜集，包括图书馆、互联网等渠道的利用，以获取相关的信息和素材。此外，教师还可以引导学生规划写作结构，帮助他们整理思路和确定文章的框架。

（二）写作训练阶段

在这个阶段，教师可以提供写作指导和范文示范，针对不同的写作技巧和要求进行训练。教师可以详细解释写作的目的和要求，介绍相关的写作技巧和表达方式。同时，教师可以展示范文，通过分析范文的结构、语言运用和逻辑推理等方面，帮助学生理解优秀作品的特点和写作技巧。此外，教师还可以提供写作练习，让学生通过实际的写作实践来提高自己的写作能力。

（三）修改改进阶段

在这个阶段，教师可以引导学生对自己的作品进行反思和修改。教师可以提供具体的修改指导，帮助学生发现并改正文章中存在的问题，如语法错误、逻辑不清等。同时，教师还可以鼓励学生进行同伴互评和自我评价，促使他们主动发现文章的不足之处，并进行修正和改进。此外，教师还可以提供具体的修改策略和写作技巧，帮助学生提高自己的修改能力。

三、注重写作实践

在写作教学中，注重写作实践对于学生提高写作能力至关重要。下面列举了一些教师可以采取的措施来促进学生的写作实践：

（一）定期布置写作任务

教师可以安排各种类型的写作任务，如写作日记、写作文、写作报告等，根据学生的年级和水平适当调整难度。通过定期布置写作任务，学生可以进行实际的写作练习，积累经验，并逐渐熟悉不同类型的写作形式和结构。

（二）提供写作指导和反馈

教师在布置写作任务时可以提供写作指导，明确任务要求和评分标准，帮助学生理解写作目标。同时，在学生完成作业后，教师应该给予及时的反馈和评价，指出作品的优点和不足之处，并提供建设性的修改建议，引导学生进行自我反思和改进。

（三）组织写作分享和讨论

教师可以组织写作分享和讨论活动，让学生有机会展示自己的作品，并互相交流和学习。这种写作分享和讨论的活动可以帮助学生更好地理解和欣赏不同风格和观点的作品，丰富他们的写作思路和表达方式。

（四）开展写作比赛和展示

教师可以定期组织写作比赛和展示活动，鼓励学生参与其中。通过竞赛的形式，学生可以进行更高水平的写作尝试，并在比赛中感受到写作的乐趣和挑战。同时，通过写作展示的形式，学生可以展示自己的成果，增强写作自信心。

（五）提供个性化指导

教师应该根据学生的不同需求和能力，提供个性化的写作指导。对于写作困难的学生，教师可以提供更详细的写作指导和支持；对于写作能力较高的学生，教师可以提出更高层次的要求和挑战。通过个性化的写作指导，教师可以激发学生的写作热情，并帮助他们实现个人写作目标。

四、引导写作反思

写作是一项复杂而重要的技能，对于学生的语言表达和思维能力的培养至关重要。然而，要想提高写作能力，仅仅进行大量的练习是不够的，还需要学会对自己的写作进行反思和评价。

（一）教师的引导作用

教师在学生写作反思过程中扮演着重要的角色。首先，教师可以帮助学生认识到写作反思的重要性。通过介绍写作反思的概念和目的，教师可以引发学生的兴趣，并使他们意识到自己的写作仍有改进空间。其次，教师可以提供指导性的问题，帮助学生思考自己写作中的优点和不足。例如，教师可以问学生他们认为自己在这篇作文中表达思想是否清晰，语言是否准确，逻辑是否连贯等等。这些问题可以引导学生关注写作的不同方面，并帮助他们针对性地进行反思和改进。此外，教师还可以通过给予及时的反馈和鼓励，激发学生的写作动力。

（二）学生的反思方式

学生可以通过不同的方式进行写作反思。首先，他们可以进行自我评价，将自己的写作与预期目标进行比较，并找出差距所在。例如，学生可以问自己这篇作文是否达到了自己设定的主题和写作目标，是否运用了丰富的词汇和句式结构等。其次，学生可以与他人进行交流和讨论，分享自己的写作经验和观点，从而获得不同角度的反馈和建议。例如，学生可以向同学或老师请教，听取他们对自己作文的意见和建议，并汲取他们的优点和经验。最后，学生可以将反思结果转化为具体的行动计划，制定改进和提高的方向。例如，学生可以根据自己的反思结果，决定下次写作时注重哪些方面，如丰富词汇、提升逻辑思维等，并制定相应的学习计划和目标。

（三）指导性问题和方法

以下是一些教师可以使用的指导性问题和方法：

1.思路和结构：你在写作中是否清晰地表达了自己的思想？文章的结构是否合理连贯？

2.语言运用：你使用了哪些丰富的词汇和句式结构？还有哪些地方需要改进和提升？

3.文章逻辑：你的论点是否有说服力？论证过程中是否存在漏洞或逻辑错误？

4.细节和例子：你在文章中使用了足够的细节和例子来支持自己的观点吗？还有哪些地方需要增加或修改？

5.语法和拼写：你的文章是否存在语法错误或拼写错误？如何避免这些错误并提高语法和拼写水平？

写作反思是提高写作能力的重要手段。教师在引导学生写作反思方面发挥着关键的作用，他们可以通过提供指导性的问题和反馈，帮助学生发现自己写作中的优点和不足，并鼓励他们在写作中不断反思和成长。学生可以通过自我评价或与他人交流讨论的方式，将反思结果转化为具体的行动计划，找到改进和提高的方向。通过教师和学生的共同努力，学生的写作能力将得到显著提升。

第三节　培养学生的创新思维和表达能力

一、激发学生的创新意识

创新意识是指个体或团体对现实问题的认知和解决方案的创造性思维和行动能力。在当今快速变化的社会中，培养学生的创新意识至关重要。教师在教学中扮演着关键角色，可以通过一系列方法和策略激发学生的创新思维和想象力。

（一）启发性的提问

启发性的提问是激发学生创新意识的有效方法之一。教师可以提出开放性的问题，让学生积极思考并提出自己的观点和解决方案。例如，教师可以问学生如何改进某个产品的设计、如何解决某个社会问题、如何创造一个新的艺术作品等，通过这些问题激发学生的创新思维和想象力。同时，教师还应该鼓励学生提出不同的观点和解决方案，并欢迎他们进行讨论和交流。这种启发性的提问不仅可以培养学生的创新意识，还可以锻炼他们的逻辑思维和表达能力。

（二）引导性的讨论

引导性的讨论是另一种激发学生创新意识的重要方法。教师可以组织小组讨论或全班讨论，让学生在交流中分享自己的想法和观点。通过互相倾听和反思，学生可以从其他人的观点中获得启发，并进一步深化自己的思考。教师在讨论过程中应该提出相关问题，引导学生对话，并鼓励他们提出自己的见解。在讨论中，教师还可以引导学生思考不同的思维方式和解决问题的方法，培养他们的创新思维和批判性思维。

（三）开放性的学习环境

为了激发学生的创新意识，教师应该营造积极开放的学习环境。在这样的环境中，学生感到安全和自由，可以尝试新的想法和方法。教师应该鼓励学生表达独特的观点和见解，并给予积极的鼓励和反馈。同时，教师还可以提供一些资源和工具，以支持学生的创新探索。例如，教师可以引导学生利用图书馆、互联网等资源，进行调查研究，激发他们的好奇心和求知欲。

（四）培养学生的自主性

为了培养学生的主动思考和创新意识，教师应该鼓励学生在学习中保持主动性。教师可以给学生一定的自主选择权，让他们决定学习的内容和方式。同时，教师还可以引导学生制定学习计划和目标，并监督他们的学习进展。通过这样的方式，学生能够培养自己的自主学习能力和创新意识。

二、提供多样化的学习资源

（一）文学作品

教师可以选择不同类型的文学作品，如小说、诗歌、戏剧等，为学生提供多样化的学习资源。文学作品是培养学生情感、审美和思辨能力的重要途径。通过阅读文学作品，学生可以感受不同的情感体验，理解不同的价值观和文化背景，并从中获得启示和灵感。教师可以引导学生进行文学作品的分析和解读，促进学生的批判性思维和创造性思维。

（二）科技信息

科技信息是培养学生创新意识的重要资源之一。教师可以引导学生关注科技领域的最新动态和前沿技术，了解科学研究的进展和应用。通过学习科技信息，学生可以了解到不同领域的创新成果和解决方案，激发他们的创新思维和实践能力。教师可以组织学生参加科技竞赛、科技展览等活动，让他们亲身体验科技创新的过程和乐趣。

（三）社会热点

社会热点是培养学生综合分析能力和创造性思维的重要资源。教师可以引导学生关注社会问题、时事新闻等，让他们了解不同观点和争议，并培养他们对社会问题的批判性思考和创新解决方案的能力。通过引导学生进行辩论、写作等活动，教师可以促进学生对社会热点问题的深入思考和多元化的见解表达。

（四）跨学科学习与思考

教师可以鼓励学生进行跨学科的学习和思考，结合不同领域的学习资源。跨学科学习可以帮助学生拓宽知识面，培养综合分析和综合运用知识的能力，从而促进创新思维的发展。教师可以组织跨学科的项目学习、讨论等活动，让学生在不同学科的交叉和融合中进行创新思考和实践。

（五）个性化学习资源

教师可以根据学生的兴趣、特长和需求，提供个性化的学习资源。个性化学习资源可以激发学生的学习动力和创新潜能，培养他们的自主学习和创新能力。教师可以与学生进行一对一的交流，了解他们的学习兴趣和目标，为他们提供相应的学习资源和支持。

三、培养批判性思维

（一）培养问题意识

批判性思维的第一步是培养学生的问题意识。教师可以通过提出引导性问题，激发学生对事物的好奇心和思考欲望。同时，教师还可以引导学生主动提出问题，并帮助他们分析问题的本质和背后的因果关系。通过培养学生的问题意识，可以激发他们运用批判性思维解决问题的能力。

（二）提高信息收集与评估能力

批判性思维需要建立在准确、全面的信息基础上。教师可以引导学生学习信息的获取和评估方法，如查找可靠的信息源、辨别信息的真实性和可信度等。同时，教师还可以指导学生对获取到的信息进行分析和评估，培养他们辨别信息的能力，并学会从不同角度去审视问题。

（三）推动逻辑思维的发展

批判性思维离不开逻辑思维的支持。教师可以引导学生学习逻辑思维的方法和原则，如归纳、演绎、假设推理等。通过训练学生的逻辑思维能力，教师可以帮助他们分析问题的逻辑关系，辨别论证的合理性，并能够提出有力的反驳观点。逻辑思维的培养是批判性思维的重要组成部分。

（四）培养多元化思考能力

批判性思维需要学生具备多元化思考的能力，即能够从不同的角度和视角审视问题。教师可以引导学生学习不同的思考方法，如对比分析、因果关系分析、系统思维等。通过培养学生的多元化思考能力，可以拓宽他们的思维边界，避免陷入狭隘的单一观点，从而促进创新思维的发展。

（五）鼓励主动探究与质疑

批判性思维强调学生的主动探究和质疑精神。教师可以鼓励学生主动提出质疑，挑战已有的知识和观点。同时，教师还可以组织学生进行小组讨论、辩论等活动，培养他们表达自己观点的能力，并学会接受他人的批评与反驳。通过鼓励主动探究与质疑，可以培养学生批判性思维的能力，激发他们的创新思维和表达能力。

四、鼓励多种表达方式

（一）培养书面表达能力

书面表达是语文教育的重要内容之一。教师可以组织学生进行写作训练，引导他们掌握合理的文章结构和写作方法。同时，教师还可以通过评阅学生的作文、提供写作指导等方式，帮助学生不断提高自己的书面表达能力。此外，教师还可以引导学生在课堂上进行课堂笔记、读书笔记等写作活动，培养学生快速、准确地将思想表达出来的能力。

（二）促进口头表达能力

口头表达是人际交流中的重要一环。教师可以组织学生进行小组讨论、演讲比赛等活动，鼓励他们积极参与和表达自己的观点。同时，教师还可以提供语音录制、朗读比赛等机会，让学生有机会通过口头表达展示自己的创新思维和表达能力。这些活动的开展，可以提高学生的口头表达能力，培养他们自信地进行言语交流的能力。

（三）引导绘画和插图表达

绘画和插图是一种非常直观的表达方式，能够帮助学生更好地呈现自己的创新思维。教师可以鼓励学生在课堂上进行绘画和插图活动，比如画思维导图、绘制故事情节等。通过这种方式，学生可以通过形象的图像表达自己的观点和思考过程，提高他们的创新思维和表达能力。

（四）组织演讲和表演活动

演讲和表演是培养学生表达能力的有效途径之一。教师可以组织学生进行演讲比赛、戏剧表演等活动，让学生有机会展示自己的表达能力和创新思维。通过演讲和表演的训练，学生可以提高自己的口头表达能力、肢体语言表达能力以及创造性思维能力。

（五）倡导多媒体表达方式

随着科技的发展，多媒体表达方式也越来越受到关注。教师可以引导学生学习使用多媒体工具进行表达，比如制作 PPT、视频等。通过多媒体表达的训练，学生可以通过图像、声音、视频等方式全方位地展示自己的创新思维和表达能力，提高他们的媒体素养和信息技术应用能力。

五、引导创新性写作

（一）设立创新性写作题目

教师可以设计一些与现实生活或学习内容相关的创新性写作题目，激发学生的兴趣和想象力。例如，要求学生写一篇关于未来新能源利用的科幻小说，或是鼓励学生设计一个解决当前环境问题的新产品。这样的题目可以引导学生思考未来的可能性，培养他们的创新思维。

（二）提供创新性写作指导

教师在创新性写作活动中可以提供一定的指导，帮助学生理清思路、构思创意以及组织文章结构。可以通过讲解创新性写作的技巧和方法，引导学生从不同角度思考和表达。同时，教师也可以提供一些范文或参考资料，帮助学生拓宽思维，并在写作过程中给予适时的指导和反馈。

（三）鼓励合作和分享

在创新性写作活动中，教师可以鼓励学生进行合作与分享。可以组织学生分组进行合作创作，让他们互相激发灵感，共同构思出更具创新性的作品。同时，鼓励学生在写作完成后分享自己的作品,可以通过朗读、展示等形式,让学生展示创新思维和表达能力,并从他人的反馈中获得启发和改进。

(四)提供展示平台

为了激发学生更多的创新性写作欲望,教师可以组织一些展示活动,如作品展览、演讲比赛等。通过这些平台,学生可以将自己的创新性写作作品向更多人展示,并接受来自师生和同学们的评价和鼓励。这样的展示活动不仅能增加学生的写作动力,还促使他们在写作过程中更注重创新和表达。

(五)提供正面的鼓励与认可

在创新性写作活动中,教师应给予学生积极的鼓励与认可。无论学生的作品是否完美,都应当给予正面的评价和肯定,让学生保持对创新性写作的信心和热情。同时,教师还可以通过评选优秀作品、颁发奖项等方式,给予学生更多的荣誉和奖励,进一步激发他们的创新潜力。

第十一章　现代语文思考与问题解决能力训练

第一节　思考能力在语文教育中的重要性

一、思考能力是语文理解的基础

（一）思考能力在语文教育中的重要性

1.思考能力促进语文理解的深入

思考能力可以帮助学生在语文学习中深入理解文本。通过思考，学生能够对信息进行加工和分析，从而更准确地把握语言表达的含义和逻辑关系。例如，在阅读一篇文章时，通过思考推断词语的意义、句子之间的联系，学生可以更好地理解作者的表达意图。思考能力使学生能够从多个角度去思考、分析和解读文本，从而深化对语文知识的理解。

2.思考能力培养批判性思维

在语文学习中，思考能力有助于培养学生的批判性思维。通过思考，学生可以对文本进行评价和分析，提出自己的见解和观点。他们能够发现文章中的逻辑漏洞、论证不严密之处，并能够提出合理的解决方案。这种批判性思维能力使学生能够更好地评估和判断信息的可靠性和有效性，培养独立思考和批判思维的能力。

3.思考能力培养创造性思维

思考能力也有助于培养学生的创造性思维。通过思考，学生可以提出新的观点、创造性地运用语言表达自己的想法。他们能够从不同的角度思考问题，发现解决问题的新方法和途径。这种创造性思维能力使学生在语文学习中能够更好地运用语言，表达自己独特的观点和创意，提高语文表达的多样性和灵活性。

4.思考能力培养分析问题的能力

思考能力有助于学生分析问题，对语文知识进行抽象和概括。通过思考，学生能够将零散的语言知识组织起来，形成系统性的语文理解和表达能力。他们能够发现问题的本质和关键点，进而提出解决问题的有效策略和方法。这种分析问题的能力有助于学生更好地应对语文学习中遇到的各种问题，提升学习效果。

5.思考能力培养语文实践能力

思考能力在语文学习中的应用是实践性的。通过思考，学生能够将语文知识应用于实际情境中，解决实际问题。他们能够运用语言分析和解决生活中的困惑和疑惑，发现语文知识与实际生活的联系和应用价值。这种实践能力培养使学生的语文学习更具有实效性和实用性，能够真正将所学的知识应用到实际生活中。

（二）思考能力在分析语言含义方面的应用

1.思考能力促进词语含义的理解

思考能力对于分析语言含义非常重要。通过思考，学生可以推断词语的含义，掌握词语的多义性和上下文之间的关系。例如，当遇到一个生词时，学生可以通过思考来猜测其含义。思考能力使学生能够从多个角度去思考和分析词语的含义，帮助他们更准确地理解语言的表达。

2.思考能力优化句法分析

句法分析是理解语言结构和句子意义的重要手段。通过思考，学生可以分析句子中不同成分之间的关系，理解句子的结构和语法规则。思考能力使学生能够思考句子中各个成分的作用和相互关系，从而理解句子的意义。例如，在分析一个复杂句子时，思考能力可以帮助学生将句子分解为独立的子句，并理解各个子句之间的逻辑关系。

3.思考能力提升篇章结构的分析

篇章结构对于理解长文本的意义至关重要。通过思考，学生可以分析篇章结构，把握文章的总体逻辑和段落之间的衔接关系。思考能力使学生能够思考段落之间的主题转换、信息承接和论证推理等关系，更好地理解文章的组织结构和意义。例如，在阅读一篇议论文时，思考能力可以帮助学生分析作者的论点和支撑论据，并理解各个段落之间的关联。

4.思考能力提升语言表达的准确性

思考能力对于提升语言表达的准确性非常重要。通过思考，学生可以审视自己的语言表达，发现其中的问题并进行修正。思考能力使学生能够思考自己的表达是否符合语言规范、是否清晰明了，从而提高语言表达的准确性。例如，在写作文时，思考能力可以帮助学生反思文章的语言表达是否恰当、是否有逻辑错误，从而不断优化自己的写作水平。

5.思考能力应用于文本解读与评价

思考能力在文本解读与评价方面扮演着重要角色。通过思考，学生可以深入思考文本的主题、观点、立场等要素，分析文本的优点和不足之处，并提出自己的见解和观点。思考能力使学生能够批判性地思考文本的价值和意义，理解作者的意图和传递的信息。

（三）思考能力在理解作者意图方面的应用

1.分析词语的选择和用法

思考能力在理解作者意图方面的应用包括分析词语的选择和用法。通过思考，学生可以观察并推测为什么作者选择了某些特定的词语来表达自己的意思。学生可以思考这些词语的含义、情感色彩以及它们在文本中的位置和语境，从而更好地理解作者的意图和态度。例如，如果作者使用了一些具有负面情感的词语，学生可以推断作者可能有一种批判或否定的意图。

2.分析句式和修辞手法

思考能力还可以应用于分析句式和修辞手法，帮助学生理解作者的意图。学生可以思考为什么作者选择了某种特定的句式结构或修辞手法，以及这种结构或手法如何影响读者的理解和情感共鸣。例如，作者使用排比句式来强调某个观点或情感，学生可以通过思考这种修辞手法的效果，更深入地理解作者想要传达的信息。

3.辨别作者的立场和态度

思考能力对于辨别作者的立场和态度非常重要。通过思考，学生可以分析文章中所表达的观点和情感，并思考作者为什么持有这样的立场和态度。学生可以注意文章中的论证逻辑、表达方式和信息选择等方面，从而推测作者想要通过文章传达的信息和目的。例如，作者可能以客观的描述方式来阐述某个问题，但在词语和句式的选择上透露出一定立场，学生可以通过思考这些线索来判断作者的态度。

4.推测作者的意图和目的

思考能力还可以应用于推测作者的意图和目的。学生可以通过思考文章的整体结构、信息组织和语言运用等方面，来推测作者写作的目的和想要达到的效果。例如，作者可能以叙述的方式来引起读者的共鸣，或采用争论和辩证的方式来引发读者对某一问题的思考。通过思考，学生可以更好地理解作者为什么选择了特定的叙事策略，并揭示出隐藏在文字背后的意图和目的。

5.综合分析确定作者意图

思考能力在理解作者意图方面的应用需要进行综合分析。学生需要将前面提到的词语选择、句式修辞、立场态度和意图目的等方面的分析进行综合，从而得出对作者意图的全面理解。通过综合思考，学生可以更好地把握作者所要传达的核心信息，并获得对文章整体意义的深刻理解。

（四）思考能力在推断和理解隐含信息方面的应用

1.综合分析线索和背景知识

思考能力在推断和理解隐含信息方面的应用需要学生综合利用文本中的线索和背景知识。学生可以通过思考文本中的暗示、隐喻、象征等线索，结合自己的知识储备和阅读经验，进行推断和理解。例如，在一篇小说中，作者可能使用了某些暗示性的描写或对话，学生可以通过思考这些线索，结合自己对相关主题和情感的了解，推断出作者所要表达的隐含信息。

2.发掘文本的多重层次意义

思考能力在推断和理解隐含信息方面的应用还包括发掘文本的多重层次意义。有些作品或文章中存在着深层次的隐含意义和信息，需要学生通过思考和解读来揭示。学生可以思考作者使用的修辞手法、象征意象以及各种语言和结构上的潜在含义，从而发现文本所蕴含的更深远的信息。这样的思考能力培养不仅提升了对文本的理解能力，同时也培养了学生的批判性思维和逻辑推理能力。

3.运用推理和逻辑思维

推断和理解隐含信息需要运用推理和逻辑思维。学生可以通过思考文本中的逻辑关系、因果关系以及各种推理和引申，推断出文本所隐含的信息和意义。学生可以运用演绎推理或归纳推理的方法，将已知的信息和线索进行组合和推导，从而得出更深入的理解。这种思考能力的培养有助于学生锻炼逻辑思维和推理能力，提升他们的分析问题和解决问题的能力。

4.从多个角度思考问题

思考能力在推断和理解隐含信息方面的应用还包括从多个角度思考问题。学生可以通过思考不同的视角、立场和背景，来推断和理解文本中的隐含信息。学生可以思考作者的可能意图、读者的可能反应和文本所处的社会背景等，从而获得更全面和深入的理解。这种思考能力的培养有助于学生拓宽思维视野，超越表面信息，挖掘隐含的更深层次的意义。

5.培养批判性思维和判断力

思考能力在推断和理解隐含信息方面的应用需要学生培养批判性思维和判断力。学生可以通过思考和评估文本中的线索和信息的可靠性、合理性以及与已有知识的一致性，来判断隐含信息的准确性和有效性。这种思考能力的培养有助于学生培养批判性思维，提高他们对信息的辨别和评估能力，避免对不准确或误导性的隐含信息的误解。

（五）思考能力在分析文章结构和语言运用方面的应用

1.分析文章结构

思考能力在分析文章结构方面的应用主要体现在对文章的开头、发展和结尾进行思考和分析。学生可以通过思考文章开头的背景描写、引入和提出的问题、主题陈述等，来理解作者的写作意图和目的，并推断接下来文章的发展方向。随着文章的发展，学生可以思考文章的组织结构、段落间的过渡和衔接，从而全面地理解文章的逻辑脉络和主题阐述。同时，在思考文章的结尾时，学生可以回顾全文，总结核心观点，探讨作者可能的意图和留给读者的思考。

2.分析语言运用

思考能力在分析语言运用方面的应用包括对修辞手法、比喻和象征等语言工具的思考和解析。学生可以通过思考作者使用的各种修辞手法，如排比、倒装、反复运用等，来理解作者句子的节奏感和表达方式。同时，学生可以思考文章中的比喻和象征，从而深入理解作者所要传达的意境和意义。通过分析语言运用，学生可以领略到语言的美感，提高对文学作品的欣赏和鉴赏能力。

3.理解作者的写作意图

思考能力在分析文章结构和语言运用方面的应用还包括理解和推断作者的写作意图。学生可以通过思考文章中的表述方式、词汇选择、句子结构等，来推断作者的情感态度和观点倾向。同时，还可以思考作者可能的写作目的，如是为了传递信息、展示观点、诱发读者思考还是引起共鸣等。通过理解作者的写作意图，学生能够更加全面地理解文章的内涵和目的。

4.提高表达能力和创新能力

思考能力在分析文章结构和语言运用方面的应用有助于学生提高自己的表达能力和创新能力。通过思考优秀作品中的结构和语言运用，学生可以借鉴其中的精彩之处，并尝试运用到自己的写作中。思考能力还可以培养学生对于不同表达方式的敏感性，激发他们在写作中寻找新颖的思路和独特的表达方式。通过培养表达能力和创新能力，学生能够更好地表达自己的想法和观点，展现个性和创造力。

5.培养阅读理解和批判思维能力

思考能力在分析文章结构和语言运用方面的应用还有助于培养学生的阅读理解和批判思维能力。通过思考文章的结构和语言运用，学生可以更全面地理解文章的意义和内涵，提升阅读理解能力。同时，思考能力也培养了学生对文章的批判性思维，使他们能够评估文本中的论据、观点和证据的合理性和可信度。这种批判思维能力的培养有助于学生形成独立的思考和判断能力，提高他们对信息的辨别和评估能力。

二、语文教育应注重培养学生的思考能力

（一）提问引导

提问引导是一种激发学生思考的有效方法。在语文课堂上，教师可以通过提出开放性问题，引导学生深入思考文本内容和主题。例如，"你认为故事中的人物为什么会做出这样的选择？"或"你觉得这首诗的意境是什么？"这样的问题能够激发学生对文本进行深入理解和分析。

提出开放性问题可以促使学生全面思考问题。教师可以从不同角度提问，引导学生展开多元思维。通过多个问题，学生需要综合考虑各种因素，并给出全面的答案，进一步培养综合分析和批判性思维能力。

在提问引导中，应尊重学生的思考和表达。当学生回答问题时，教师应给予充分的回应和解释机会，鼓励学生勇于发表观点。教师可以进一步引导学生深入思考，并对他们的回答进行适当引导和指导，帮助他们理清思路，提高思考和表达能力。

提问引导还可以激发学生的主动学习。通过提出问题，教师能够激发学生的学习兴趣和主动性，引导他们积极思考和探索。学生在回答问题过程中需要动脑思考，并且通过与教师和同学的交流互动，不断拓展自己的知识和思维。

教师在提问引导中应注意问题的设计。问题应该具有一定的启发性和开放性，可以引导学生进行深入思考和探究。同时，问题的难度也要适当，既不能过于简单，也不能过于复杂，以保证学生能够理解并参与到讨论中来。

（二）讨论合作

在语文教育中，组织学生进行小组讨论和合作学习是一种有效的教学方式。以下将详细探讨讨论合作在语文教育中的意义和方法。

1.培养学生的批判性思维和分析能力

小组讨论在培养学生的批判性思维和分析能力方面起着重要的作用。

提供明确的问题和任务：教师可以设计具有挑战性和启发性的问题，以激发学生思考和分析。问题应该引导学生从多个角度思考，并鼓励他们提出自己的见解和观点。

创建积极的讨论氛围：教师可以设定一些讨论规则，如尊重他人、倾听他人观点、给予合理的反驳等，以促进积极和建设性的讨论氛围。同时，教师也需要激发学生的思辨意识，鼓励他们提出质疑和进行深入分析。

鼓励多样化的观点和观点冲突：教师应该鼓励学生提出不同的观点，并激发他们进行辩论和评估。这样可以培养学生从多个角度思考问题，并培养他们的辩证思维和分析能力。

引导学生评估和验证观点：教师应该引导学生对各种观点进行评估和验证。学生需要学会提出问题、寻找证据、分析数据和逻辑，以支持或反驳某个观点。这样可以培养他们的批判性思维和分析能力。

提供及时的反馈和指导：在小组讨论过程中，教师应该及时给予学生反馈和指导。这包括对学生的观点和分析进行评价，并提供进一步的引导和指导，以帮助他们深入思考和发展批判性思维能力。

通过以上策略，小组讨论可以成为培养学生批判性思维和分析能力的有效方式。学生在讨论中能够从不同的角度思考问题，并与他人进行辩论和交流，从而提高他们的思辨意识和分析能力。教师的指导和引导是至关重要的，他们应该创建一个积极的讨论环境，并提供适当的反馈和指导，以帮助学生提高批判性思维和分析能力。

2.拓宽学生的思维空间

小组讨论对拓宽学生的思维空间具有重要作用。

提供多样化的观点：在小组讨论中，教师可以引导学生分享不同的观点和经验。这样可以让学生接触到来自不同角度和背景的观点，促使他们从多个角度思考问题，拓宽自己的思维空间。

鼓励开放性思维：教师应该鼓励学生保持开放的心态，接受不同的观点和见解。学生需要学会尊重他人的观点，并愿意接受和考虑来自其他同学的不同思维方式，这样才能真正拓宽自己的思维空间。

鼓励创新和独特的想法：在小组讨论中，教师可以鼓励学生提出独特和创新的想法。学生应该被激励去尝试新的解决方案，发散思维，不拘泥于传统思维模式，从而更好地拓宽自己的思维空间。

提供合适的资源和材料：教师可以提供一些资源和材料，如相关文献、案例分析等，以帮助学生拓宽思维空间。这些资源可以启发学生思考问题的不同维度，促使他们产生更多的想法和观点。

引导学生进行深入思考：在小组讨论过程中，教师应该引导学生进行深入思考和探究。学生需要学会提出问题、分析问题的本质和关键点，找到问题的多个解决方案，并进行评估和比较。这样可以帮助学生深入思考，并进一步拓宽他们的思维空间。

通过以上策略，小组讨论可以帮助学生拓宽自己的思维空间。学生在与他人交流和协作的过程中，能够接触到不同的观点和经验，从而超越个人的思维局限，开拓思维和观点。教师的角色是至关重要的，他们应该鼓励学生保持开放的心态，提供合适的资源和引导，并激发学生的创新和独特思维，以帮助他们拓宽思维空间。

3.促进学生的主动学习和参与度

以下是促进学生主动学习和参与度的一些方法：

设计引人入胜的问题和任务：教师可以设计一些具有挑战性和吸引力的问题和任务，激发学生的思考和兴趣。这样的问题和任务能够吸引学生主动参与，并积极思考解决方案。

创造积极的学习氛围：教师应该创造一个积极、开放和尊重的学习氛围。学生应该感到可以自由表达自己的观点和意见，而不用担心批评或被嘲笑。在这样的氛围下，学生更愿意参与到小组讨论和合作学习中。

提供支持和指导：教师在小组讨论中扮演着指导者的角色，他们应该提供支持和指导，帮助学生克服困难和挑战。教师可以给予学生一些启示和思路，引导他们进行深入思考和探究，鼓励他们提出问题和表达自己的观点。

鼓励合作和交流：小组讨论和合作学习强调学生之间的互动和交流。教师可以设定一些合作任务，鼓励学生相互协作和交流。通过与他人分享和探讨自己的观点，学生可以更好地理解问题和思考的深度。

提供及时反馈：教师应该给予学生及时的反馈，肯定他们的积极参与和努力。这可以激发学生的动力和自信心，促使他们更加主动地投入到学习中去。

通过以上方法，学生可以更主动地参与学习，并成为学习的主体。小组讨论和合作学习模式可以激发学生的思考和兴趣，建立合作和交流的学习氛围，培养学生的学习主动性和参与度。教师的角色是至关重要的，他们需要提供支持、鼓励和引导，以帮助学生更好地实现主动学习和参与。

4.培养学生的表达和沟通能力

以下是培养学生表达和沟通能力的一些建议：

提供语文表达的机会：教师可以通过小组讨论、班级演讲、辩论赛等方式提供学生表达自己观点的机会。这些机会可以激发学生的表达欲望，培养他们的口头表达和演讲能力。

引导学生思考问题：教师可以提出开放性问题，引导学生深入思考并准备好自己的观点。在小组讨论中，学生有机会用语言表达自己的想法，并通过与同伴的交流进一步完善自己的观点。

培养批判性思维能力：教师可以引导学生学会分析问题、评估证据和推理等技巧。这样的培养有助于学生更准确地表达自己的观点，并能够理性地与他人进行沟通和讨论。

提供反馈和指导：在学生表达自己观点的过程中，教师应该提供及时的反馈和指导。这可以帮助学生意识到自己的表达问题，并得到改进。教师可以指导学生如何使用恰当的语言和结构来表达观点，提高他们的表达准确性和条理性。

鼓励学生多样化的表达方式：除了口头表达，教师还可以鼓励学生通过写作、绘画、演示等形式进行表达。不同的表达方式可以满足不同学生的需求，培养他们在多种场景下的表达能力。

通过以上方法，学生可以逐步培养自己的表达和沟通能力。小组讨论和合作学习提供了一个良好的平台，让学生有机会实践和发展自己的语文表达能力。同时，教师的指导和反馈也是至关重要的，他们可以帮助学生克服困难，提高表达水平，并激发学生对语文学科的兴趣。

（三）实践活动

1.文学作品的创作

教师可以组织学生进行文学作品的创作，如短篇小说、诗歌、散文等。学生可以通过这样的实践活动来运用语文知识和技巧，表达自己的想法和情感。在创作过程中，学生需要思考角色的心理活动、情节的发展以及语言的运用等方面，培养他们对于文学作品结构、风格和主题的理解能力。

2.文学作品的演绎

教师可以组织学生进行文学作品的演绎，如戏剧表演、朗读比赛等。学生可以通过演绎来深入理解文学作品中的角色形象、情感表达和语言风格等，并通过身体语言和音频表达出来。这样的实践活动有助于培养学生的表达能力、情感表达能力以及合作与协调能力。

3.议论文辩论赛

教师可以组织学生进行议论文辩论赛，让他们在实际情境中锻炼辩论和论证的能力。学生需要研究并准备自己的立场、论据和论证，通过辩论和反驳来阐明自己的观点。这样的实践活动可以培养学生的思辨能力、逻辑思维和语言运用能力。

4.实地考察和调研活动

教师可以组织学生进行实地考察和调研活动，让他们亲身参与和观察真实场景，并通过写作等方式表达自己的观察和体验。学生需要运用语文知识来描述和分析所见所闻，并通过反思和总结来提升自己的表达能力和思考能力。

5.媒体素养培养

教师可以引导学生学习和运用现代媒体工具，如微博、博客、视频制作等，进行信息获取、分析和发布。学生可以通过撰写文章、拍摄短片等方式，表达自己对社会热点问题的看法。这样的实践活动可以培养学生的媒体素养和公众表达能力，使他们能够理解和应对现代社会中的信息沟通挑战。

第二节 现代语文教育中的问题解决教学策略

一、启发性教学法

（一）启发性教学法的基本原理

启发性教学法是一种以问题为导向的教学方法，其核心思想是通过引导学生自主提出问题、自主思考和探索解决问题的过程，培养他们的探究精神、批判思维和创新能力。这种教学法强调学生的主动性、积极性和参与度，让他们在探索中发现问题、思考解决方案，并逐步形成自己的知识结构和认知模式。

（二）启发性教学法的教学策略

1.激发学生的兴趣和好奇心：教师可以选择一些引人入胜、具有启发性的材料或情境，激发学生的兴趣和好奇心，引发他们对问题的思考和探索欲望。

2.提出开放性问题：教师可以引导学生提出开放性的问题，鼓励他们多角度、全面地思考，并将问题进行分类和整理，形成问题意识和思维框架。

3.提供必要的信息和资源：教师可以提供一些必要的信息和资源，帮助学生更好地理解问题背景和解决方案的相关知识，拓宽他们的思路和视野。

4.引导学生进行独立思考和探索：教师应该鼓励学生独立思考问题，给予他们足够的时间和空间，在适当的时候给予必要的引导和支持，让他们从不同角度、不同层面来解决问题。

5.鼓励学生表达和交流：教师应该积极鼓励学生表达自己的观点和想法，组织学生之间的小组讨论、合作学习等活动，促进他们之间的交流和思维碰撞，从中获取新的思路。

6.引导学生总结和反思：在问题解决过程中，教师应该引导学生及时总结和反思，帮助他们理清解决问题的思维过程和方法，积累经验和提高问题解决能力。

（三）启发性教学法的优势

1.激发学生的学习兴趣和积极性，增强他们的主动学习能力和自主解决问题的能力。

2.培养学生的批判思维和创新能力，使他们能够从多个角度思考问题、分析问题，并提出新的解决方案。

3.培养学生的合作意识和团队精神，使他们能够在与他人合作中相互借鉴、相互促进，形成共同解决问题的能力。

4.培养学生的信息获取与处理能力，让他们能够主动搜索、筛选和利用信息，解决实际问题。

5.培养学生的自主学习和终身学习的能力，使他们在面对新问题和新挑战时能够主动掌握解决问题的方法和策略。

（四）启发性教学法的注意事项

1.教师应该充分了解学生的知识水平和学习需求，因材施教，引导学生提出适当难度的问题。

2.教师要及时给予学生必要的引导和支持，避免学生在问题解决过程中过度迷茫或走入歧途。

3.教师应该注重学生的思维过程和方法，而不仅仅关注结果，及时纠正学生的思维误区，引导他们形成正确的解决思路。

4.教师应该注重学生的情感体验，鼓励他们敢于提问、敢于质疑，并及时给予积极的反馈和鼓励，增强学生的自信心和动力。

5.教师应该注重教学过程的设计和评估，及时总结和反思教学效果，不断改进教学策略，提高教学质量。

（五）启发性教学法在语文教育中的应用

启发性教学法在语文教育中的应用非常广泛。教师可以通过引入文学作品、历史事件、社会问题等丰富多样的素材，引发学生的兴趣和思考欲望。例如，在教授一篇文学作品时，可以引导学生提出与作品相关的问题，让他们通过深入阅读、分析和讨论来探索问题的答案。在写作教学中，可以采用启发性的材料和情境，激发学生的创作灵感和思考深度，在解决实际问题的过程中提高他们的写作能力。总之，启发性教学法在语文教育中有着重要的作用，可以培养学生的问题解决能力和创新思维，促进他们的全面发展。

二、合作学习

（一）分组合作学习

合作学习的核心是将学生分组进行小组合作学习。分组可以采用不同的方式，如按照学生的兴趣、能力或随机分组等。分组时应确保每个小组都具有一定的多样性，包括不同的学习能力和背景，以促进学生之间的互动和学习效果。

（二）共同面对问题

在合作学习中，教师可以设定一个挑战性问题，要求小组成员共同面对和解决。这个问题可以是文本中的理解难点，也可以是与主题相关的探究性问题。通过共同面对问题，学生需要进行讨论、交流和思考，从而激发彼此的思维和创造力，并共同寻找解决问题的方法和策略。

（三）交流和合作解决问题

在合作学习过程中，小组成员需要进行积极的交流和合作，共同解决问题。他们可以相互借鉴、互相补充知识，通过讨论和互动来深化对问题的理解和掌握。在交流和合作中，学生可以分享自己的观点和思考，提出问题并寻求解答，从而形成一种合作共赢的学习氛围。

（四）培养团队合作和协作能力

合作学习有助于培养学生的团队合作和协作能力。在小组中，学生需要与他人合作，协调彼此的观点和行动，共同完成学习任务。通过分工合作、相互支持和协调沟通，学生可以提高自己的团队意识和协作能力，并学会与他人有效地合作和协商。

（五）锻炼沟通与表达能力

合作学习是一个良好的平台，可以让学生锻炼沟通和表达能力。在小组中，学生需要清晰地表达自己的观点和想法，同时也需要倾听他人的意见和建议。通过与他人交流和合作解决问题，学生可以提高自己的口头表达和书面表达能力，培养自信和清晰的思维逻辑。同时，学生还可以学会倾听和尊重他人的观点，提高与他人有效沟通的能力。

三、项目学习

（一）开放性项目设计

在项目学习中，教师可以设计一些开放性的项目，以激发学生的兴趣和主动性。开放性项目是指没有固定答案的项目，学生可以有不同的思考和解决方案。例如，可以让学生选择一个话题，如环境保护、社会问题等，然后根据自己的兴趣和能力确定具体的研究方向和目标。

（二）自主收集资料和信息

在项目学习中，学生需要自主收集相关的资料和信息，以支持自己的研究和分析。他们可以利用图书馆、互联网等资源，搜索、筛选和整理相关文献、报告和数据，并进行必要的信息归纳和摘录。通过自主收集资料和信息，学生可以培养信息获取和处理的能力，提高自己对问题的全面了解和把握。

（三）问题分析与解决方案

在项目学习过程中，学生需要对所选问题进行深入的分析，并提出解决方案。他们可以运用语文知识和思考能力，分析问题的原因、影响和解决途径，并提出可行的解决方案。在问题分析过程中，学生需要运用批判性思维，审视不同的观点和证据，从而形成自己的观点和结论。

（四）写作表达与展示

在项目学习中，学生需要进行写作和表达活动，将自己的思考和研究结果清晰地呈现出来。他们可以撰写研究报告、论文、演讲稿等，或制作海报、PPT 等多媒体展示形式，以展示自己的研究成果。通过写作表达和展示，学生可以提高自己的语言表达能力和组织能力，同时也可以向他人分享和交流自己的研究成果。

（五）培养问题意识和批判性思维

项目学习有助于培养学生的问题意识和批判性思维。在整个项目学习过程中，学生需要主动选择和定位问题，运用批判性思维分析问题，提出有效的解决方案。他们需要学会提问、质疑和思考，从而不断深化对问题的认识和理解。通过项目学习，学生可以培养独立思考和创新意识，提高解决问题的能力。

四、案例分析

（一）案例选择与背景概述

在进行案例分析时，首先需要选择一个合适的案例，并对其背景进行概述。例如，选择一部经典文学作品《红楼梦》，概述该小说的作者、创作背景和主要情节。同时，说明选择此案例的目的，如通过分析《红楼梦》中的人物关系、爱情观念等，来探讨其中蕴含的哲学思想或社会价值观。

（二）资料搜集与分析

在进行案例分析前，学生需要搜集相关的资料，并进行分析。对于《红楼梦》这个案例来说，学生可以阅读小说本身，查找相关的文献、研究报告等，以获取更多的背景信息和专业观点。然后，学生可以根据所搜集到的资料，对小说中的人物关系和爱情观念进行深入分析，了解作者通过这些元素所表达的思想和意图。

（三）问题解析与探讨

在案例分析过程中，学生需要对所选案例中的问题进行解析与探讨。对于《红楼梦》来说，学生可以探讨其中的人物关系是如何影响故事发展的，以及不同人物对爱情的态度和观念有何差异等。学生还可以通过比较不同的观点和解读，探索《红楼梦》所表达的价值观念，如家族观念、婚姻观念、女性地位等。

（四）个人观点与见解

在案例分析中，学生需要提出自己的观点和见解，并加以论证和说明。针对《红楼梦》，学生可以表达对其中人物关系或爱情观念的理解和看法，并通过案例中的细节和情节进行论证和例证。同时，学生还可以借鉴其他学者的观点和解读，扩大自己的思考视角，并形成更深入的理解和分析。

（五）综合思考与评价

在案例分析的结尾，学生需要进行综合思考和评价。针对《红楼梦》，学生可以对小说中的人物关系和爱情观念进行综合评价，评估其对当时社会历史和文化背景的反映，以及对现代社会的启示和价值。此外，学生还可以探讨该案例对个人思维方式和人生价值观的影响，以及如何将所学的知识应用到现实生活中。

五、批判性思维培养

（一）问题提出与引导

批判性思维培养的第一步是通过问题提出和引导，激发学生思考和评估。教师可以在阅读文本的过程中提出各种问题，如问学生对作者观点是否认同，对论证是否有疑虑等。同时，教师也可以引导学生主动提出问题，挑战文本中的观点和逻辑。

（二）分析与评估信息

在问题提出和引导之后，学生需要进行深入的分析和评估。他们可以通过查找相关的资料、了解不同观点的对比等方式，对文本中的信息进行全面的理解和评估。学生需要从不同的角度和维度思考，例如思考作者的背景、论证的合理性、证据的可靠性等。

（三）推理与逻辑思维

批判性思维的核心之一是推理和逻辑思维的训练。学生可以利用已有的信息和知识，结合推理和逻辑的原则，对文本中的观点和论证进行分析和评估。例如，学生可以检查论证中的前提是否正确，推断结论是否符合逻辑等。这样可以帮助学生发现文本中的漏洞和不足。

（四）辩论与解决问题

批判性思维还需要学生具备良好的辩论和问题解决能力。学生可以通过辩论的方式，针对不同的观点提出自己的意见和论据，并进行论证和辩驳。同时，学生也需要学会解决问题的能力，从多个角度和方法出发，寻求可能的解决方案。

（五）反思与评估

最后，在批判性思维培养的过程中，学生需要进行反思和评估。他们可以回顾自己的思考和判断过程，检查自己的推理是否准确、评估结果是否合理等。学生还可以比较自己的思考过程和其他同学的思考过程，找到不足之处并加以改进。

第三节　培养学生的思辨能力和批判思维

　　培养学生的思辨能力和批判思维是现代语文教育的重要任务。思辨能力可以培养学生的逻辑思维和判断能力，使他们能够从多个角度审视问题。批判思维能够帮助学生对信息进行评估和分析，提高思维的深度和广度。

一、提供多样性的文本

（一）文学作品

　　文学作品是培养学生批判性思维的重要资源之一。教师可以引导学生阅读不同类型的文学作品，如小说、诗歌、戏剧等，让学生感受作者的思想和情感表达，并思考作品中的观点、论证和逻辑。学生可以通过分析作品中的人物形象、情节发展、隐喻比喻等元素，理解作者的用意和主题，并对其中的观点进行评估和判断。

（二）新闻报道

　　新闻报道是了解社会现象和问题的重要途径，也是培养学生批判性思维的有效方式。教师可以引导学生阅读不同媒体的新闻报道，包括报纸、杂志、网络等。学生需要学会辨别新闻报道中的事实和观点，评估信息的可靠性和客观性。他们可以通过对报道内容的深入分析和比较不同媒体的报道，培养批判性思维，形成独立的判断和观点。

（三）科学论文

　　科学论文是培养学生批判性思维的重要资源之一。教师可以引导学生阅读有关科学领域的论文，了解科学研究的方法、逻辑和结果。学生需要学会分析论文中的问题陈述、实验设计、数据分析等内容，评估论文的可信度和科学性。他们可以通过对不同论文的比较和讨论，培养批判性思维，思考科学知识的发展和应用。

（四）历史文献

　　历史文献是了解历史事件和人物的重要材料，也是培养学生批判性思维的有效途径。教师可以引导学生阅读历史文献，了解历史事件的背景、原因和结果。学生需要学会分析文献中的观点、论证和证据，评估文献的可靠性和权威性。他们可以通过对不同文献的比较和解读，培养批判性思维，探究历史事件的多重解释和影响。

（五）社会议题讨论

　　教师可以引导学生参与社会议题的讨论，如环境保护、教育问题、社会公平等。通过参与讨论，学生可以接触到不同人群的观点和论证，了解社会问题的复杂性和多样性。

学生需要学会分析讨论中的观点、论证和逻辑，评估不同观点的合理性和有效性。他们可以通过辩论和解决问题的实践，培养批判性思维，形成自己的立场和观点。

二、引导学生提问

（一）提问问题的目的和意义

教师可以引导学生思考提问问题的目的和意义。通过让学生思考问题背后的目标，他们可以理解提问是为了获取信息、澄清疑惑、探索问题的本质等等。同时，教师也可以强调提问的重要性，如培养批判性思维、促进自主学习、激发好奇心等等。

（二）问题的分类

教师可以引导学生了解不同类型的问题，并介绍提问的各种技巧。例如，开放性问题可以引导学生展开思考和讨论，而封闭性问题则可以检验学生对知识的掌握和理解。此外，还可以引导学生提出具体问题、假设性问题、推理性问题等等，以促进深入思考和分析能力的培养。

（三）问题的提出方式

教师可以教授学生提问的基本技巧和方法。例如，学生可以使用开放式疑问词（如何、为什么、什么原因等）来引导讨论和探究。此外，学生还可以学习提问的策略，如追问、比较、引用权威观点等等，以更好地理解问题和寻找答案。

（四）问题的引导与解答

教师可以通过提问引导学生思考，从而帮助他们找到答案。在课堂上，教师可以提出挑战性的问题，激发学生的思考和讨论。同时，教师也应该尊重学生的思考过程，鼓励他们提出自己的观点，并引导他们采用逻辑和证据支持自己的回答。

（五）问题的评估与反思

教师可以教授学生如何评估问题的质量和有效性。学生需要学会分析问题的逻辑性、清晰度和是否能引导深入思考。同时，学生还应该学会对自己的提问进行反思，了解自己的提问能力和改进的方向。

三、引导学生辩论

（一）准备辩论活动

在组织学生进行辩论活动之前，教师需要提前准备并明确辩论的主题。主题应该具有争议性和价值观不同的特点，以激发学生的思考和辩论的热情。教师还可以为学生提供相关的背景知识，引导他们对主题进行深入了解。

（二）分组与角色分配

教师可以按照一定的方法将学生分成正反两方，并分配不同的角色。例如，正方可以担任辩论题目的支持者，反方则担任质疑者。每个角色都要求学生通过合理的论据和证据来表达自己的观点，并且能够批判性地评估对方的观点。

（三）培训辩论技巧

在辩论活动之前，教师可以向学生介绍相关的辩论技巧和策略。这些技巧包括逻辑思维、论证能力、口才表达、听辨能力等。教师可以通过示范、案例分析和练习等方式，帮助学生掌握这些技巧，并在实践中不断提高。

（四）辩论活动的进行

在辩论活动中，教师可以设定一定的规则和时间限制，确保辩论的公平性和秩序。学生需要轮流发言，表达自己的观点，并对对方提出的观点进行回应和辩解。教师可以充当裁判，评估学生的表现，并给予积极的反馈和建议。

（五）总结与反思

在辩论活动结束后，教师可以带领学生总结和反思整个辩论过程。学生可以回顾自己的观点是否清晰、论述是否有逻辑性、证据是否充分等等。教师也可以引导学生讨论辩论过程中遇到的困难和挑战，并分享自己的观察和建议。

通过组织学生进行辩论活动，可以培养他们的思辨能力、批判思维和逻辑思维。辩论活动可以锻炼学生的论证能力和口头表达能力，提高他们分析问题和解决问题的能力。同时，辩论活动还可以培养学生的团队合作意识和尊重他人观点的态度。通过不断的练习和反思，学生可以逐渐提高自己的辩论能力，并将其应用到其他学习和生活中。

四、鼓励学生表达意见

（一）创建开放性的学习环境

教师应该塑造一个开放、包容和尊重多样性的学习环境，让学生可以安全和自由地表达自己的意见。教师可以倾听学生的观点，并鼓励他们积极参与讨论和互动。同时，教师要给予学生充分的时间和空间，让他们深入思考和表达自己的想法。

（二）提供引导和启发

教师可以通过提问和引导的方式激发学生的思考和表达。例如，教师可以引导学生思考某个问题的不同角度，或提出具有挑战性的观点，以促使学生深入思考，并表达自己的独立见解。教师还可以通过分享案例、故事或实际经验等方式，启发学生思考并表达自己的意见。

（三）鼓励合理辩论和交流

教师应该鼓励学生进行合理的辩论和交流，以促进思维的碰撞和观点的交流。在辩论和讨论过程中，教师要引导学生注重论据和证据的支持，以及逻辑的合理性。同时，教师应该倡导尊重他人观点的原则，鼓励学生进行有建设性的批评和对话。在交流中，学生可以从其他人的观点中获得启发，并不断完善自己的观点。

（四）提供积极的反馈和评价

教师要给予学生积极的反馈和评价，以鼓励他们持续表达意见和思考。教师可以赞赏学生的独立思考和勇于表达自己观点的勇气。同时，教师也应该提供建设性的指导和意见，帮助学生进一步完善和深化自己的观点表达能力。教师还可以提供一些书籍、文章或资源，帮助学生扩展知识和增加理解。

（五）促进自主学习和实践

除了在课堂上鼓励学生表达意见，教师还可以鼓励学生在日常生活中实践和运用自己的观点。例如，可以组织学生进行小组讨论、写作、演讲等活动，让学生有机会展示自己的观点和思考。同时，教师可以推荐一些相关的社会问题、新闻事件或学术论述，引导学生关注并表达自己的意见。

五、注重思辨能力和批判思维的训练

（一）引导学生提出问题

在语文教育中，教师可以引导学生提出问题。问题是思考的起点，学生可以从自己感兴趣的话题出发，提出自己的疑问和困惑。教师可以鼓励学生从不同角度思考问题，并激发他们深入探究和思辨的欲望。

（二）开展问题探究活动

教师可以设计问题探究活动，让学生主动参与到学习过程中。例如，布置问题探究作业，要求学生选择一个话题进行调查和研究，并撰写报告或展示成果。这样的活动可以培养学生分析问题、搜集资料、评估信息的能力，同时也激发他们对问题的批判性思考。

（三）开展情景模拟活动

情景模拟活动可以帮助学生站在不同的角色上思考问题，并进行辩论和讨论。教师可以设置一些具有争议性的话题或场景，要求学生扮演不同的人物，通过辩论的方式表达自己的观点并进行思辨。这样的活动可以激发学生的思辨能力，培养他们从多个角度思考问题的能力。

（四）设计论证写作任务

通过设计论证写作任务，可以促使学生深入思考并表达自己的观点。教师可以提供一个有争议的议题或观点，要求学生撰写一篇有说服力的论文，通过论证和分析支持自己的观点。在这个过程中，学生需要运用批判性思维，调动各种资源和知识，理性地进行论证和推理。

（五）鼓励学生评价和反思

在语文教育中，教师应该鼓励学生对自己和他人的观点进行评价和反思。学生应该学会审视自己的观点，并与他人的观点进行比较和对话。教师可以引导学生思考如何分析和评价他人的观点，以及如何反思自己的思考方式和表达方式。通过评价和反思，学生可以不断完善自己的思辨能力和批判思维。

第十二章　现代语文教学与综合素养培养

第一节　综合素养对语文教育的要求和培养

一、全面的语言能力

（一）口语能力

口语是语言表达能力的核心，也是学生与他人进行交流的重要手段。为了提高学生的口语能力，教师可以设计各种口语练习活动，如角色扮演、小组讨论、演讲比赛等。同时，教师还可以引导学生去参加英语角、开展英语晚会等实践活动，提供真实情境下的口语机会。通过这些练习和实践，学生可以提高口语表达能力、增强自信心，更好地应对日常交流和学术交流。

（二）阅读能力

阅读能力是学生获取信息和知识的重要途径，也是培养学生综合素质的重要手段。为了提高学生的阅读能力，教师可以引导学生培养良好的阅读习惯，选择适合学生水平的阅读材料，并设计相关的阅读理解和速度训练活动。同时，学生还可以通过阅读小说、报纸、杂志等各种文本来扩大阅读广度和深度，提高阅读效果。

（三）写作能力

写作能力是学生语言运用的重要方面，也是培养学生思维能力和创造力的有效手段。为了提高学生的写作能力，教师可以设计各类写作任务，如作文、写日记、写信等。在写作过程中，教师可以给予指导和反馈，帮助学生提升写作技巧和修辞能力。此外，学生还可以通过参加写作竞赛、撰写论文等方式来提高写作水平和表达能力。

二、批判性思维与问题解决能力

（一）批判性思维的培养

批判性思维是指学生通过对信息的分析、评估和推理，形成独立的观点和判断的能力。在语文教育中，教师可以通过引导学生进行深入的讨论和辩论，提供多样化的文本和资料，培养学生的批判性思维。例如，教师可以设计讨论课、辩论赛等活动，引导学生从不同角度思考问题，并提出自己的观点和支持理由。同时，教师还可以指导学生学习辩证思维方法和逻辑推理，提高他们的思维能力和分析能力。

（二）问题解决能力的培养

问题解决能是学生能够运用所学知识和技能解决实际问题的能力。为了培养学生的问题解决能力，教师可以设计各类探究式学习任务和项目，鼓励学生主动提出问题、收集资料、分析解决方案，并进行实践操作。在解决问题的过程中，教师可以起到引导和指导的作用，帮助学生理清问题的关键点，培养他们的创新思维和合作能力。此外，教师还可以引导学生进行实践活动，如社区调研、科学实验等，让学生将所学知识运用到实际情境中，提高他们的问题解决能力。

（三）多角度思考问题

为了培养学生的批判性思维和问题解决能力，教师应鼓励学生从多个角度思考问题。这包括从不同学科等多种角度来思考问题。通过多角度思考，学生可以更全面地理解问题，发现问题的深层次本质，并提出更具有创新性的解决方案。教师可以通过案例分析、文本解读、思维导图等方式来引导学生进行多角度思考，使他们形成开放、灵活的思维方式。

（四）培养创新意识和创造力

创新意识和创造力是批判性思维和问题解决能力的重要组成部分。为了培养学生的创新意识和创造力，教师可以鼓励学生提出新颖的观点和想法，鼓励他们尝试新的解决途径和方法。在学习过程中，教师可以设计创新性的任务和项目，鼓励学生进行自主探究和实践，培养他们的创造力和创新能力。同时，教师还可以引导学生学习创新的思维方式和方法，如逆向思维、联想思维等，提高学生的创新意识和创造性思维。

（五）提出合理的解决方案

批判性思维和问题解决能力的最终目标是帮助学生提出合理的解决方案。在教学中，教师应注重培养学生的逻辑思维和推理能力，使他们能够通过分析、评估和比较不同的解决方案，选择最合理和最有效的方案。教师还可以引导学生进行团队合作，让学生在小组或团队中共同讨论和解决问题，培养他们的合作精神和团队意识。通过这些方法和实践，学生可以更好地运用批判性思维和问题解决能力，提出具有创新性和可行性的解决方案。

三、良好的道德品质和情感素养

（一）培养正确的价值观和道德观念

良好的道德品质基于正确的价值观和道德观念。在语文教育中，教师应注重培养学生的道德意识，引导他们树立正确的价值观和道德观念。通过文学作品的教学，教师可以引导学生思考作品中所传递的价值观和道德观念，并与学生进行讨论和互动。同时，教师还可以通过讲授道德教育课程，引导学生了解社会公德、家庭美德、个人品德等方面的道德要求，培养学生遵守道德规范和积极向上的品质。

（二）发展良好的人际关系和社会责任感

良好的道德品质还包括良好的人际关系和社会责任感。在语文教育中，教师可以通过小组合作、角色扮演等活动，培养学生良好的人际交往能力。通过这些活动，学生可以学会倾听、尊重他人的观点，培养团队合作和沟通能力。同时，教师还可以通过社区实践、志愿者活动等方式，引导学生关注社会热点问题，培养他们的社会责任感和公民意识。通过参与社会实践，学生可以深入了解社会问题，培养他们的社会责任意识和参与能力。

（三）培养情感认知和表达能力

情感素养是综合素养中的一个重要组成部分。在语文教育中，教师应注重培养学生的情感认知和表达能力。通过文学作品的阅读和欣赏，学生可以接触到不同的情感体验和人生经历，培养他们的情感理解和同理心。教师可以通过开展情感体验活动，如情感分享、写作表达等，引导学生表达自己的情感体验，培养他们的情感表达能力。此外，教师还可以组织学生参与文学创作、戏剧表演等活动，让学生通过表演和创作来表达自己的情感和思想。

（四）培养道德判断和决策能力

良好的道德品质需要学生具备良好的道德判断和决策能力。在语文教育中，教师可以通过讨论和角色扮演的活动，引导学生思考道德问题，并提供合适的情境和案例，让学生进行道德判断和决策。教师可以引导学生分析问题的背景、利弊和影响，培养他们综合思考和权衡利弊的能力。同时，教师还可以指导学生学习道德决策的原则和方法，如利他主义、伦理学等，培养学生的道德敏感性和决策能力。

（五）全面、健康、积极的情感发展

语文教育应注重培养学生在情感上的全面、健康、积极的发展。教师可以通过丰富多样的文学作品和文本，引导学生接触不同种类的情感体验，培养他们的情感认知和情感表达能力。同时，教师还应关注学生的情感需求，提供支持和关怀，促进学生的情感健康发展。通过情感教育的实施，学生可以获得自信、积极、快乐的情感体验，提高他们的情感素质和心理健康水平。

四、综合能力的评价与培养

（一）多样化评价方式的应用

为了全面评价学生的综合能力，传统的考试与评分方式已经不再足够。应引入多样化的评价方式，包括项目评估、表演评估、团队合作评估等，以综合考查学生在知识、能力、品德和情感等方面的表现。

项目评估是一种有效的评价方式，通过给学生提供具体的任务或项目，并要求他们进行规划、实施和总结，可以测试学生的综合能力。在项目评估中，学生需要全面运用所学知识和技能，解决问题和完成任务，从而培养学生的创新思维、问题解决能力和实践能力。

表演评估是评价学生综合能力的另一种方式，通过学生的表演展示，可以考查学生的口头表达能力、情感表达能力和团队协作能力。例如，学生可以进行演讲、朗诵、演戏等表演活动，这样不仅可以锻炼学生的表达技巧，还可以培养他们的自信心和人际交往能力。

团队合作评估是一种重要的评价方式，通过学生在团队中的协作和合作能力，可以评价学生的团队意识、沟通能力和领导才能。教师可以组织学生参与团队项目，如小组研究、团队辩论等，让学生在团队中发挥各自的优势，共同完成任务，培养他们的团队合作精神和能力。

（二）个性化教学的实施

为了更好地培养学生的综合能力，教师应根据学生的个体差异和需求，采用个性化教学策略和方法。个性化教学是根据学生的兴趣、能力、学习风格等特点，量身定制的教学方法，能够激发学生的学习动力和主动性。

在个性化教学中，教师可以根据学生的兴趣和能力，提供不同层次和深度的学习任务，使学生能够根据自己的兴趣和能力进行选择和拓展。同时，教师还可以利用多媒体技术和网络资源，开设丰富多样的学习渠道，满足学生的个性化学习需求。

此外，教师还应注重学生的自主学习能力的培养，通过培养学生的自主学习习惯和方法，激发他们的学习兴趣和动力。教师可以引导学生进行独立思考、自主探究、问题解决等活动，培养学生的自主学习能力和创新精神。

（三）注重综合素质的培养

为了综合培养学生的综合能力，除了关注学科知识的传授，还应注重培养学生的综合素质。综合素质包括道德品质、社会责任感、创新能力、沟通能力等方面。

在语文教育中，教师可以通过文学作品的教学，引导学生树立正确的价值观和道德观念，培养他们的社会责任感和公民意识。同时，教师还可以促进学生的创新思维，通过开展创作活动、引导学生进行文学创作等方式，培养学生的创新能力和创造力。

另外，教师还应注重培养学生的沟通能力和合作精神。通过开展小组讨论、合作学习等活动，教师可以帮助学生提高沟通和交流能力，培养他们的团队合作精神和协作能力。

（四）定期评估与反馈

为了推动学生综合能力的全面发展，定期评估与反馈是必不可少的环节。教师可以制定综合能力评价的指标体系，并定期进行评估，对学生的表现进行全面、客观的评价。

在评估过程中，教师应采用多种评价方法，如观察记录、作业评价、学习成果展示等，综合考查学生在知识、能力、品德和情感等方面的表现。评估结果应及时向学生进行反馈，指导学生发现自身优点和不足，并制订个性化的学习计划，提出改进和进步的方向。

此外，学校和家长也应积极参与评估过程，通过家校合作，共同推动学生综合能力的培养。学校可以组织家长会、教育讲座等形式，向家长传达学生的评估结果和发展建议，促使家长与学校共同关注学生的综合发展。

（五）持续关注学生的综合发展

综合能力的培养是一个长期而复杂的过程，需要持续关注学生的综合发展。教师和学校应建立健全的跟踪机制和档案管理系统，记录学生的学习和发展情况，及时发现学生的优势和问题，并制定相应的教学和辅导方案。

同时，教师和学校应与其他学科教师进行密切合作，共同关注学生的综合发展。通过跨学科的合作和交流，可以促进学科之间的融合，提高学生的综合能力和综合素质。

五、综合素养与终身学习

（一）适应社会变革与信息时代的要求

综合素养的培养不仅关乎学生的成绩和升学，更重要的是为了帮助学生适应社会变革和信息时代的要求。当前，社会发展日新月异，科技进步迅猛，知识更新速度快。面对这样的挑战，仅仅掌握传统学科知识已经不够，更需要具备广泛的知识储备、综合的能力和灵活的适应性。

综合素养的培养可以让学生具备自主学习的能力和终身学习的意识。自主学习是指学生在独立思考、自主选择学习内容和学习方式的基础上进行学习的能力，而终身学习意识则是指学生意识到学习是一个持续终身的过程，积极主动地寻求新的知识和技能，并且能够适应不断变化的学习环境。

通过培养学生的综合素养，给予学生足够的自主权和责任感，可以激发他们的学习兴趣和动力，培养他们主动寻求知识和解决问题的能力。同时，教师也应提供适当的学习资源和引导，帮助学生掌握自主学习的方法和技巧，培养他们自我管理、自我评估和自我调整的能力。

（二）语言能力的培养

语言能力是综合素养的重要组成部分，对于学生的终身学习和发展具有重要的影响。语言能力不仅包括听、说、读、写的基础技能，还包括思维表达、批判性思维和沟通能力等方面。

通过培养学生的语言能力，可以帮助他们更好地获取和理解知识，进行有效的交流和表达。在语文教育中，教师应注重培养学生的阅读理解能力、批判性思维和创造性思维，通过多样化的阅读材料和思维训练，提高学生的思辨、分析和创新能力。

此外，教师还应注重培养学生的口头表达和写作能力，通过演讲、辩论、写作等活动，培养学生的表达能力和逻辑思维能力。语言能力的提升不仅可以加深学生对知识的理解和应用，还可以提高他们的自信心和人际交往能力，为未来的学习和工作打下坚实基础。

（三）批判性思维和问题解决能力的培养

批判性思维和问题解决能力是综合素养中的重要方面。在信息时代，想要解决复杂的问题和应对多变的挑战，就需要具备批判性思维和问题解决能力。

批判性思维是指对信息进行分析、评估和判断的能力，能够追求真理、辨别真假、发现问题和解决问题。通过培养学生的批判性思维，教师可以引导学生思考问题的多个角度，培养他们的逻辑思维和判断能力。例如，在课堂上可以通过讨论和辩论的方式，激发学生的批判性思维，锻炼他们的辩证思维和问题分析能力。

问题解决能力是指在面对问题或挑战时，能够有效地找到解决方案的能力。通过培养学生的问题解决能力，可以使他们具备探究精神、创新意识和解决实际问题的能力。在教学过程中，教师可以提供一些开放性的问题和项目，让学生主动思考并提出解决方案，并引导他们进行实践和反思，培养他们的问题解决能力。

（四）道德品质与情感素养的培养

综合素养的培养还应注重学生的道德品质和情感素养。良好的道德品质是人们正确判断和行为的基础，而情感素养则是人与人之间和人与社会之间和谐相处的关键。

通过培养学生的道德品质，可以树立正确的价值观和道德观念，使他们具备正确的行为准则和做人原则。在德育教育中，教师可以通过故事、案例、群体活动等方式，培养学生的诚信、友善、公正等道德品质，引导他们树立正确的人生观和价值观。

情感素养则是指学生对自我和他人的情感认知、表达和管理的能力。通过培养学生的情感素养，可以使他们具备自尊、自信、同理心和归属感等情感能力，在人际交往中更加成熟和自信。在教育实践中，教师可以通过情感教育活动、心理健康教育等方式，培养学生积极阳光的情感状态，提高他们的情商和个人魅力。

（五）全面发展与终身学习的目标

综合素养的培养旨在实现学生的全面发展和终身学习的目标。全面发展是指学生在知识、能力、品德和情感等方面的全面发展，而终身学习则强调学生不仅在学校期间，而且在人生的各个阶段都应保持学习的姿态，不断学习、提升和适应。

通过培养学生的综合素养，让他们具备广泛的知识、扎实的基础、灵活的思维和创新的能力，能够适应社会变革和信息时代的要求。同时，还要让学生具备自主学习的能力和终身学习的意识，不断追求知识和技能的更新和提升。

为了实现这一目标，学校和教师应以学生为中心，制定科学的教育教学方案，注重培养学生的探究能力、合作精神和创新意识，提供丰富多样的学习资源和学习机会。同时，学校和教师还应与社会和家庭密切合作，为学生提供终身学习的支持和指导。

综合素养的培养是一个系统工程和长期过程，在实践中需要不断总结和改进。通过全面培养学生的语言能力、批判性思维和问题解决能力，以及良好的道德品质和情感素养，可以帮助学生更好地面对未来的挑战，实现全面发展和终身学习的目标。这也将使他们成为具有竞争力和创造力的终身学习者，并为个人发展和社会进步做出贡献。

第二节　现代语文教育中的综合素养培养策略

一、针对性教学

（一）了解学生的个体差异和需求

在针对性教学中，语文教师首先需要全面了解学生的个体差异和需求。这包括学生的学习风格、兴趣爱好、学习能力等方面的特点。通过与学生的交流、观察和评估，教师可以获取学生的信息，并针对性地进行教学设计。

（二）制订个性化学习计划

基于学生个体差异和需求的了解，语文教师可以制订个性化的学习计划。根据学生的学习优势和困难，教师可以安排不同的教学内容和活动，在时间上进行合理分配。例如，对于学习能力较强的学生，可以提供更有挑战性的学习任务，鼓励其深入思考和扩展学习；对于学习困难的学生，可以提供更多的辅导和指导，帮助其克服困难，提高学习效果。

（三）采用多样化的教学策略和方法

针对性教学要求语文教师灵活运用多样化的教学策略和方法。根据学生的学习风格和需求，教师可以选择合适的教学策略，如讲授、示范、引导、探究等。同时，利用多种教学资源和材料，包括书籍、音视频资料、互联网资源等，丰富教学内容，增强学习的趣味性和实用性。

（四）提供个性化的学习支持

在针对性教学中，语文教师应给予学生个性化的学习支持。这包括针对学生的学习困难或挑战，提供相应的辅导和指导。教师可以与学生进行一对一的交流，了解学生的学习问题，解答疑惑，帮助他们找到适合自己的学习方法和策略。此外，还可以为学生提供额外的学习资源和材料，满足他们的个性化学习需求。

（五）定期评估和反馈

针对性教学需要定期进行评估和反馈，以检查学生的学习进展并调整教学策略。教师可以通过课堂观察、作业评价、考试成绩等方式对学生进行评估，并及时给予反馈。这样可以使学生及时了解自己的学习情况，发现问题并加以改进。同时，教师也可以根据评估结果，调整教学计划和策略，更好地满足学生的学习需求。

二、实践活动

（一）社区服务活动

语文教师可以组织学生参与社区服务活动，让他们亲身体验社会的实际问题并提供解决方案。例如，学生可以参与社区环境整治、义务劳动等活动，通过实际行动改善社区环境和提升居民生活质量。同时，教师还可以组织学生开展公益活动，如义卖、募捐等，帮助有需要的人群。通过这些活动，学生不仅可以发挥自己的力量，还能培养他们的社会责任感、团队合作能力和公民意识。

（二）实地参观活动

语文教师可以安排学生进行实地参观活动，拓宽学生的视野，让他们亲身感受社会的多样性和文化的丰富性。比如，学生可以参观博物馆、艺术展览、历史遗址等，了解不同时期和地域的文化特点。同时，可以组织学生走进工厂、企业等实地考察，了解不同行业的发展和运作方式。这样的实地参观活动可以帮助学生将所学知识与实际情境相结合，深化对知识的理解和应用能力。

（三）实验研究活动

语文教师可以组织学生进行实验研究活动，培养他们的观察力、实验设计和数据分析能力。例如，学生可以开展科学实验，验证课堂所学的科学原理；进行文学创作实践，写作诗歌、散文等文学作品；进行历史考古实践，探索历史事件和古代文化遗产。通过这些实验研究活动，学生可以探索问题、提出假设、进行实际操作和数据收集，培养他们的科学思维和创新能力。

（四）跨学科项目活动

语文教师可以与其他学科教师合作，开展跨学科项目活动。通过将不同学科的知识与技能结合起来，让学生解决复杂的实际问题。例如，可以组织学生开展环保主题的社会调查和报告撰写，涉及科学、社会学、经济学等多个学科。这样的跨学科项目活动可以培养学生的综合思维能力、合作能力和解决问题的能力。

（五）亲自体验职业活动

语文教师可以组织学生亲自体验不同职业的活动，了解职业的特点和要求。例如，可以组织学生参观医院、法庭、新闻机构等，让他们了解医生、律师、记者等职业的工作内容和技能需求。通过这样的活动，学生可以更好地规划自己的职业发展方向，了解社会的多样性和选择的机会与挑战。

三、合作学习

（一）小组讨论

语文教师可以安排学生进行小组讨论，在小组内共同探讨问题、分析文本、解决难题等。在小组讨论中，学生可以分享自己的观点和想法，并互相补充和提出问题。通过与组员互动，学生可以激发彼此的思维，拓宽自己的视野，培养批判性思维和表达能力。同时，小组讨论还可以锻炼学生的合作与领导能力，提高团队协作的能力。

（二）角色扮演

语文教师可以设计角色扮演活动，让学生通过扮演不同角色的方式深入理解文学作品或历史事件。通过扮演角色，学生可以更好地感受角色的情感、思想和行为，加深对文本的理解。同时，角色扮演也可以培养学生的表演能力、情感表达能力和团队协作能力。通过相互合作和沟通，学生可以共同完成角色扮演任务，并从中获得乐趣和成长。

（三）项目合作

语文教师可以组织学生进行项目合作，让他们在合作中完成一项任务或项目。例如，学生可以合作进行文学作品的改编、舞台剧的演出、报告的撰写等。在项目合作中，学生需要分工合作，互相协调和支持，共同解决问题。通过项目合作，学生可以培养自己的组织能力、时间管理能力和解决问题的能力。同时，项目合作还可以提高学生的创造性思维和团队协作能力。

（四）互助学习

语文教师可以鼓励学生之间相互帮助、互相学习。可以安排学生进行互助作业，让学生在完成作业的过程中相互交流和指导。此外，可以组织学生进行互助辅导，让学生有机会担任辅导员的角色，帮助其他同学解决学习难题。通过互助学习，学生可以提高自己的理解和表达能力，增强自信心，同时也能培养善于合作和分享的品质。

（五）跨年级合作

语文教师可以组织不同年级的学生进行合作学习，让他们互相学习和交流。例如，可以安排高年级学生担任低年级学生的辅导员，帮助他们解决学习问题。这样的跨年级合作可以促进学生之间的交流和互动，提高学习效果，并培养学生的责任心和领导能力。同时，跨年级合作还可以促进学生之间的友谊和团结，营造融洽的班级氛围。

四、融合评价

（一）观察评价

观察评价是一种直接观察学生在学习和生活中的表现，并根据观察结果进行评价的方式。教师可以通过观察学生的参与度、注意力集中程度、态度和行为等方面来评价学生的学习情况和综合素养。例如，观察学生在课堂上的表现，包括是否积极回答问题、与同学合作、主动参与讨论等。同时，还可以观察学生在班级和社交活动中的表现，如是否有团队合作意识、是否友善待人等。通过观察评价，可以更客观地了解学生的实际情况，发现他们的优点和不足，进而制定针对性的教学方案和提供个别辅导。

（二）口头评价

口头评价是指教师根据学生的表现和发言通过口头方式进行评价和反馈的方式。教师可以根据学生的课堂表现，包括回答问题的准确性、语言表达能力、思维逻辑等方面进行评价。同时，教师还可以通过与学生的沟通交流，了解他们对学习的理解和感受，并给予相应的指导和建议。口头评价具有及时性和针对性，可以让学生迅速了解自己的不足之处并进行改进，同时也可以增强学生的自信心和积极性。

（三）作品评价

作品评价是指根据学生的作品进行评价和反馈的方式。作品可以是学生的文章、作文、诗歌、书法作品等。教师可以针对作品的内容、结构、语言表达、创新思维、审美情趣等方面进行评价。作品评价可以促进学生对自己作品的审视和反思，激发学生的创作热情和创造力。同时，作品评价还可以培养学生的批判性思维和自主学习能力，提高他们的写作和表达水平。

（四）综合评价

综合评价是指将多种评价方式结合起来，综合考查学生的知识、能力、品德和情感等方面的表现，并形成综合评价的结果。综合评价可以包括学科知识的考核成绩、参与课堂讨论的表现、作品的质量、综合素养的发展以及社会实践等方面。教师可以根据学校和教育部门制定的评价标准，综合分析学生的各项表现，给出客观、全面的评价和建议。综合评价不仅能够了解学生的整体发展情况，还可以鼓励学生全面发展，发掘和培养他们的潜力。

（五）自我评价

自我评价是指学生对自己的学习和表现进行评价和反思的过程。教师可以引导学生进行自我评价，让他们主动思考自己的优点和不足，并提出改进的方向和方法。通过自我评价，学生可以培养自我认知和自我管理能力，提高自主学习的能力。同时，自我评价还可以增强学生的责任感和自信心，促进他们在学习中更加主动和积极。

五、其他培养策略

（一）注重批判性思维的培养

在现代语文教育中，注重培养学生的批判性思维是非常重要的一项策略。批判性思维指学生对所学内容进行深入思考、分析和评价的能力。教师可以通过让学生阅读和讨论各种文本材料，引导他们提出问题、做出判断、提供理由和证据，从而培养他们的逻辑思维和批判性思维能力。同时，教师还可以设置具有争议性的问题，鼓励学生从不同角度思考和分析，培养他们的多元化思维方式。通过注重批判性思维的培养，可以培养学生独立思考和创新思维的能力，提高他们的思维深度和广度。

（二）注重文化传承与创新的结合

语文教育不仅要传授经典文化知识，还要注重培养学生的创新意识和创造能力。教师可以通过展示经典文学作品的魅力和价值，激发学生对文化传统的兴趣和热爱。同时，教师还可以引导学生进行创作活动，如写作、演讲、戏剧表演等，鼓励他们发扬自己的创造力和想象力。此外，教师还可以引导学生对现代文化进行思考和分析，培养他们对当代社会问题的关注和思考能力。通过注重文化传承与创新的结合，可以使学生在传统文化的基础上发展个性魅力，并培养他们的创造和创新能力。

（三）注重情感教育

情感教育是培养学生综合素养的重要方面之一。语文教育可以通过文字的表达、阅读和阅读中的情感体验等途径来培养学生的情感表达能力。教师可以引导学生通过文学作品的阅读和欣赏，感受其中的情感体验，并通过写作等方式进行情感表达。同时，教师还可以组织情景模拟和角色扮演等活动，让学生体验和理解不同情感状态，培养他们的情绪管理和人际交往能力。通过注重情感教育，可以培养学生的情绪智力和情感认知能力，提高他们的情商和人际关系的处理能力。

（四）注重实践教育

实践教育是培养学生综合素养的有效途径之一。语文教育可以通过组织实践活动，如社会实践、团队协作等，让学生将所学的知识和技能应用到实际中去。例如，学生可以通过参观博物馆、写景游记等方式感受和体验语文所传递的文化魅力；学生也可以通过小组合作、演讲比赛等活动培养沟通和合作能力。实践教育可以增强学生的实际操作能力，加深对语文知识的理解和应用，促进学生的全面发展。

（五）注重个性发展

现代语文教育应注重每个学生的个性发展。教师可以通过多元化的学习方式和评价方式，充分尊重和发掘学生的个体差异。在教学过程中，教师可以根据学生的兴趣和特长设置个性化的学习任务和项目，激发他们的学习热情和动力。同时，教师还可以通过个别辅导和指导，帮助学生克服困难，发挥优势，实现个性发展。注重个性发展能够让每个学生都能够在语文教育中找到自己的定位和价值，增强他们的自信心和自尊心。

第三节　培养学生的综合能力和全面发展

一、语言能力培养

（一）口语能力培养

提高学生的口语表达能力是培养语言综合能力的关键要素之一。在语文教育中，可以通过以下方式来培养学生的口语能力：

1.口语练习：组织各类口语练习活动，如情景对话、口头作文、辩论赛等，让学生有机会运用语言进行实际交流和表达。

2.角色扮演：通过角色扮演的方式，让学生模拟不同场景下的口语表达，培养其表达能力和语言应变能力。

3.语音语调指导：针对学生存在的发音问题和语调错误，进行针对性的指导和练习，提高学生口语的准确性和流利度。

（二）阅读能力培养

培养学生的阅读能力是提高语言综合能力的重要手段之一。在语文教育中，可以通过以下方式来培养学生的阅读能力：

1.阅读指导：教师针对不同阶段的学生制订阅读指导计划，指导学生掌握不同阅读技巧和理解策略，提高阅读效率和理解水平。

2.多元化阅读材料：引导学生接触不同类型、不同领域的阅读材料，培养他们对各类文本的理解能力和扩大知识面。

3.阅读量的积累：鼓励学生进行大量的阅读，并记录、分享阅读心得，提高阅读速度和理解能力。

（三）写作能力培养

培养学生的写作能力是提高语言综合能力的关键环节之一。在语文教育中，可以通过以下方式来培养学生的写作能力：

1.写作指导：教师针对不同类型的写作任务，给予学生具体指导和范例展示，帮助学生掌握写作的结构、思路和技巧。

2.语言表达培养：通过词汇扩充、语法训练等方式，提高学生的语言表达能力和准确性，让他们能够流畅、有逻辑地表达自己的思想和观点。

3.写作实践：组织各种写作实践活动，如作文比赛、创作集会等，激发学生的写作兴趣和创造力。

二、批判性思维与问题解决能力培养

（一）思辨能力培养

思辨能力是指个体对信息、观点和问题进行深入思考、分析和评估的能力。在教育中，培养学生的思辨能力有助于提高其批判性思维和分析能力，使其能够客观、理性地看待问题并作出明智的决策。以下是培养思辨能力的方法：

1.培养逻辑思维：教授学生逻辑思维的基本原理和常用方法，引导他们分析问题的因果关系、逻辑结构和推理过程。

2.通过问题引导思考：通过提问的方式引导学生主动思考，激发他们对问题的兴趣，并培养他们提出问题和质疑的能力。

3.探究式学习：设计开放性问题和探究性活动，鼓励学生积极主动地探索和研究问题，培养他们的探索精神和自主学习能力。

4.辩论与争论：组织学生进行辩论和争论活动，让他们从不同角度思考问题，并能够理性、有条理地表达观点。

5.文献阅读和评论：指导学生进行相关文献阅读，培养他们对文献的理解和批判性思考能力，能够评估文献的可靠性和价值。

（二）问题解决能力培养

问题解决能力是指个体通过运用知识、技能和思维方式来解决实际问题的能力。以下是培养学生问题解决能力的方法：

1.启发式教学法：引导学生使用启发式思维策略解决问题，鼓励他们进行问题分解、模型建立、假设检验等过程，提高他们的问题解决能力。

2.案例分析：利用真实或虚拟的案例让学生进行分析和解决问题，帮助他们将理论知识运用到实际情境中。

3.合作学习：组织学生进行小组合作学习，让他们通过互相讨论、共享想法和经验，共同解决问题，培养团队合作和协作能力。

4.提供挑战性问题：给学生提供具有一定难度和复杂性的问题，激发他们解决问题的动力和兴趣，锻炼他们的解决问题的能力。

5.反思和总结：引导学生在解决问题的过程中反思自己的思考方式和解决策略，总结经验教训，提高他们的问题解决能力。

（三）批判性思维与问题解决能力的关系

批判性思维与问题解决能力密切相关，二者相互促进和补充。具有批判性思维能力的学生能够系统地分析和评估问题，找出问题的本质和关键因素，从而更有效地解决问题。而培养学生的问题解决能力也需要他们具备批判性思维，能够深入思考、审视问题，并运用适当的方法和策略解决问题。

（四）教育中的实践案例

在教育实践中，可以通过以下案例来培养学生的批判性思维和问题解决能力：

1.让学生参与社区问题的解决：组织学生参与社区环境保护、交通安全等问题的解决过程，帮助他们了解和分析问题，并提出解决方案。

2.进行综合性课题研究：指导学生选择一个综合性的课题进行研究，要求他们分析问题、搜集资料、表达观点，并提出解决方案。

3.设计创新性项目：鼓励学生设计和实施创新性项目，如科学实验、科技作品等，培养他们的创造力和解决问题的能力。

4.组织模拟情境活动：通过组织模拟情境活动，如模拟法庭、模拟联合国等，让学生在模拟的环境中扮演角色，锻炼其批判分析和问题解决能力。

5.阅读与讨论优秀文献：引导学生阅读和讨论优秀的科学文献、哲学著作等，培养他们的批判性思维和问题解决能力。

（五）培养批判性思维与问题解决能力的重要性

培养学生的批判性思维和问题解决能力对于他们的学习和发展具有重要意义。批判性思维能力使学生能够客观评估信息、理性思考和判断问题，避免盲从和错误决策。问题解决能力则赋予学生独立思考、分析和解决实际问题的能力，为其未来面对各类挑战提供技能和素养支持。批判性思维和问题解决能力的培养有助于学生全面发展，促进创新和创造力的培养，提高解决问题和适应变化的能力，使他们成为有思考能力和创新精神的终身学习者。

三、情感素养与价值观培养

（一）情感认知的培养

情感认知是指个体对自身情感及他人情感的认知和理解能力，包括对情感的辨别、表达和调节。培养学生的情感认知有利于提高他们的情绪管理能力，增强情感表达和情感交流的能力。以下是培养情感认知的方法：

1.情感教育课程：开设情感教育课程，教授学生关于情感的基本知识、表达技巧和情绪管理策略，帮助他们了解自己的情感，并学会理解和尊重他人的情感。

2.反思与记录：鼓励学生定期进行情感反思和记录，帮助他们认识和分析自己的情感变化和情绪状态，并找到适合自己的情感调节方式。

3.观察和分享：引导学生观察身边人的情感表达和情绪变化，鼓励他们与同学、家人和朋友分享自己的情感体验，促进情感交流和理解。

4.艺术与表演活动：组织学生参与艺术与表演类活动，如音乐、舞蹈、戏剧等，让他们通过艺术表达情感，培养情感表达和认知能力。

5.情感支持与引导：为学生提供情感支持和引导，在他们面临情感困扰或挫折时给予关注和指导，帮助他们积极应对情感问题。

（二）人际关系的培养

人际关系是指个体与他人之间的相互作用和交往关系。培养学生良好的人际关系能力有助于他们建立健康、和谐的人际关系，提高团队合作意识和社会责任感。以下是培养人际关系的方法：

1.合作学习：组织学生进行小组合作学习，让他们学会倾听、尊重他人意见，并与他人协作解决问题，培养团队合作和协作能力。

2.角色扮演：通过角色扮演活动，让学生扮演不同角色，体验不同的情境和角色关系，培养他们理解和尊重他人的能力。

3.社会实践活动：组织学生参与社区服务活动、志愿者工作等，让他们与不同背景、不同需求的人接触和合作，培养社会责任感和人际交往能力。

4.互助支持：鼓励学生在学习和生活中互相帮助和支持，培养他们关心他人、乐于助人的情感和行为习惯。

5.冲突解决：教授学生冲突解决的基本原则和技巧，帮助他们理解冲突的本质，学会以积极、合理的方式解决冲突，促进人际关系的和谐发展。

（三）价值观念的培养

价值观念是个体对事物的评价和选择准则，包括道德观念、人生观、世界观等。培养学生正确的价值观和道德观念有助于提高他们的人格品质和行为规范。以下是培养价值观念的方法：

1.德育课程：开设德育课程，教授学生关于道德与价值的基本知识和道德准则，引导他们形成正确的价值观念。

2.榜样示范：向学生介绍正面的榜样和优秀的人物，让他们学习和模仿榜样的品质和行为，培养正确的价值观念。

3.伦理研讨：组织学生进行伦理研讨活动，引导他们就道德与价值问题进行讨论和思考，培养他们辩证思维和判断能力。

4.社会实践活动：组织学生参与社会实践活动，让他们亲身体验社会问题和价值冲突，培养对社会问题的关注和正确的价值判断能力。

5.个案教学：通过引导学生分析和思考个案，讨论其中的道德与价值问题，并帮助他们形成正确的道德判断和价值评价。

（四）情感素养与价值观培养的关系

1.情感素养对于价值观培养的作用

情感素养是指个体在情感表达、情感管理、情感认知等方面的能力和素质。情感素养的培养可以促使学生更好地理解和认识自己的情感，包括情绪、情绪表达和情感体验等方面。通过情感素养的培养，学生能够学会正确的情感表达方式和情感管理方法，不仅能够更好地处理自己的情感问题，还能够增进与他人的交流和合作，培养良好的人际关系和合作精神。这些情感素养的培养为学生的价值观培养提供了基础。

2.价值观培养对于情感素养的作用

价值观是人们对于事物和行为的评价标准和追求目标。培养正确的价值观和道德观念对于个体的情感表达和情感管理起着重要的规范作用。当个体具有正确的价值观时，他们在面对情感冲突和困惑时，能够通过价值观的引导来选择正确的情感表达方式和情感管理策略。例如，在遇到挫折和困难时，培养了坚韧和乐观价值观的学生会更加积极、乐观地应对困境，从而保持积极的情感状态。此外，价值观还能够规范个体的行为习惯，使他们在情感表达和人际交往中展现出积极的道德品质和价值追求，培养真正有益于个人和社会的情感素养。

3.情感素养促进价值观培养的途径

情感素养的培养可以通过以下途径促进价值观的培养。首先，情感体验是培养价值观的重要途径之一。通过让学生体验和感受不同情感状态，如喜悦、悲伤、愤怒等，可以让他们更深入地认识自己的情感，同时也能够理解他人的情感，从而培养对他人的关爱、尊重和理解。其次，通过情感交流和情感共鸣，学生能够互相分享情感，并通过相互倾听、理解和支持来培养友善、合作和共享的价值观。最后，情感素养的培养也需要教师的引导和示范。教师在课堂上可以通过情感教育的方式，引导学生认识和管理自己的情感，培养他们对他人的关心和理解，同时也要以身作则，成为学生良好情感素养和价值观培养的榜样。

4.价值观培养促进情感素养的途径

价值观的培养可以通过以下途径促进情感素养的发展。首先，培养正确的价值观可以规范情感表达和行为习惯。当个体具有正确的道德标准时，他们在情感表达和人际交往中会更加注重自己的言行举止，表现出诚实、善良、宽容等正面情感特质。其次，通过培养正面的价值观，学生能够更好地处理情感困扰和冲突。例如，培养了友善和合作的价值观的学生，在与他人的冲突中更能够保持冷静和克制，寻求和平解决问题，从而避免因情感冲突而产生不良后果。最后，正确的价值观也能够促进学生对自己的情感进行评价和反思，从而培养他们的情感认知和情感智慧。

5.情感素养与价值观培养的综合目标

情感素养和价值观培养是相互关联和相辅相成的，二者共同构成了个体的心理与道德发展的重要内容。通过情感素养的培养，个体能够更好地理解和表达情感，培养良好的人际交往能力，为正确的价值观培养提供情感基础和情感体验。而通过价值观的培养，个体能够规范自己的情感表达和行为习惯，使情感表达和人际交往更加符合社会道德规范。因此，综合来看，情感素养和价值观培养是相辅相成的，共同促进个体的全面发展。

（五）培养情感素养与价值观的重要性

1.培养情感素养的重要性

情感素养是个体在情感表达、情感认知和情感管理等方面的能力和素质。培养学生的情感素养具有以下重要性：

促进情绪管理能力：情感素养的培养可以帮助学生更好地了解和管理自己的情绪，包括积极情绪和负面情绪。学会正确处理情绪有助于提高学习和工作效率，减少冲动行为和消极情绪对心理健康的影响。

提升情感表达能力：培养情感素养可以让学生学会用适当的方式表达自己的情感需求和想法，从而有效地与他人进行沟通和交流。良好的情感表达能力有助于建立良好的人际关系和增进社交能力。

发展情感认知能力：通过培养情感素养，学生能够更深入地认识自己的情感，了解情感对思考、决策和行为的影响。情感认知能力的提升有助于学生更好地理解他人的情感，增加对他人的关爱和尊重。

培养社会适应能力：情感素养的培养可以增加学生的社会适应能力，使其能够更好地适应社会环境和人际关系的变化。学生具备良好的情感素养，能够更好地与他人合作、沟通和解决冲突，提升自身的社会交往能力。

培养积极心态和幸福感：通过培养情感素养，学生可以学会积极应对挫折和困难，保持乐观的心态。拥有良好的情感素养可以增加学生的幸福感和生活质量，培养积极向上的人格特质。

2.培养正确价值观的重要性

价值观是对事物和行为的评价标准和追求目标，是个体思想意识和行为的指导原则。培养学生正确的价值观具有以下重要性：

塑造良好的道德品质：价值观的培养有助于引导学生树立正确的道德观念和行为准则，使其具备道德修养和守法意识。学生具备正确的价值观，能够更好地判断事物的是非、美丑和好坏，遵守社会道德规范，形成良好的道德品质。

促进人格健康发展：培养正确的价值观有助于学生形成健康、和谐的人格。正确的价值观能够引导学生正确认识自己、接纳自己，并树立积极的自我形象和自尊心，增强自信心和自我肯定感。

培养社会责任感：正确的价值观能够培养学生的社会责任感和公民意识。学生具备正确的价值观，能够关注社会问题，热心公益事业，主动承担社会责任，为社会发展做出贡献。

引导正确的行为选择：正确的价值观能够引导学生做出正确的行为选择，避免陷入不良行为和道德困境。通过价值观的指导，学生能够明辨是非，选择符合社会价值观的行为，树立正确的人生目标和追求。

3.情感素养和价值观培养的综合意义

培养学生的情感素养和价值观不仅有助于个体的全面发展，还对社会和国家的发展具有重要意义。

培养社会和谐稳定：情感素养和价值观的培养有助于促进个人与个人、个人与社会之间的和谐关系，减少冲突和矛盾。社会中具备良好情感素养和正确价值观的人群，能够形成良好的社会氛围，促进社会的和谐稳定。

促进公民素质提升：培养情感素养和价值观有助于提高学生的公民素质和社会责任感。具备良好情感素养和正确价值观的公民能够更好地履行公民义务，积极参与社会事务，推动社会进步和发展。

培养创新创造能力：情感素养和价值观的培养有助于激发学生的创新创造能力和创业精神。具备情感素养的个体能够更加积极乐观地面对挑战和困难，具备正确价值观的个体能够发现和解决社会问题，推动社会创新和进步。

促进国家形象提升：培养学生的情感素养和正确价值观对于国家形象的提升具有重要意义。具备良好情感素养和正确价值观的公民能够以积极、友善和专业的态度代表国家，形成国家的良好形象，提升国际声誉和地位。

第十三章　现代语文评价体系与教学反馈机制

第一节　评价体系在语文教育中的意义

一、评价体系帮助教师了解学生的学习情况和水平

评价体系在语文教育中的一个重要功能是帮助教师了解学生的学习情况和水平。通过评价体系，教师可以收集并分析学生的学习成绩、作业表现、课堂参与等信息，了解学生掌握知识的程度、运用能力和学习态度等方面的情况。这些信息有助于教师全面了解每个学生的学习特点和需求，对症下药地进行教学计划和教学设计。例如，对于已经掌握较好的学生，教师可以通过拓展性的教学内容和活动来挑战他们；而对于需要进一步巩固的学生，教师可以针对性地进行辅导和巩固训练。

二、评价体系提供反馈信息

评价体系还可以提供给学生和家长反馈信息，帮助他们了解学习进展和不足之处，调整学习策略和方法，以提高学习质量。学生和家长可以通过评价结果了解自己在语文学习中的强项和薄弱点，从而根据反馈信息制订学习计划，调整学习策略和方法。例如，对于阅读理解能力较弱的学生，可以增加阅读量和训练频率，注重阅读技巧的培养；对于写作表达能力较弱的学生，可以提供写作指导和范文示范，帮助他们提升写作水平。

三、评价体系促进教育公平

评价体系的科学性和客观性可以促进教育公平。通过以能力为导向的评价，减少主观因素对评价结果的影响，确保评价结果能够真实反映学生的能力和水平。这种公正的评价标准可以提高学生的学习动力，激发他们的学习热情和自信心。学生们知道自己在公平的评价下取得的成绩是真实的，他们会更有动力去追求更高的目标，同时也会更加自信。

四、评价体系促进教师专业发展和教学品质提升

评价体系为教师提供了一个反思和改进的机会，促使教师不断反思自己的教学方法和策略，根据评价结果来调整教学计划和教学设计，提升教学质量和效果。教师可以通过分析评价结果，了解学生对教学内容的掌握情况、学习过程中的困难和问题等，及时进行教学调整和改进，提高教学的针对性和有效性。

五、评价体系促进学生自主学习和发展

评价体系可以激发学生的自主学习意识和能力。通过评价结果，学生能够认识到自己的学习问题和不足之处，从而主动寻找学习资源和方法，进行自主学习。评价也可以引导学生主动参与学习过程，培养他们的学习兴趣和学习动力，提高学习效果。

第二节　现代语文教育中的评价方法和工具

现代语文教育中有多种评价方法和工具可供选择。具体的评价方法和工具应根据教育目标和教学内容来确定，下面列举几种常见的评价方法和工具。

一、笔试和口试

（一）笔试

笔试是一种常见的评价方法,通过书面形式测试学生对语文知识和技能的掌握程度。在语文教育中，笔试可以采用选择题、填空题、阅读理解等形式，涵盖语言运用、阅读理解、写作等方面内容。

优点：

1.相对客观：笔试题目通常具有明确的答案或标准答案，评分相对客观。

2.考查广泛：笔试能够覆盖不同的学习内容和技能要求，对学生的整体语文水平进行评价。

3.量化分析：笔试的评分依据可以量化，方便教师和学生对学习成绩进行比较和分析。

缺点：

1.应试倾向：笔试偏重于学生对知识点的记忆和应试技巧的掌握，容易忽略学生的创新思维和实践能力。

2.时间限制：笔试常常需要在有限的时间内完成，可能造成学生在表达和思考过程

中的压力，影响发挥。

（二）口试

口试是一种以口头形式进行的评价方法，主要用于考查学生的口语表达能力和听力理解能力。在语文教育中，口试可以采用对话、朗读、演讲等形式进行评估。

优点：

1.语言表达：口试能够全面考查学生的口语表达能力，包括发音、流利度、语法、词汇使用等方面。

2.听力理解：口试可以测试学生对听到的信息的理解和反应能力。

3.实际应用：口试能够更贴近实际语言使用场景，培养学生的交际能力和语境适应能力。

缺点：

1.主观性：口试评价受到评委主观意识和个人偏好的影响较大，难以保证评价的客观性。

2.评分标准不统一：不同的评委对口语表达的要求和评分标准可能存在差异，导致评分结果不一致。

二、作业和课堂表现评价

（一）作业评价

作业评价是通过对学生书面作业的审核和评估,来评价学生在语文学习中的参与度、积极性和表现水平。作业评价可以包括以下四个方面：

1.完成情况：评价学生是否按时完成作业，是否完成了作业要求的内容。这能够反映学生的学习态度和自律能力。

2.准确性：评价学生的答案是否准确、合理，并对错误进行指导和纠正。这能够反映学生的语文知识掌握程度。

3.内容质量：评价学生在作业中是否能够运用所学知识，进行思考和分析，提供合理的论证和观点。这能够反映学生的思维能力和应用能力。

4.语言表达：评价学生的作文是否清晰、连贯、有逻辑性，并对语法、拼写、标点等进行评价。这能够反映学生的语言表达能力。

优点：

1.反映学生的学习态度：作业评价能够直接反映学生对学习的态度和积极性，促使学生主动参与学习。

2.真实性：作业评价直接观察学生在独立完成任务时的水平和能力，具有一定的客观性。

缺点：

1.主观性：作业评价中评价标准容易受到教师主观意识和个人喜好的影响，难以保证评价的客观性。

2.时间限制：教师往往需要在有限时间内批改大量学生作业，可能在评改过程中出现急功近利和不够细致的情况。

（二）课堂表现评价

课堂表现评价是通过观察学生在课堂上的表现进行评价，包括参与度、积极性、互动和表现水平等方面。课堂表现评价可以包括以下四个方面：

1.参与度：评价学生在课堂上的主动参与程度，包括回答问题、提问、讨论等。这能够反映学生的学习积极性和自信程度。

2.表达能力：评价学生在课堂上的言语表达能力，包括语言流利度、用词准确性和逻辑思维能力。这能够反映学生的口头表达能力。

3.合作和互动：评价学生与他人合作和互动的能力，包括与同学讨论、小组合作等。这能够反映学生的协作能力和团队意识。

4.态度和纪律：评价学生在课堂上的态度和纪律，包括认真听讲、尊重他人、遵守纪律等。这能够反映学生的学习态度和行为规范。

优点：

1.直接观察：课堂表现评价可以直接观察学生在课堂上的表现，反映学生的参与度和积极性。

2.综合能力：课堂表现评价能够综合考查学生的语言表达能力、合作能力和思维能力。

缺点：

1.主观性：评价学生的课堂表现容易受到教师主观意识和个人偏好的影响，导致评价结果不够客观。

2.时间限制：教师在繁忙的课堂环境中很难全面观察和评价每个学生的表现。

三、项目评价

（一）项目评价的优点

1.综合能力评价：项目评价能够全面地评价学生的综合能力，包括语言运用能力、创新能力、表达能力、批判思维能力等。通过完成项目任务，学生需要综合运用所学知识和技能，展示自己的能力。

2.实践能力培养：项目评价注重学生的实际操作和实践能力，鼓励学生主动参与实际任务的解决过程。这有助于学生将所学的理论知识应用到实际情境中，并培养解决问题的能力。

3.创新思维发展：项目评价鼓励学生在任务完成过程中展示创新思维，挖掘自己的创造潜力。学生可以提出新颖的观点、富有创意的解决方案，体现自己的独立思考和创造能力。

4.学科融合：项目评价可以跨学科进行，促进不同学科之间的整合。比如，在语文项目评价中，可以结合艺术、历史等多个学科的内容，使学生在跨学科的任务中进行学习和实践。

（二）项目评价的局限性

1.时间和资源消耗：项目评价需要较长的时间周期和充足的资源支持。教师需要设计任务、指导学生、评估结果等，这需要投入大量的时间和精力。

2.个体差异和主观性：项目评价容易受到学生个体差异的影响，不同学生的表现往往难以进行直接比较。同时，评价标准和结果也容易受到教师主观意识的影响，缺乏客观性和一致性。

3.难以大规模应用：由于时间和资源的限制，项目评价难以在大规模场景中应用。在人数较多或时间紧迫的情况下，项目评价可能无法涵盖所有学生，或者只能选取部分学生进行评价。

4.评价结果的可操作性：项目评价的结果通常是复杂的、开放式的，难以进行定量化和标准化。这给教师提供了更多的信息，但同时也增加了评价结果的解读和处理的难度。

四、个案评价

（一）个案评价的优点

1.个性化评价：个案评价能够针对每个学生的学习特点和需求进行评价，了解他们的优势和困难之处。通过对学生个体差异的精细观察和分析，可以更准确地评估学生的学习水平和进展情况。

2.个体化指导：基于个案评价的结果，教师可以为每个学生制订个性化的学习计划和指导方案。这样能够更好地满足学生的学习需求，提供有针对性的教学和辅导。

3.积极参与：个案评价注重学生的主动参与和自主学习。通过观察和记录学生的学习过程，教师可以鼓励学生思考问题、发现问题，并培养他们的学习动力和自我调控能力。

4.反馈及时性：个案评价可以及时向学生和家长反馈学习进展和问题。教师可以根据评价结果与学生和家长进行沟通，共同制定改进方案，更好地促进学生的学习发展。

（二）个案评价的局限性

1.教师要求高：个案评价需要教师具备较强的观察、记录和分析能力。教师需要细致地观察学生的学习行为和表现，记录相关数据，并进行综合分析。这对教师的专业素养和技能提出了较高要求。

2.时间消耗大：个案评价需要更多的时间投入，包括观察、记录、分析和与学生、家长的沟通等。这对于教师来说可能增加了工作负担，难以在有限的时间内全面评价每个学生。

3.主观性影响：个案评价容易受到教师主观意识的影响，评价结果可能存在一定的主观性。不同教师可能有不同的评价标准和认知偏差，导致评价结果的不一致性。

4.效果难以量化：个案评价的结果通常是针对个体学生的详细描述和分析，难以进行定量化和标准化。这给教师提供了更多的信息，但同时也增加了评价结果的解读和处理的难度。

五、反思评价

（一）反思评价的优点

1.学习自觉性：通过进行反思评价，学生能够主动思考和分析自己的学习过程，了解自己的学习情况。这有助于培养学生的学习自觉性和主动性，提高他们对学习的积极性和主动性。

2.批判性思维：反思评价鼓励学生在学习中形成批判性思维能力。通过对学习过程的反思和分析，学生可以提出问题、挑战现有观点，并寻找解决问题的新途径和方法。

3.自我调节能力：反思评价帮助学生了解自己的学习需求和困难之处，培养他们的自我调节能力。学生可以根据反思评价的结果，制定具体的学习目标和计划，并采取相应的措施进行学习调整和改进。

4.学习交流与合作：反思评价可以促进学生之间的学习交流和合作。学生通过参与学习小组讨论、分享学习经验等方式，互相学习和帮助，共同提高学习效果。

（二）反思评价的局限性

1.自我评价能力：反思评价需要学生具备一定的自我反思和表达能力。有些学生可能缺乏对自己学习的深入思考和自我评价的能力，需要教师提供适当的指导和支持。

2.主观性影响：反思评价容易受到学生主观意识和认知偏差的影响，评价结果可能存在一定的主观性。学生的评价结果可能受到个人情绪、心态和经验的影响，不一定能客观准确地反映学习情况。

3.时间消耗大：反思评价需要学生花费较多的时间进行思考、整理和表达。对于学生来说，可能需要额外的时间投入，导致学习任务的增加。

4.评价结果的使用：反思评价的结果通常是学生自我评价和反思的文本或记录，难以进行定量化和标准化。这给教师提供了更多的信息，但同时也增加了评价结果的解读和处理的难度。

第三节　教学反馈机制对语文教学的改进和提升

教学反馈机制对语文教学的改进和提升具有重要意义。教学反馈可以及时了解学生的学习情况和表现，帮助教师调整教学方法和策略，提供更有效的教学支持。同时，教学反馈还可以帮助学生意识到自身的学习问题和不足之处，调整学习策略和方法，提升学习效果。以下是教学反馈机制对语文教学的改进和提升的几个方面。

一、个性化教学

（一）个性化教学方案

教学反馈机制可以为每位学生提供个性化的教学方案。通过收集学生的学习表现和成果，教师可以了解每个学生的学习特点、弱点和需求。根据这些信息，教师可以针对性地设计个性化的教学计划，为学生提供符合他们学习能力和兴趣的学习任务和活动。例如，对于某些学生在阅读理解方面有困难的问题，教师可以针对其阅读速度、阅读理解能力等进行个别辅导和指导，让学生更好地掌握阅读技巧和策略。

（二）个性化学习资源

教学反馈还可以帮助教师为学生寻找适合他们的个性化学习资源。通过观察学生的学习表现和反馈，教师可以发现学生对特定学习资源的偏好，例如多媒体、图书、互动软件等。教师可以根据学生的喜好和需求，选择适合他们的学习资源，提供更丰富、多样化的学习材料，以激发学生的学习兴趣和主动性。

（三）个性化学习策略

教学反馈还可以帮助教师为学生设计个性化的学习策略。通过了解学生的学习表现和困难，教师可以根据学生的学习特点和需求，为他们提供适合的学习策略和方法。例如，对于一些学生在语文写作方面有困难的问题，教师可以针对其写作素材的积累、写作逻辑的构建等方面进行具体的指导和辅导，帮助他们提升写作水平。

（四）个性化学习反馈

教学反馈机制可以为每个学生提供个性化的学习反馈。通过针对性地分析学生的学习表现和成果，教师可以为学生提供具体的反馈和评价，指导他们改进学习方法和提升学习效果。例如，教师可以通过批改学生的作业、进行小组讨论等方式，向学生提供具体的指导和建议，让他们了解自己的学习进展和不足之处，并进行相应的调整和提升。

（五）个性化学习辅导

教学反馈机制可以为学生提供个性化的学习辅导。通过观察和分析学生的学习表现和反馈，教师可以发现学生在某些知识点或技能方面的困难，并为他们提供专门的辅导和支持。例如，对于一些学生在语文阅读理解方面有困难的问题，教师可以通过组织小组讨论、进行一对一辅导等方式，帮助学生理解文章内容、掌握阅读技巧，从而提升阅读理解能力。

二、教学质量提升

（一）教学效果评估

教学反馈可以通过收集学生的学习表现和成果，帮助教师评估教学效果。教师可以根据学生的学习成绩、考试结果、作业完成情况等信息，了解学生对知识掌握的情况，判断教学是否达到了预期的目标。通过教学反馈，教师可以及时发现教学中存在的问题和不足之处，进一步优化教学内容和方法，提升教学的质量和效果。

（二）教学调整与改进

教学反馈可以帮助教师及时进行教学调整和改进。通过观察学生的学习表现和反馈结果，教师可以了解学生对教学内容的理解程度，发现学生的薄弱环节和困惑点，从而针对性地进行教学调整。教师可以根据学生的需求和反馈结果，调整教学内容的难易程度、教学方法的灵活运用等，让学生更好地理解和吸收知识，提高学习效果。

（三）教学中的盲点补充

教学反馈可以帮助教师发现教学中的盲点，并及时进行补充和强化。通过收集学生的问题和困惑，教师可以了解学生对知识点的理解程度和存在的疑问。教师可以根据学生的反馈，针对性地进行讲解和解答，填补学生对某个知识点的理解盲区，确保学生对知识的全面掌握。同时，教师还可以通过引导学生提出问题和讨论，激发他们的学习兴趣和思考能力。

（四）教学方法的优化

教学反馈可以帮助教师优化教学方法。通过观察学生在学习过程中的表现和反馈，教师可以了解学生的学习风格和喜好。教师可以根据学生的学习特点和反馈结果，灵活运用不同的教学方法和手段，以满足学生的学习需求。例如，对于一些学生更适合听觉学习的情况，教师可以增加课堂听觉教学内容，提供相关的音频资料等；对于一些学生需要实践操作的情况，教师可以采用实验、实地考察等形式，丰富学习方式，提升学习效果。

（五）教学反思与专业发展

教学反馈可以促使教师进行教学反思和专业发展。通过观察学生的学习表现和反馈结果，教师可以反思自己的教学方法和策略，发现自身在教学中的不足之处，并积极寻求改进和提升。教师可以通过参加教育培训、研究教育理论、与同行交流等方式，不断提高自己的教育水平和教学能力，以优化教学质量，为学生提供更好的教育服务。

三、学习动力激发

（一）认可和赞扬

教学反馈可以通过认可和赞扬，激发学生的学习动力。当学生在学习中取得进步或者有出色的表现时，教师可以及时予以赞扬和认可。这种正向的反馈可以让学生感到自己的努力得到了肯定和鼓励，从而激发他们的学习动力。教师可以通过口头的表扬、写在作业本上的鼓励语言等方式，让学生感受到自己的价值和能力，在学习上保持积极的态度和主动性。

（二）目标设定和挑战性任务

教学反馈可以帮助教师设定学习目标和提供挑战性任务，激发学生的学习动力。通过观察学生的学习表现和反馈结果，教师可以了解到学生的学习水平和潜力。根据学生的能力和需求，教师可以制定适宜的学习目标，并提供具有一定难度和挑战性的学习任务。学生在完成这些任务的过程中，会感受到自己的成长和进步，激发起学习的愿望和动力。

（三）兴趣引导和个性化学习

教学反馈可以帮助教师发现学生的兴趣和特长，并进行个性化的学习指导，激发学生的学习动力。通过观察学生的学习兴趣和倾向，教师可以根据学生的个性和喜好，设计相应的学习活动和内容。通过满足学生的兴趣和需求，让学习更具吸引力和意义，从而激发学生的学习热情和动力。

（四）建立合作与竞争氛围

教学反馈可以帮助教师建立合作与竞争氛围，激发学生的学习动力。在教学过程中，教师可以借助教学反馈，组织学生进行小组合作和团队竞争。通过合作学习，学生可以相互帮助和协作，分享知识和经验，提高学习效果。同时，通过竞争学习，学生可以督促和激发彼此的学习动力，追求进步和优秀。这样的合作与竞争氛围可以让学生感受到学习的乐趣和刺激，提高学习的主动性和积极性。

（五）建立学习目标与现实生活联系

教学反馈可以帮助教师将学习目标与现实生活联系起来，激发学生的学习动力。通过对学习内容的解释和示范，教师可以向学生展示学习知识的实际应用场景和价值。学生可以意识到学习对他们个人和社会的重要性，并愿意主动参与学习。通过将学习目标与现实生活联系起来，学生可以更好地理解和接受学习任务，增强学习的动力和动机。

四、学生自主学习

（一）自我评估和反思

教学反馈可以帮助学生进行自我评估和反思，从而激发他们主动进行学习调整和改进。学生可以结合教师的反馈结果，对自己的学习情况进行全面的评估，找出自己的学习问题和不足之处。通过反思自身的学习过程和方法，学生可以认识到自己在学习中存在的困难和需要提升的能力。这样的自我评估和反思可以激发学生主动寻找解决问题的办法和策略，提高自主学习的能力。

（二）学习目标和计划制定

教学反馈可以帮助学生制定个性化的学习目标和计划，激发他们主动进行学习调整和改进。通过分析教师的反馈结果，学生可以了解到自己在各个学习领域的薄弱环节和需要提升的能力。学生可以根据这些反馈结果，制定具体、可操作的学习目标，并制定相应的学习计划。制定学习目标和计划可以让学生更加有目标地进行学习，并且在学习过程中有所依据和指导，提高自主学习的效果。

（三）学习资源和工具选择

教学反馈可以帮助学生选择适合自己的学习资源和工具，激发他们主动进行学习调整和改进。学生可以根据教师的反馈结果，了解到自己在某些知识点或技能上的不足，然后主动寻找相关的学习资源和工具来填补这些空缺。例如，学生可以借助图书馆的书籍、网络上的电子资源、教育类视频等来扩充自己的知识储备和学习资料。选择适合自己的学习资源和工具可以提高学习的效率和质量，培养学生根据需求主动获取知识和信息的能力。

（四）学习小组和互助活动参与

教学反馈可以鼓励学生积极参与学习小组讨论和互助活动，激发他们主动进行学习调整和改进。通过分析教师的反馈结果，学生可以了解到自己在某些方面的不足，而其他同学可能具备相关的知识和经验。学生可以主动与其他同学组成学习小组，进行课后讨论和学习互助。通过与同学的相互交流和合作，学生可以获取更多的学习资源和信息，提高自己的学习水平和能力。学习小组和互助活动的参与可以培养学生的合作精神和团队意识，促进自主学习的发展。

（五）学习成果展示和反馈接受

教学反馈可以鼓励学生展示自己的学习成果，并接受他人的反馈，激发他们主动进行学习调整和改进。学生可以通过各种形式的学习成果展示，如写作、演讲、实践项目等，来展示自己在学习中的成果和收获。同时，学生也应该接受他人的评价和反馈，包括教师和同学的意见和建议。这样的学习成果展示和反馈接受可以让学生从他人的角度看待自己的学习，发现自身存在的问题和不足，从而主动进行学习调整和改进。

五、教育公平

（一）客观评价和减少主观因素的干扰

教学反馈机制可以通过客观、科学的评价方式，减少主观因素对学生评价的干扰，为教育提供公平的评价标准和依据。教学反馈可以基于学生实际的学习表现和成果进行评价，而不是仅仅依靠主观印象或个人喜好。教学反馈可以采用多种评价工具和方法，如考试、作业、实践项目等，以客观地评估学生的学习水平和能力。同时，教师应该遵循公正、透明的原则，确保评价过程的公正性和可信度，避免主观偏见对学生评价的影响，实现教育公平。

（二）发现学生差异并提供针对性支持

教学反馈可以帮助教师发现学生之间的差异，并设计相应的教学策略和措施，提供针对性的支持。通过分析教学反馈结果，教师可以了解到学生在学习中的问题和困难，并发现学生之间的差异。这些差异可能是因为学生的基础知识不同、学习风格不同或其他原因造成的。教师可以根据这些差异，设计不同层次和内容的教学活动，提供个性化的学习支持，帮助学生克服困难，实现学习目标。通过这样的针对性支持，教育可以更好地满足学生的个体差异，促进教育公平。

（三）提供及时反馈和指导

教学反馈可以及时向学生提供反馈和指导，帮助他们纠正错误，改进学习方法，提高学习效果。教学反馈应该具体、明确，指出学生在学习中存在的问题和不足，同时给予建设性的指导和建议。通过及时反馈和指导，学生可以了解到自己的不足之处，并得到相应的指导，及时调整和改进学习方法，提高学习效果。及时反馈和指导可以避免学生在学习过程中积累错误或形成不良习惯，促进学习的公平性和有效性。

（四）鼓励学生参与和合作

教学反馈可以鼓励学生积极参与学习活动和合作，促进教育公平。通过分析教学反馈结果，学生可以了解到自己在学习中的优势和不足，从而主动参与学习活动和合作。学生之间的学习合作可以促进知识和信息的交流，促进学习成果的共享，提高学习的效果和质量。同时，学生之间的学习合作也可以培养学生的合作能力和团队意识，增强彼此之间的互助和支持，促进教育的公平性和机会均等。

（五）促进学生自主学习和发展

教学反馈可以激发学生的自主学习意识和能力，促进教育的公平性。通过分析教学反馈结果，学生可以了解到自己在学习中的不足和需要改进的地方。学生可以根据这些反馈结果，自主地探索和选择适合自己的学习资源和方法，积极调整和改进学习策略。这样的自主学习过程可以让学生更加主动地掌握学习的权利和机会，提高学习的效果和质量，实现教育的公平性。

第十四章　现代语文教学与教师专业发展研究

第一节　教师专业发展对现代语文教育的支持和推动

一、教师专业发展的重要性

（一）提升教师的教学能力

现代语文教育要求教师具备扎实的学科知识和教学技能，能够灵活运用各种教学策略和方法。教师专业发展可以通过专业学习和培训，提高教师的教学水平，使其能够更好地帮助学生掌握语文知识和提高语文素养。

（二）提供教师专业成长的机会

教师专业发展是一个不断学习和成长的过程。通过参加专业学习和培训，教师可以与同行交流经验、分享教学实践，不断丰富自己的教学理念和方法。同时，教师还可以参与教学研究和反思，不断改进自己的教学策略和方法。

（三）提升教师的创新能力

现代语文教育需要教师具备创新意识和创新能力，能够开展多样化和个性化的教学活动。教师专业发展可以通过专业学习和培训，使教师了解国内外语文教育的最新发展，并掌握先进的教学理念和方法，从而更好地促进教学创新和改革。

（四）提升教师的教育素养和职业道德

教师专业发展不仅关注教师的学科知识和教学能力，还注重教师的道德修养和教育情怀。通过专业学习和培训，教师可以加强对教育伦理和职业道德的认识，提升自己的教育责任感和使命感，更好地履行教师的职业使命。

（五）适应社会变化和教育需求

随着社会的不断变化和发展，语文教育所面临的挑战也在不断增加。教师专业发展可以使教师不断更新自己的知识和教学方法，以适应这些变化。只有不断提升自身的专业发展水平，教师才能够更好地应对社会的变化和教育的需求。

二、专业学习和培训

（一）参加教育部门组织的教师培训活动

教师可以通过参加教育部门组织的各级教师培训活动来提升自己的教学能力和专业素养。这些培训活动通常由专业的培训机构或有丰富教学经验的教师担任讲师，内容涵盖语文学科的相关知识和教学方法。教师可以通过参加这些培训活动，了解最新的教育政策和教学理念，同时获取系统的学科知识和教学技能。教育部门会根据教师的需求和学科发展的要求，定期组织不同层次、不同形式的培训活动，供教师选择参加。

（二）参与学校组织的教研活动和教学观摩

学校可以组织教师开展教学研究，分享教学经验和教学资源，以促进教师的专业交流和共同成长。教研活动可以通过教研组、学科组等形式进行，教师可以结合自身的教学实践，选择感兴趣的教育研究课题，进行系统的研究探索。同时，学校还可以组织教师之间的教学观摩活动，教师可以互相邀请观摩优秀的教学课堂，借鉴他人的教学经验和教学模式，进一步提升自己的教学水平。

（三）参加学术交流会和研讨会

教师还可以通过参加学术交流会和研讨会，与国内外专家学者进行深度交流。这些学术交流活动提供了教师深入学习和探讨语文学科的机会，不仅可以了解最新的研究动态和理论成果，还可以与专家学者进行面对面的交流和探讨，拓宽教师的学科视野和思维方式。教师可以通过参加学术交流会和研讨会，了解前沿的教育思想和研究成果，提高自己的学术素养和教育理论水平。

（四）参加学校或地区组织的教师研修班

学校或地区可以组织教师参加研修班，引进一线教育专家，为教师提供系统的专业培训。这些研修班通常以学科教学的前沿问题为主题，包括相关理论知识、实践经验分享等内容。教师可以通过参加这些研修班，系统学习和掌握学科教学的最新理论和方法，提高自己的教学能力和教育水平。

（五）参加在线学习和继续教育

教师还可以通过参加在线学习和继续教育活动来进行专业学习和培训。现代技术的发展使得在线学习变得更加便捷和灵活，教师可以通过网络平台获取各类教育资源和学习课程。同时，教师还可以通过继续教育加强自身素质的提升，参加各类学历或非学历培训项目，不断丰富自己的知识结构和教育技能。

三、学科专业发展

（一）扎实的语文学科知识体系

作为语文教师，掌握扎实的语文学科知识体系是非常重要的。教师应该对汉字的起源与演变有清晰的认识，了解词汇的使用和表达方式，熟悉语法的规范和应用，掌握修辞手法和符号的运用等。此外，教师还应该深入了解中国古代文学、现代文学、少数民族文学等不同类型的文学作品，理解其中的文化内涵和艺术特点。

（二）关注语文学科的最新发展

语文学科是不断进步和发展的学科，教师应该关注国内外语文教育领域的最新研究成果和教学模式。教师可以通过参加学术研讨会、阅读专业期刊和书籍、浏览网络资源等方式，了解最新的教育政策和教学要求，更新自己的教学理念和方法。

（三）提高学科研究能力

教师应该积极提高自己的学科研究能力，参与学科研究项目，并开展自主研究和行动研究。教师可以选择与语文教育相关的研究课题，运用科学的研究方法和手段，深入探讨语文学科的教学问题和热点话题。通过研究项目和研究成果的积累，不仅能够提升自己的学术水平，还可以为语文学科发展做出一定的贡献。

（四）发表学术论文和参加学术会议

教师应该积极发表学术论文，与同行分享自己的研究成果和教学经验。发表论文不仅能够提高自己的学术影响力，还能够推动语文学科的发展和改进。此外，教师还可以参加学术会议，与其他专家学者进行交流和讨论，获取他人的观点和建议，扩大自己的学术视野。

（五）持续的专业学习和自我提升

作为语文教师，专业学习和自我提升是一项长期任务。教师应该保持学习的热情，不断深入研究语文学科的理论和实践。可以通过参加各类培训活动、学术讲座和研修班，学习新的教学方法和技巧。同时，教师也可以利用休闲时间阅读相关书籍和文献，扩展自己的知识面。

四、教育技术应用

（一）了解教育技术的发展动态

作为语文教师，了解教育技术的发展动态是非常重要的。教育技术是一个不断更新和发展的领域，涉及多媒体技术、网络技术、互联网教育等方面。教师需要关注教育技术的最新发展和应用趋势，了解各种教育软件和工具的特点和使用方法。

（二）熟练掌握教育技术的基本操作和应用技巧

教师应该具备教育技术的基本知识和操作技能。他们可以通过参加教育技术培训班、学习在线课程等方式，学习教育软件和工具的使用方法。教师需要了解如何设计和制作教学多媒体课件，如何组织和管理网络教学资源，如何利用互联网进行教学和学习。

（三）灵活运用教育技术进行教学设计和实施

教师应该灵活运用教育技术进行教学设计和实施。他们可以根据学生的学习特点和需求，合理选择和整合各种教育技术手段，设计和实施丰富多样、激发学生兴趣的教学活动。教师可以利用多媒体课件、教学视频、网络资源等来呈现知识内容，增加学习的趣味性和互动性。

（四）利用教育技术开展课堂互动

教师可以利用教育技术开展课堂互动，提高学生的参与度和学习效果。他们可以利用电子投票系统、在线讨论平台等工具，进行课堂问答、小组合作、问题解析等形式的互动。通过这种方式，可以激发学生的思维、培养学生的合作能力，提高课堂氛围和学习效果。

（五）实施个性化教学和促进学习评价

教育技术可以帮助教师实施个性化教学和促进学习评价。教师可以根据学生的学习情况和需要，利用教育软件和工具进行个性化辅导和反馈，为学生提供有针对性的学习资源和指导。同时，教师还可以利用教育技术进行学习评价，通过在线作业、电子测验等方式，及时了解学生的学习情况和进展，为个性化教学提供依据。

五、教学研究和反思

（一）开展教学研究

教师可以通过开展教学研究来不断改进自己的教学策略和方法。教师可以选择行动研究作为一种研究方法，通过实践和反思来探索和解决教学中的问题。行动研究强调教师的主动性和参与性，教师可以通过设立研究问题、收集数据、分析结果等步骤，深入研究自己的教学实践，并提出相应的改进方案。

此外，教师还可以进行课堂观察和学生评价，了解学生的学习情况和教学效果。教师可以在课堂上观察学生的学习表现，考查学生对知识的掌握程度，发现学生的难点和问题。同时，教师还可以通过学生评价问卷、小组讨论等方式，收集学生对教学的反馈和建议，了解学生的学习体验和需求。

（二）借鉴他人的教学经验和教学模式

教师可以观察其他教师的优秀课堂，学习借鉴他人的教学经验和教学模式。教师可以参观其他教师的课堂，观察他们的教学方法和教学技巧，了解他们如何激发学生的兴趣，如何组织和管理课堂。教师还可以参与教研活动，与其他教师进行交流和合作，分享教学心得和经验。

（三）进行教学反思

教师应该进行教学反思，及时检视自己的教学过程和效果。教师可以回顾每堂课的教学过程，思考自己的教学目标是否明确，教学设计是否合理，教学方法是否有效。教师可以通过自我评价、同行评议等方式，对教学进行评估和反馈，分析问题所在，并确定相应的改进措施。

（四）发现问题并提出解决方案

通过教学研究和反思，教师可以发现教学中存在的问题和不足之处，并提出相应的解决方案。教师可以将问题进行归纳和总结，找到问题的原因。然后，教师需要思考如何解决这些问题，制定相应的改进计划和策略。教师可以借助教育技术和多种教学手段，如通过多媒体课件、小组合作等方式，来改善教学效果和提高学生的学习参与度。

（五）优化教学策略和方法

通过教学研究和反思，教师可以不断优化自己的教学策略和方法。教师可以根据学生的学习特点和需求，调整教学目标和教学内容，设计适合学生的教学活动。教师还可以探索新的教学方法和教学资源，如利用互联网和教育软件进行教学，以丰富教学手段和提高教学效果。

第二节　现代语文教师的专业素养和能力培养

一、语文学科素养

（一）扎实的语文学科基础知识

现代语文教师应该具备扎实的语文学科基础知识，这是他们有效教授语文课程的基础。教师需要对语言文字有深刻的理解和掌握，包括词汇、语法、修辞和篇章等方面的知识。他们需要熟悉语言的组成和结构，了解字词的意义和用法，掌握句子和段落的语法规则，以及修辞手法和篇章结构的应用。只有具备这些基础知识，教师才能准确地理解和解释语文文本，指导学生正确地运用语言来表达思想和情感。

教师还需要熟悉各个时期的文学作品，包括古代经典和现代优秀作品。他们应该了解这些文学作品的内涵和艺术特点，包括主题、情节、人物形象、语言风格等方面。通过广泛阅读和深入研究，教师能够培养自己对文学的热爱和理解，并能够引导学生欣赏和理解文学作品。

语文教师还应关注文化传承，了解中国传统文化的精髓和价值观念。他们应该了解中国传统文化的基本概念和核心要素，如儒家思想等。教师需要将这些传统文化元素融入教学内容中，培养学生的民族自豪感和文化自信心，让他们了解和尊重传统文化，为其提供参与和传承的机会。

（二）紧跟语文教育的最新发展

现代语文教师不仅需要具备扎实的基础知识，还需要紧跟语文教育的最新发展。教育领域的知识和理念在不断更新和演变，教师需要不断学习和提升自己的教育水平。

教师需要了解国内外语文教育的前沿研究成果和教学模式。他们可以阅读相关教育期刊和专业书籍，参加学术研讨会和教育论坛，了解最新的教学理念和方法。通过与同行的交流和互动，教师能够获取更多教学经验和探索，不断改进自己的教学策略和方法。

随着信息技术的快速发展，现代语文教师还应关注数字化教育资源的应用和在线学习平台的建设。教师需要了解和掌握多媒体和网络技术，善于利用教育信息化手段来设计和实施教学。他们可以借助在线学习平台，为学生提供更广阔的学习空间和多样化的学习方式，使学生能够个性化地进行学习，并能够与教师和同学进行互动和合作。

（三）发展学生的综合语文素养

语文学科素养不仅仅包括对语文知识的掌握，还包括语言能力的培养和综合素质的发展。现代语文教师应注重培养学生的语言表达能力和批判思维能力。

教师可以通过各种语文实践活动来培养学生的语言表达能力。例如，组织学生进行辩论赛、演讲比赛等，让学生通过口头表达来锻炼语言组织和逻辑思维能力。教师还可以设计各类写作任务，让学生通过书面表达来提升写作能力。

教师应注重培养学生的阅读能力和文学素养。他们可以引导学生广泛阅读各类文学作品，培养学生的阅读兴趣和阅读理解能力。通过分析和解读文学作品，培养学生对文学的理解和欣赏能力。

教师还应注重培养学生的文化意识和创新精神。他们可以组织学生参观博物馆、艺术展览等，让学生亲自体验和感受文化多样性。同时，教师还应鼓励学生进行创作活动，培养他们的创新思维和创造能力。

（四）关注个别差异，因材施教

现代语文教师应关注学生的个别差异，因材施教。不同的学生有不同的学习特点、兴趣爱好和学习需求，教师需要根据这些个体差异合理安排教学内容和教学方法。

教师可以采用分层次、差异化的教学设计，针对不同的学生提供个性化的学习支持和指导。例如，对于学习困难的学生可以提供额外的辅导和支持；对于学习进步较快的学生可以提供更有挑战性的学习任务。同时，教师还应鼓励学生积极参与课堂活动，倡导学生合作学习和互助学习，促进学生之间的知识分享和交流。

（五）自我提升和专业发展

现代语文教师应具备自我提升和专业发展的意识。他们应积极参加教师培训和继续教育，不断拓宽自身的知识面和提升教学技能。

教师可以参加各类教育培训班、研修班和研讨会，了解最新的教育理论和教学方法。他们还可以加入教研团队、学术组织等，与同行进行交流和研讨，分享教学经验。通过与其他专业人士的合作和学术互动，教师能够不断提高教育水平和教学质量，为现代语文教育的创新和发展做出贡献。

二、教学设计与实施

（一）了解学生的特点和需求

教师在进行教学设计之前，首先要了解学生的特点和需求。这包括对学生的认知水平、兴趣爱好、学习风格以及相关背景知识的了解。通过观察和交流，教师可以准确地把握学生的学习情况，从而更好地制定针对性的教学目标、内容和活动。只有充分了解学生的特点和需求，才能为他们提供个性化、有针对性的教学服务。

（二）制定合理的教学目标、内容和活动

根据学生的特点和需求，教师需要制定合理的教学目标、内容和活动。教学目标应该具体明确，符合学科的要求，同时又能够激发学生的学习兴趣和主动性。教学内容应该紧密结合学生的实际生活和经验，注重培养学生的实际运用能力。教学活动可以多样化，包括课堂讨论、小组合作、实验观察等，以激发学生的思维和创造力。教师在制定教学目标、内容和活动时，要注意与学科标准的对接，确保教学的科学性和有效性。

（三）运用灵活的教学策略

在教学实施过程中，教师应该根据学科特点和学生的需求，灵活运用各种教学策略。启发式教学可以激发学生的思维和创造力，培养他们的探索精神和问题解决能力。探究式教学可以让学生通过探究和实践来建构知识，提高他们的实际运用能力。教师还可以采用案例教学、讨论式教学等策略，使学生更加主动地参与到学习过程中。通过灵活运用教学策略，教师可以激发学生的学习兴趣和动力，提高教学的效果。

（四）引导学生思考、合作学习

在教学实施过程中，教师应该善于引导学生思考和合作学习。教师可以通过提问、引导讨论等方式，激发学生的思维，培养他们的批判思维和分析能力。同时，教师还可以组织学生进行小组合作学习，让学生充分发挥各自的优势，相互合作、交流与探讨。通过思考和合作学习，学生可以更好地理解和应用知识，培养他们的团队精神和合作能力。

（五）评价和反思教学过程

在教学实施过程中，教师需要及时对教学过程进行评价和反思。教师可以通过观察学生的学习情况、收集学生的作品和表现等方式，来评价学生的学习效果。同时，教师还要对自己的教学方法和策略进行反思，及时调整教学的方向和方式，提高教学的效果。评价和反思是教学改进和提高的重要环节，只有不断总结经验，不断完善教学方法，才能够使教学更加科学有效。

三、学生指导与评价

（一）了解学生学习特点和需求

现代语文教师应该具备对学生学习特点和需求的敏感性。每个学生都有独特的学习方式和需求，教师需要通过观察、交流和评估，深入了解学生的学习特点和兴趣，并根据学生的差异性进行教学设计。例如，对于喜欢阅读的学生，可以提供更多的阅读材料和探究性学习任务;对于口语表达不够自信的学生，可以组织小组合作活动，提供更多的口语练习机会。

为了更好地了解学生的学习特点和需求，教师可以运用多种方法，如学习风格测试、学习兴趣调查和学习观察等，从多个角度了解学生。此外，与学生进行良好的沟通也是很重要的，教师可以定期与学生进行面谈，了解他们的学习困难和需求，及时提供帮助和指导。

（二）设计和实施差异化教学

基于对学生学习特点和需求的了解，教师应当设计和实施差异化教学。差异化教学是指根据学生的差异性，采用不同的教学策略和方法，满足每个学生的学习需求。在语文教学中，教师可以通过以下方式实施差异化教学：

1.分级阅读：提供不同难度和题材的阅读材料，让学生根据自己的能力选择适合自己的阅读材料，并提供相应的指导和支持。

2.小组合作：组织学生进行小组讨论、合作学习，鼓励学生互相学习和借鉴，促进彼此之间的提高。

3.个别辅导：对于需要更多关注和指导的学生，教师可以给予个别辅导，针对学生的学习困难进行有针对性的帮助和指导。

4.多元评价：通过不同形式的评价方法，了解学生的学习情况，包括书面作业、口头表达、项目展示等。这样可以充分发现学生的优势和问题，为进一步的教学调整提供依据。

（三）提供个性化的学习支持和指导

除了设计和实施差异化教学外，现代语文教师还应提供个性化的学习支持和指导。学习支持和指导包括学习策略的培养、学习方法的指导和学习资源的提供等。教师可以通过以下方式为学生提供个性化的学习支持和指导：

1.学习策略的培养：教师可以教授学生一些有效的学习策略，如阅读技巧、记忆方法等，帮助学生提高学习效果。

2.学习方法的指导：针对学生的学习特点和需求，教师可以指导学生选择适合自己的学习方法，如思维导图、总结归纳等。

3.学习资源的提供：教师可以为学生提供适当的学习资源，如课外阅读书单、网上学习平台等，为学生的学习提供更多的机会和渠道。

（四）关注学生的学习情况

现代语文教师应该关注每个学生的学习情况。教师可以通过观察、交流和评估等方式，了解学生在学习中遇到的问题和困难，并及时采取措施进行帮助和指导。教师可以定期与学生进行面谈，了解他们的学习进展和需求，通过个别辅导、小组合作等方式，帮助学生克服学习困难，提高学习能力。

此外，教师还应定期进行学情分析和评估，对学生的学习情况进行客观、全面的评价。评价不仅应注重学科知识的掌握，还应关注学生的语言表达和批判思维能力的培养。通过科学的评价方法，教师可以发现学生的潜力和问题，及时调整教学计划，促进学生的全面发展。

（五）有效的评价方法

现代语文教师应该运用科学有效的评价方法，对学生的学习情况进行评价。评价应准确、全面地反映学生的学习水平和能力，以指导教学和学习的进一步发展。以下是一些有效的评价方法：

1.书面作业评价：通过对学生的书面作业进行评价，可以了解学生对知识的掌握和理解情况，并对学生的书写、语法、表达能力等进行评估。

2.口头表达评价：通过组织学生进行口头表达，如课堂演讲、小组讨论等，可以评估学生的语言表达能力和批判思维能力。

3.项目展示评价：通过学生的项目展示，如作品、调查报告等，可以全面评价学生的独立思考、创新能力和合作能力。

4.个别辅导与评价：对于有特殊需求的学生，教师可以进行个别辅导和评价，针对学生的具体问题和困难进行有针对性的指导和支持。

通过有效的评价方法，教师可以客观地了解学生的学习情况，发现学生的优势和问题，并及时采取措施进行帮助和指导，促进学生的全面发展。

四、教育技术运用

（一）了解教育技术的发展动态

现代语文教师需要紧跟教育技术的发展动态。教育技术是一个不断进步和创新的领域，新的教育软件、工具和平台不断涌现。教师应该主动了解最新的教育技术趋势和应用案例，了解其在语文教学中的潜力和效果。可以通过参加教育技术相关的培训和研讨会，阅读相关专业书籍和论文，与同行交流等方式不断更新自己的知识和认知。

（二）掌握基本的教育软件和工具的使用

语文教师应该掌握基本的教育软件和工具的使用。这包括使用多媒体课件制作和演示软件，如 Microsoft PowerPoint 等，可以利用它们设计富有创意和互动性的教学内容。此外，还应了解使用各种互联网资源来支持教学，如在线词典、电子图书、语文教学网站等。教师还可以运用辅助教学工具，如智能投影仪、平板电脑等，增强教学效果。

（三）设计和实施创意和互动性的教学模式

教育技术的运用可以帮助语文教师设计和实施创意和互动性的教学模式。通过多媒体、互联网等信息技术手段，教师可以创建具有视听效果的教学资源，如视频、音频、图片等，以激发学生的兴趣和注意力。此外，教师还可以利用在线交流平台或虚拟教室等，组织学生之间的合作和讨论，增加互动性和参与度。这样可以提高学生的学习积极性和成就感，促进知识的深度和广度。

（四）打破传统教学的时间和空间限制

教育技术的运用可以打破传统教学的时间和空间限制。传统上，语文教学主要依赖于教师面对面的授课和学生的课堂作业。而通过在线学习平台、远程教育等方式，教师可以将学习资源和活动扩展到课堂之外，学生可以根据自己的时间和节奏进行学习。教师可以提供录播课程、在线答疑、学习社区等支持和指导，为学生提供更加灵活、自主的学习体验。

（五）合理选择与整合各种技术手段

在教育技术的运用中，语文教师需要合理选择和整合各种技术手段。教育技术工具和平台众多，但并非所有都适合语文教学的需要。教师应该根据自己的教学目标和学生的学习需求，选择合适的教育技术工具和平台。同时，教师还应考虑技术的易用性和可靠性，以及与当前教学环境和资源的兼容性。此外，教师还可以通过整合不同的技术手段，使它们相互配合，发挥更大的教学效果。例如，可以结合多媒体课件和在线互动来进行授课，通过手机应用和电子书来鼓励学生的阅读和写作等。

需要注意的是，在教育技术的运用中，教师要合理使用，避免过度依赖和滥用。教育技术只是辅助教学工具，教师的教学能力和专业素养是最重要的。教师应当始终关注教学目标和学生的需求，不断反思和调整教学实践，使教育技术真正为教学带来增益，并促进学生的全面发展。

第三节　现代语文教学的研究动向和创新实践

一、教学模式创新

（一）启发式教学

1.引发学生的兴趣和思考：启发式教学能够通过提出开放性问题、引发学生的好奇心和思考，激发他们对学习内容的兴趣。例如，在语文课堂上，教师可以以一个引人入胜的故事或情境作为引子，引发学生的情感共鸣和思考，从而主动参与到学习过程中。

2.培养学生的批判性思维：启发式教学能够培养学生的批判性思维能力。教师可以针对某一主题或问题提出挑战性的问题，引导学生进行积极的讨论和思考，并提供不同的观点和证据，让学生主动思考、分析和评价，从而培养他们的批判性思维能力。

3.培养学生的创造性思维：启发式教学能够培养学生的创造性思维能力。教师可以提供一些具有挑战性的问题或任务，鼓励学生提出自己的见解、解决方法和创新点子。通过这样的教学方式，学生可以培养独立思考、创新思维和解决问题的能力。

4.培养学生的合作与交流能力：启发式教学注重学生的互动和合作。教师可以组织学生之间的小组讨论、合作研究等活动，让学生相互分享、交流和合作解决问题。这种合作与交流的方式可以激发学生的思维碰撞，帮助他们建立起知识间的联系，并培养团队合作和社交能力。

5.个性化教学和深度学习：启发式教学注重学生个体差异的尊重和发展。教师可以根据学生的不同能力和背景，设置适合他们的启发式问题和任务，满足学生的个性化学习需求。通过这样的个性化教学方式，学生可以更好地理解和吸收知识，实现深度学习和有意义的学习。

（二）项目学习

1.学生主体性与自主选择：项目学习注重学生的主体地位，鼓励学生根据自己的兴趣、需求和能力进行自主选择和控制。在语文教学中，通过给学生提供多样化的项目选题和任务，让他们选择感兴趣的话题或文本进行深入学习和探究。学生在项目学习中能够充分发挥主动性，增强对学习的积极性。

2.问题导向的学习和解决能力：项目学习注重培养学生的问题解决能力。学生在项目学习过程中会遇到各种问题和挑战，需要主动思考和寻找解决方案。例如，在研究某个历史事件时，学生可能会面临资料收集、整理和分析的难题，需要通过查阅文献、访谈等方式寻找答案。这样的学习过程能够培养学生的调研能力、批判思维和创新思维，提高他们解决问题的能力。

3.合作与交流能力的培养：项目学习注重学生之间的合作和交流。在项目学习中，学生通常需要以小组形式进行合作，共同完成项目任务。通过合作，学生可以互相交流和分享知识、经验和成果，相互帮助和促进。例如，在创作小说或诗歌的项目中，学生可以进行互相评审、修改和改进，提高作品的质量。这样的合作与交流能够培养学生的团队协作能力、沟通能力和社交能力。

4.创新思维和实践能力的培养：项目学习鼓励学生进行创新思考和实践活动。学生在项目学习中有机会尝试新的想法、方法和表达方式，从而培养创新思维和实践能力。例如，在写作项目中，学生可以尝试不同的写作风格、结构和表达方式，展示自己的独特视角和创造力。通过这样的实践活动，学生可以提高写作能力、思维逻辑和创新意识。

5.综合能力的提升：项目学习能够促进学生综合能力的提升。在项目学习中，学生需要综合运用语言能力、调研能力、批判思维、创新思维等多种能力进行学习和实践。这样的综合性学习能够培养学生的综合思考能力、解决问题的能力和适应创新社会的能力。

（三）合作学习

1.小组合作的优势：合作学习注重小组合作和协作，相较于单独学习有许多优势。首先，小组合作能够提供多样化的观点和思考方式，学生可以从不同的角度来看待问题，促进深入思考和全面理解。其次，小组合作可以促进学生之间的互动和交流，学生在讨论中可以相互激发思维，分享知识和经验，提高学习效果。另外，小组合作也可以培养学生的合作意识和团队精神，学会互相支持和尊重他人的意见。

2.促进交流表达能力：合作学习通过组织小组讨论和合作活动，能够有效提升学生的交流表达能力。在小组讨论中，学生需要主动发言、提出自己的观点，并且要倾听和回应其他组员的观点。通过这样的交流活动，学生能够培养自己清晰地表达思想和观点的能力，改善语言组织和口头表达能力。同时，学生也能够学习到倾听和理解他人观点的技巧，提高他们的沟通能力和人际交往能力。

3.提升批判性思维：合作学习鼓励学生在讨论和合作中进行批判性思维，不仅仅接受他人观点，还要对其进行评价和分析。通过与小组成员的辩论和争论，学生可以深入思考和审视问题，并且要提出理由和证据支持自己的观点。这样的批判性思维能够促使学生更加深入地理解知识和现象，培养他们的逻辑思维和批判性思考能力。

4.共享资源和互助支持：合作学习鼓励学生之间共享资源和互相帮助，通过小组协作来解决问题。在小组中，学生可以分享各自的学习心得、资料和经验，相互借鉴和学习。在遇到困难和挑战时，学生也可以相互支持和鼓励，共同寻找解决方案。这种互助支持的氛围能够增强学生的学习动机和自信心，提高学习效果。

5.培养合作意识和团队精神：合作学习能够培养学生的合作意识和团队精神。学生在小组合作中要学会与他人合作、协调和分工，培养他们的团队意识和合作能力。通过共同努力完成任务，学生能够感受到合作带来的成就感和归属感，增强对共同目标的认同和责任心。这样的团队精神和合作意识对于学生日后的社会适应能力和职业发展都非常重要。

（四）问题驱动的学习

1.学生主动参与：问题驱动的学习鼓励学生主动参与学习过程，培养他们的自主学习能力。通过引入具有挑战性和启发性的问题，学生需要积极思考、提出自己的观点，并主动进行探究和研究。这样的学习方式让学生成为学习的主体，激发他们的好奇心和求知欲，培养他们主动寻求知识和解决问题的能力。

2.跨学科学习：问题驱动的学习能够促进跨学科的学习和综合运用。在解决问题的过程中，学生需要运用多学科的知识和技能，例如语文、数学、科学等。通过跨学科的学习，学生能够更加全面地理解问题，提高解决问题的能力和创新思维。

3.培养批判思维：问题驱动的学习注重培养学生的批判思维能力。学生在面临问题时，需要进行深入思考、分析和评价，提出合理的理由和证据支持自己的观点。这种批判思维能够培养学生的逻辑思维和分析能力，提高他们对信息的判断和辨别能力。

4.培养解决问题的能力：问题驱动的学习注重培养学生解决问题的能力。学生在解决问题的过程中，需要进行调查研究、收集和整理信息，并运用所学的知识和技能进行分析和判断。这样的学习方式能够培养学生的问题解决思维和实践能力，加强他们对真实问题的认识并提高应用能力。

5.提高学习动机和兴趣：问题驱动的学习能够激发学生的学习动机和兴趣。学生对感兴趣的问题更容易投入学习，并主动探究和解决问题。通过问题驱动的学习，学生能够体验到问题解决的成就感和满足感，增强他们对学习的积极性和主动性。

（五）个性化学习

1.学生个体差异的关注：个性化学习注重关注每个学生的个体差异。教师在教学中要充分了解学生的兴趣、能力水平和学习风格，根据学生的特点进行教学设计。例如，对于语文阅读教学，教师可以根据学生的阅读水平和兴趣，提供适合的阅读材料，并提供个性化的指导和反馈，帮助学生提高阅读理解能力。

2.学习路径的定制：个性化学习鼓励为每个学生定制学习路径。教师可以根据学生的学习进度和需求，设置个性化的学习目标和任务，并提供相应的学习资源和辅导支持。通过个性化的学习路径，学生可以根据自身情况进行学习，以自己的节奏和方式掌握知识和技能。

3.教育技术的运用：个性化学习可以借助教育技术工具和平台来实现。教师可以利用在线学习平台、智能化教育软件等，为学生提供个性化的学习资源和学习环境。通过个性化的学习软件，学生可以根据自己的学习需求选择学习内容，进行自主学习和自我评价。同时，教育技术也能够为教师提供数据支持，了解学生的学习情况，及时调整教学策略。

4.自主学习和合作学习的培养：个性化学习强调培养学生的自主学习能力和合作学习能力。个性化学习不仅要关注学生个体的学习需求，也要鼓励学生通过互相学习、合作学习来共同进步。教师可以设置学习小组或合作项目，让学生在合作中相互激发和促进学习，培养他们的合作精神和团队意识。

5.综合评价和反馈：个性化学习需要提供综合评价和及时反馈。传统的标准化评价方式不能完全适应个性化学习的需求，需要采用多样化的评价方式，包括口头表达、作品展示、实践项目等。教师要及时给予学生针对性的反馈和指导，帮助他们改进学习方法和提高学习成果。

二、多媒体与网络教学

（一）多媒体教学

1.多样化的教学资源：多媒体教学提供了丰富多样的教学资源。教师可以使用图片、音频、视频等多种形式的资料，使学生在视觉、听觉等多个层面上感知和理解教学内容。通过多媒体展示，教师可以将抽象的概念具象化，使学生更易于理解和记忆。

2.提高学习兴趣和参与度：多媒体教学能够激发学生的学习兴趣和好奇心。通过生动有趣的多媒体呈现，例如精美的图片、引人入胜的视频，可以吸引学生的注意力，增加他们对学习内容的兴趣和投入度。学生在积极参与多媒体互动中，能够更深入地理解和掌握知识。

3.提升信息处理能力：多媒体教学可以培养学生的信息处理能力。在多媒体教学环境下，学生需要根据教师呈现的不同媒体信息进行筛选、整合、分析和评估。这种信息处理的过程能够培养学生的综合思考能力和问题解决能力，提高他们的信息素养。

4.个性化学习支持：多媒体教学可以提供个性化学习支持。教师可以根据学生的不同学习需求和能力水平，选择和利用合适的多媒体资源。通过在教学中灵活运用多媒体，教师可以针对学生的特点进行差异化教学，满足学生的不同学习需求。

5.拓展教学场景：多媒体教学可以拓展教学场景。传统的课堂教学往往受到时间、空间等限制，难以提供丰富多样的教学内容。而通过多媒体教学，教师可以随时随地获取各种教学资源，打破时空限制。例如，在语文教学中，教师可以通过播放视频资料让学生参观名著相关的古建筑，增加学生对文学作品背景和历史文化的了解。

（二）网络教学资源

1.丰富的学习材料和资源：通过网络教学资源，学生可以获得更为丰富的学习材料和资源。教师可以引导学生浏览各类网站、电子图书馆等在线资源，获取与语文学习相关的资料。学生可以通过在线视频观看经典文学作品的改编或解读，通过在线论坛了解不同人士对于文学作品的观点和评论。这些丰富的学习材料和资源能够扩展学生的知识面，提供多元化的视角和观点。

2.个性化学习支持：网络教学资源可以为学生提供个性化学习支持。在线学习平台通常提供自适应学习功能，可以根据学生的学习表现和兴趣推荐相应的学习资源和活动。学生可以根据自己的学习需求和进度选择适合的学习内容，进行自主学习。同时，教师也可以根据学生的学习情况和反馈进行有针对性的辅导和指导，帮助学生克服学习困难，提高学习效果。

3.互动与合作学习机会：网络教学资源为学生提供了互动与合作学习的机会。教师可以设计在线讨论或合作项目，鼓励学生参与学术交流和团队合作。通过在线平台，学生可以以更为方便和自由的方式与同学和教师进行学术交流，分享观点和意见，并通过互相讨论和合作解决问题。这样的学习方式能够培养学生的合作精神、团队合作能力和跨文化交流能力。

4.培养信息获取和评价能力：网络教学资源可以培养学生的信息获取和评价能力。在信息爆炸的时代，学生需要具备筛选和评估信息的能力。通过网络教学资源，学生可以接触到多种来源的信息，并学会根据自身需求和学术要求获取和评估这些信息的可靠性和适用性。教师可以引导学生学会使用合适的搜索关键词、筛选有价值的信息源，并提供相关的评估工具和指导，帮助学生提高信息素养和批判性思维能力。

5.打破时间和空间限制：网络教学资源打破了时间和空间的限制。学生可以根据自己的时间安排和兴趣，在任何时间、任何地点进行学习。教师也可以根据学生的需求和进度提供灵活的学习任务和资源。这种灵活性使得学生能够以更为自主和自由的方式进行学习，提高学习的效率和质量。

（三）远程教学

1.地域限制的突破：远程教学通过网络技术的应用，使得学生不再受制于地域限制。无论是位于城市还是偏远地区的学生，只要有网络连接，就可以接收到优质的语文教育。这样，学生不需要费时费力地前往学校或参加补习班，节省了交通时间和成本，提高了学习的便利性和效率。

2.实时互动的教学方式：远程教学提供了实时互动的教学方式，教师和学生可以通过视频会议、在线课堂等工具进行直接的沟通和教学。教师可以即时解答学生的疑问，给予针对性的指导和反馈。学生也可以随时向教师请教问题，提出自己的观点和想法。这种实时互动的教学方式有助于促进学生的思维活跃和学习效果的提升。

3.个性化辅导和指导：远程教学为教师提供了更多机会进行个性化辅导和指导。教师可以根据学生的学习情况和需求，提供个性化的学习计划和任务。通过在线平台，教师可以实时了解学生的学习进度和表现，并根据情况进行针对性的辅导和指导。这样的个性化教学有助于满足学生的差异化学习需求，提高学生的学习动机和学习成效。

4.提高自主学习和信息技术能力：远程教学培养了学生的自主学习能力和信息技术能力。学生需要学会使用在线教学平台、搜索引擎等工具，获取学习资料和资源。在远程教学中，学生需要更加独立和自主地进行学习，制定学习计划和安排。同时，学生也需要学会筛选和评估网络上的信息，提高信息素养和批判性思维能力。

5.资源共享和合作学习：远程教学促进了资源共享和合作学习。通过远程教学平台，教师可以与其他学校或地区的教师进行资源共享，分享优质的课程内容和学习材料。同时，学生们也可以通过在线平台进行学习交流和合作项目，互相学习和启发，提高学术交流和合作精神。这种资源共享和合作学习的机制能够丰富学生的学习经验，培养终身学习的意识和能力。

（四）互动学习平台

1.在线学习材料：互动学习平台可以提供丰富多样的在线学习材料，包括教材内容、课外阅读材料、视频课程等。学生可以根据自己的学习进度和兴趣，在任何时间、任何地点都能够自由选择和获取学习材料，提高学习的便利性和灵活性。这样的在线学习材料不仅能够满足学生的多样化学习需求，也能够开拓学生的学习视野和拓展学习资源。

2.个性化学习支持和反馈：互动学习平台可以为学生提供个性化的学习支持和反馈。通过在线系统的学习记录和分析，教师能够了解学生的学习情况和问题所在，给予针对性的辅导和指导。同时，教师还可以根据学生的学习表现，调整学习计划和教学方式，提供更加个性化的学习资源和任务。这样的个性化学习支持和反馈有助于激发学生的学习动机，培养学生的自主学习能力。

3.在线作业和评价：互动学习平台可以支持教师设置在线作业，让学生在规定的时间内进行完成。学生可以通过互动学习平台提交作业，并及时得到教师的批改和评价。这种在线作业的形式不仅方便了学生的提交和教师的批改，也能够促进教师和学生之间的及时反馈和交流。通过在线作业和评价，学生能够意识到自己的学习差距和不足，及时调整学习策略，提高学习成效。

4.互动交流和合作学习：互动学习平台为学生提供了互动交流和合作学习的机会。学生可以在讨论区或博客上与同学进行学习交流和知识分享，相互启发和帮助。通过互动交流和合作学习，学生能够拓宽学习视野，增强团队合作精神，培养批判性思维和创新能力。互动学习平台还可以支持学生之间的在线讨论、小组项目等形式，促进学生的合作学习。

5.学习记录和分析：互动学习平台可以记录学生的学习过程和学习成果，进行数据分析和评估。教师可以通过学习记录和分析，了解学生的学习路径和学习效果，评估教学的有效性和教材的质量。同时，学生也可以通过学习记录和分析，了解自己的学习进步和不足之处，掌握自己的学习规律，调整学习策略和目标。学习记录和分析的功能有助于促进学生和教师的共同成长和提高。

（五）在线评估与反馈

1.在线评估的意义：在线评估是对学生学习成果和学习表现进行客观评价的重要手

段。通过在线评估，可以更加准确地了解学生的学习状况和问题所在，为后续的教学提供指导和调整方向。相比传统的纸笔测试，在线评估具有更高的效率和灵活性，能够满足不同学生的学习需求和特点。

2.在线评估的方式：在线评估可以采用多种方式，包括选择题、填空题、简答题等。针对语文教学中的阅读理解和写作能力，可以设计相关的题型和任务。在线评估系统可以根据教师的设置自动批改和评分，节省了教师大量的时间和精力。同时，教师还可以根据学生的评估结果，给予个别化的反馈和指导，帮助学生克服困难，提升学习成果。

3.个性化评价报告：在线评估系统可以根据学生的评估结果生成个性化的评价报告。这些报告可以清晰地展示学生的学习成绩、能力水平和潜在的问题。通过个性化评价报告，学生和家长可以了解学习的进展和存在的不足，为后续的学习提供参考和改进方向。教师也可以利用评价报告进行个别化辅导和指导，制定有针对性的学习计划和目标。

4.个别化学习计划：在线评估系统可以根据学生的评估结果和个人需求，自动生成个别化的学习计划。学习计划可以根据学生的学习目标、能力水平和时间安排等因素进行定制。个别化学习计划可以帮助学生分析学习的难点和重点，合理安排学习时间和任务，提高学习效率和成果。通过个别化学习计划，学生可以更好地管理学习，增强学习的针对性和自主性。

5.学生自主学习动力：在线评估与反馈可以激发学生的自主学习动力和积极性。学生通过在线评估了解自己的学习状况和不足，意识到自身的学习差距，进而调整学习策略和加大学习努力。通过在线反馈和指导，学生可以获得及时的学习支持和建议，增加学习的自信和动力。在线评估与反馈能够培养学生的自我学习能力和学习意识，提高学习效果和学习成果。

三、情感教育和人文关怀

（一）情感教育的重要性

1.情感认知与自我发展：情感教育有助于学生认识和理解自己的情感，包括情绪、情感需求和价值观等。通过情感教育，学生可以增强自我认知和情感意识，深入了解自己的情感动机和行为模式。这有助于学生形成健康的自我身份和自我概念，培养积极的情感态度和情感管理能力。

2.人际关系与社会适应：情感教育能够帮助学生理解他人的情感和需要，培养同理心和共情能力。语文教学中的文学作品和情感课堂活动能够促进学生与他人产生情感共鸣，增进彼此之间的情感联结。通过情感教育，学生能够培养积极的人际交往技巧和解决冲突的能力，提高社会适应能力和合作精神。

3.情绪管理与心理健康：情感教育有助于学生学会积极有效地处理负面情绪和压力，提升心理韧性和抗挫折能力。学生在情感教育中学会情绪的认知和表达，能够更好地控制自己的情绪，避免情绪冲动带来的负面影响。情感教育还能够帮助学生建立积极的心理调适策略，培养良好的心理健康习惯和态度。

4.价值观与人生意义：情感教育可以引导学生思考和探索人生的意义和价值观。通过语文教学中的文学作品和情感课堂，学生可以接触到丰富的人生经验和智慧，思考人生的意义和个人的价值追求。情感教育有助于培养学生的人文关怀和社会责任感，促进他们形成积极向上的人生观和价值观，塑造良好的人格品质和道德情感。

5.全面发展与终身学习：情感教育是学生全面发展和终身学习的重要支撑。情感教育能够培养学生的自主学习能力和学习动机，提高学生对学习的兴趣和参与度。通过情感教育，学生能够形成积极的学习态度和学习策略，发展自己的学习风格和学习能力。情感教育还能够促进学生的终身学习意识和学习动力，使其成为具有情感智慧的终身学习者。

（二）培养学生的情感体验

1.选择文学作品：教师可以根据学生的年龄和兴趣，选择有代表性的文学作品。这些作品应当能够触动学生的情感共鸣，引发他们对作品中情感的体验和思考。例如，可以选取具有深刻人物心理描写的小说、感人至深的诗歌，或者富有情感冲突的戏剧作品等。

2.创设情感体验活动：教师可以设计一系列活动来引导学生进行情感体验。例如，组织学生进行阅读小组讨论，让他们分享作品中给他们带来强烈情感的部分并解释其中的情感元素。此外，可以组织学生进行朗诵、表演或创作，让学生通过情感表达方式将自己的情感投射到作品中，从而更深入地体验和理解情感。

3.引导情感交流：学生可以在小组或整个班级的环境中进行情感交流。教师可以提出一些开放性的问题，引导学生谈论作品中的情感内容，并鼓励他们分享自己的情感与体验。在情感交流过程中，教师应注重创造一个安全、尊重、理解的环境，以便学生能够真实地表达自己的情感，并得到他人的支持与理解。

4.引导情感反思和思考：在情感体验之后，教师可以引导学生进行情感反思与思考。通过提出问题或布置作业，鼓励学生思考作品中的情感冲突、人物内心变化以及产生这些情感的原因等。这样可以帮助学生进一步深化对情感的理解和体验，培养批判性思维和文学鉴赏能力。

5.整合情感体验于教学实践：情感教育应当贯穿于整个教学过程中。教师可以将情感体验融入不同的教学环节中，如课堂讲授、作业设计、评价反馈等。通过与其他学科的结合，教师可以促使学生将情感体验内化为对现实世界的认知和行动。此外，教师还可以借助科技手段，如影音资料、多媒体展示等，增加学生的情感参与度和体验效果。

通过培养学生的情感体验，教师可以激发学生对文学作品的兴趣与热爱，提高他们的情感表达能力和共情能力。情感体验有助于学生理解人性、培养情感智慧，对学生的情感发展和综合素质提升具有积极影响。

（三）促进学生情感表达

1.创建积极的表达环境：教师应创设开放、宽容的学习氛围，让学生可以安心和自由表达自己的情感。教师可以鼓励学生分享个人故事和体验，尊重每个学生的独特性，避免对学生进行过度批评或评价。同时，教师还可以定期组织情感表达的活动，如座谈会、小组讨论、互动游戏等，提供学生展示情感的机会。

2.引导情感写作：教师可以引导学生进行情感写作，通过写日记、文章、诗歌等形式，让学生将内心的情感与体验转化为文字。教师可以提供一些主题或提示，激发学生的思考和创作，并指导学生在写作中运用形象比喻、修辞手法等来丰富情感表达。同时，教师应鼓励学生勇于表达真实的情感，不拘泥于规范和格式。

3.提供演讲和辩论机会：教师可以组织学生进行演讲和辩论，让他们通过口头表达展现自己的情感和观点。演讲和辩论的主题可以涉及社会问题、学校事务、个人经历等，为学生提供了展示自己情感表达能力的平台。教师可以提供辅导和指导，并鼓励学生从不同角度思考问题，培养他们的思辨和辩论能力。

4.提供良好的反馈机制：教师应给予学生积极的反馈和鼓励，以激发他们的表达欲望和自信心。教师可以通过口头和书面反馈，对学生的情感表达进行评价和指导。此外，教师还可以组织同学间的互评活动，让学生从彼此的反馈中得到更多的启发和成长。

5.整合情感表达于学科教学：情感表达不仅仅局限于语文课堂，它可以与其他学科的内容相结合，增加学科教学的情感因素。教师可以在各个学科的课堂上引导学生进行情感表达，例如，在社会科学课堂上讨论社会问题时，鼓励学生表达对社会不公的愤怒或对正义的追求等。这样可以使学生在学习过程中更深入地参与，增强学科知识的实际运用能力。

（四）引导学生审美情趣的培养

1.选取优秀文学作品：教师在语文教学中应精心挑选具有艺术价值和审美特点的文学作品，如经典文学作品、优秀现代文学作品等。通过对这些作品的讲解和解读，培养学生对文学艺术的欣赏能力。教师可以重点介绍作品的情节、人物形象、语言风格等方面的艺术特点，引导学生感知作品的美感。

2.拓展艺术视野：除了传统文学作品，教师还可以引导学生接触其他形式的艺术作品，如绘画、音乐、电影等。教师可以组织学生参观美术馆、音乐厅，观看艺术电影，欣赏优秀的舞台表演等，让学生感受不同艺术形式所蕴含的美。同时，教师可以帮助学生分析和解读这些艺术作品，加深他们对美的理解和感知。

3.鼓励文学创作：教师可以鼓励学生进行文学创作，如写诗、写故事、写小说等。教师可以提供一些创作的主题或启发，引导学生用自己的语言表达内心的情感和思想。在学生的创作过程中，教师可以给予积极的指导和反馈，帮助他们提高创作的质量和艺术性。通过文学创作，学生能够培养自己的审美意识和创造力，体验到文学艺术的乐趣。

4.组织文艺活动：教师可以组织学生参与各种文艺活动，如诗歌朗诵比赛、戏剧表演、文学讲座等。这些活动可以增加学生对文艺的接触和了解，激发他们对艺术的兴趣和热爱。同时，通过参与这些活动，学生能够提高自己的表达能力和舞台表演能力，培养自信心和团队合作意识。

5.提供艺术鉴赏的指导：教师可以针对不同的艺术形式，提供一些艺术鉴赏的指导方法。例如，在欣赏绘画作品时，教师可以教导学生注意色彩运用、构图结构、绘画技巧等方面的知识；在欣赏音乐作品时，教师可以指导学生关注旋律、节奏、和声等元素。通过这些指导，学生能够更加深入地理解和欣赏艺术作品，提高自己的审美品位。

（五）组织相关活动与参观

1.组织学生参观美术馆和博物馆：教师可以组织学生到当地的美术馆和博物馆进行参观。在参观过程中，教师可以引导学生仔细观察展览的艺术品和文物，了解它们的历史背景和文化内涵。教师可以提供相关的讲解，帮助学生理解艺术品和文物的艺术特点和意义。通过亲身接触和欣赏，学生可以更加深入地感受到艺术的魅力，培养他们对艺术的审美情趣。

2.参与戏剧表演和音乐演出：教师可以组织学生参与戏剧表演和音乐演出。可以选择经典文学作品改编的舞台剧或音乐剧，让学生有机会参与其中，演绎文学作品中的人物形象和情节。学生在参与戏剧表演和音乐演出的过程中，不仅能够锻炼表达和演技能力，还能深入理解文学作品的内涵和情感，增强对艺术的欣赏和理解能力。

3.参与文化活动和节庆庆典：教师可以组织学生参与各种文化活动和节庆庆典。可以安排学生参加传统的文化活动，如传统音乐舞蹈演出、民俗游戏等，让学生深入体验传统文化的魅力。此外，还可以安排学生参加当地的节庆庆典，如春节联欢晚会、元宵灯会等，让学生身临其境地感受节日的氛围和文化内涵。通过参与这些活动，学生可以增强对传统文化的认同感和自豪感，提高对文化艺术的审美品位。

4.社区服务和公益活动：教师可以组织学生参与社区服务和公益活动。可以安排学生到社区老人院、儿童福利机构等进行志愿服务，关心和帮助有需要的人群。通过参与这些活动，学生可以感受到社会的多样性，培养他们的社会责任感和人文关怀意识。同时，也可以通过这些活动启发学生思考社会问题和人类命运，提高他们对社会文化的认知和理解。

5.文化交流和游学项目：教师可以组织学生参与文化交流和游学项目。可以安排学生参访其他城市或国家的文化遗产，亲身感受不同地域的风土人情和艺术活动。可以与其他学校进行交流访问，学习他们的优秀教学经验和艺术成果。通过这些交流和游学项目，学生可以开阔眼界，拓展自己的知识和视野，增强对多元文化的理解和包容性。

四、跨学科教学与综合素养培养

（一）跨学科教学的意义

跨学科教学是指将不同学科的知识和方法有机地结合起来，构建综合性的学习环境，促进学生知识和能力的综合发展。在现代语文教学中，跨学科教学具有重要意义。首先，跨学科教学能够帮助学生更好地理解和应用语文知识。通过与其他学科的融合，可以拓宽学生的视野，提供更多的实际应用场景，使语文学习更加贴近现实生活。其次，跨学科教学有助于培养学生的综合素养。综合素养是指学生具备多学科知识和能力，并能灵活地运用到实际问题中。通过跨学科教学，学生可以了解不同学科之间的相互关系，培养学科交叉的思维方式，提高解决问题的能力和创新能力。最后，跨学科教学能够提供更丰富的学习资源和实践机会，促进学生的多元发展。

（二）跨学科教学的实施方式

1.课程设计：在课程设计中，教师可以针对特定的主题或内容，将不同学科的知识有机地结合起来。通过整合各学科的概念、原理、技能和方法，为学生提供跨学科的学习体验。例如，在讲解自然灾害时，教师可以融入地理、科学和社会学等学科的知识，让学生了解地质构造、气候变化、社会影响等方面的知识。通过这样的课程设计，学生可以全面理解和掌握相关的知识，并培养综合思考和问题解决的能力。

2.探究性学习：跨学科教学可以促使学生进行探究性学习，培养他们的自主学习和合作学习能力。教师可以设计一系列的探究活动，引导学生进行信息搜索、实地考察、实验观察等，以解决具体问题或完成某项任务。在这个过程中，学生需要运用语文、数学、科学、地理等多学科的知识和技能，进行分析、推理和创新。通过跨学科的探究活动，学生能够深入学习和理解知识，培养批判性思维和解决问题的能力。

3.项目学习：项目学习是一种以项目为单位组织学生学习的教学方式。在跨学科教学中，教师可以组织学生参与跨学科的项目学习，以一个综合性的项目为载体，集成各学科的知识和技能。例如，可以设计一个城市规划项目，让学生在团队合作中了解和运用语文、数学、地理、社会学等学科的知识和方法，进行城市规划的实践活动。通过参与这样的项目学习，学生不仅可以全面学习各学科的知识，还能培养解决复杂问题的能力和团队合作的精神。

4.走进实践：跨学科教学可以通过走出教室，走进实践领域，让学生亲身体验和应用所学的知识和技能。例如，组织学生到当地的企事业单位进行实习或实践活动，让学生了解并运用相关的学科知识。这样的实践活动可以激发学生的学习兴趣，增强他们对学科知识的实际应用能力，并增强对职业发展的认知和规划。

5.学科整合：跨学科教学通过学科整合，将各学科的知识和技能有机地结合起来。教师可以在学习活动中设置综合性问题，引导学生运用不同学科的知识和技能进行解答和探究。例如，在研究中国古代文学时，可以引入历史、哲学、艺术等学科的内容，让学生了解文学作品与当时社会背景、思想观念、艺术表现等的关系。通过学科整合的跨学科教学，学生可以形成更加全面和深入的学习理解。

（三）跨学科教学的目标

跨学科教学旨在培养学生的综合素养和综合能力。具体目标包括：

1.培养学生的学科交叉思维能力。通过跨学科教学，学生能够了解不同学科之间的联系和互相影响，培养学科交叉思维的能力，使学生能够在解决实际问题时综合运用多学科的知识和方法。

2.发展学生的解决问题的能力。跨学科教学注重培养学生的问题解决能力，使学生能够灵活应用各学科的知识和方法，寻找解决问题的途径和策略，培养学生的创新和批判思维能力。

3.提升学生的实践能力。跨学科教学强调学习与实践相结合，通过实践活动和项目学习，提供学生运用所学知识解决实际问题的机会，培养学生的实践能力和团队合作精神。

（四）跨学科教学的实施策略

为了有效实施跨学科教学，教师可以采取以下策略：

1.整合学科资源。教师应积极整合各学科的资源，包括教材、教具、媒体资料等，为跨学科教学提供丰富的学习素材和资源。

2.协同合作。跨学科教学需要教师之间的协同合作，建立良好的学科交流与合作机制，共同制定跨学科教学的目标和教学方案。

3.项目设计。教师可以设计跨学科的项目学习，通过团队合作和实践探究，解决实际问题，培养学生的综合素养和实践能力。

4.知识整合。教师应引导学生将不同学科的知识进行整合和归纳，形成知识网络，促进知识的迁移和应用。

5.评价方式。跨学科教学需要采取综合评价的方式，全面考查学生在不同学科中的表现，并对学生的综合素养进行评价。

五、教学研究与实践

（一）教学研究与实践的意义

教学研究和实践是现代语文教学的重要组成部分，对教师的专业发展、学生的学习效果和教育的持续创新都具有重要意义。首先，教学研究和实践能够帮助教师不断改进教学方法和策略。通过对教学过程和效果的反思和探索，教师可以发现问题、解决问题，提高自己的教学能力和水平。其次，教学研究和实践有助于提升学生的学习效果和素养培养。通过科学有效的教学研究和实践活动，教师能够更好地满足学生的学习需求，培养学生的学习兴趣和学习能力。最后，教学研究和实践能够促进教育的持续创新和发展。通过与同行的交流和分享，借鉴他人的经验和成果，教师可以不断改进和创新教学，推动教育的进步。

（二）教学研究与实践的方式

教学研究和实践可以通过多种方式进行。教师可以参与教育研究项目，开展自主研究和行动研究，深入研究语文教学的关键问题和难点，寻找解决方法和策略。同时，教师还可以积极参与教学实践活动，如教研组、教案研讨会等，与同行进行深入的教学交流和研讨，分享教学经验和成果。此外，教师还可以参加学科竞赛、教育教学研讨会等活动，与其他专业人士共同研究和探索现代语文教学的前沿问题和挑战。

（三）教学研究与实践的目标

教学研究与实践的目标主要包括以下几个方面：

1.提高教师教学能力。通过教学研究和实践，教师能够不断反思和改进自己的教学方法和策略，提高教学质量和效果。

2.提升学生学习效果和素养培养。通过教学研究和实践，教师能够更好地满足学生的学习需求，培养学生的学习兴趣和学习能力。

3.推动教育持续创新和发展。通过与同行的交流和分享，教师可以借鉴他人的经验和成果，改进和创新教学，促进教育的进步。

（四）教学研究与实践的策略

为了有效开展教学研究和实践，教师可以采用以下策略：

1.设立明确的研究目标和问题

教师在进行教学研究和实践之前，应设立明确的研究目标和问题。首先，教师需要明确自己的研究目标，即想要解决什么问题或达到什么效果。其次，教师需要提出明确的研究问题，这个问题应该是具体而有针对性的，同时也要与实际教学紧密相关。

2.收集和分析相关研究资料

在进行教学研究和实践之前，教师需要收集和分析相关的研究资料。这些资料可以包括教育教学理论和研究成果、国内外同行的教学经验和案例等。通过对这些资料的收集和分析，教师可以了解已有的研究成果和实践经验，从中获取启示和借鉴，为自己的研究和实践提供指导。

3.设计研究方案和实施计划

根据研究目标和问题，教师需要设计详细的研究方案和实施计划。研究方案应包括研究方法、数据收集和分析方法、实施步骤和时间安排等。实施计划则是具体的操作计划，包括实施的时间、地点、对象、内容等。设计完研究方案和实施计划后，教师可以根据计划一步步进行研究和实践。

4.实施教学研究和实践活动

在实施教学研究和实践活动时，教师需要根据研究方案和实施计划进行操作。教师需要关注学生的学习情况和反馈，及时调整教学策略和方法，以达到预期的教学效果。在进行研究时，教师需要收集相关数据，并对数据进行分析和解读，探寻问题所在并给出相应解决方案。

5.反思和总结研究与实践成果

教学研究和实践的最后一步是进行反思和总结。教师需要回顾自己的研究和实践过程，分析实施中的问题和不足，并总结成功的经验和成果。通过反思和总结，教师可以进一步提高教学研究和实践的效果，为今后的研究和实践提供更好的指导。

第十五章　现代语文教学与家校合作共同体建设

第一节　家校合作共同体对语文教育的重要性

家校合作共同体是指学校、家庭和社会之间形成的一个紧密联系、相互支持的教育共同体。在现代语文教育中，家校合作共同体扮演着非常重要的角色，具有以下几个方面的重要性。

一、提高学生语文素养

家校合作共同体对语文教育的重要性之一是能够提高学生的语文素养。学生在家庭和社会环境中有更多的语文学习机会，能够接触到不同类型的阅读材料和文化资源。家庭可以为孩子提供丰富的阅读材料，如经典文学作品、报纸、杂志和互联网资源，鼓励孩子广泛阅读。同时，通过与家长的互动，学生可以扩展自己的词汇量，提高语言表达能力。

学校和家庭共同关注学生的语文学习，可以制定合适的学习计划和方法，定期进行学习评估，及时发现和解决学生在语文学习中的问题。此外，家校合作共同体还可以组织一些语文相关的活动，如朗读比赛、写作比赛等，让学生有更多的机会展示自己的语文才华，激发他们对语文学习的热爱和积极性。

二、加强家校沟通

家校合作共同体能够建立起学校和家庭之间更加密切的联系和沟通渠道，这对语文教育具有重要的意义。家长了解学生的学习情况和表现，可以及时与学校老师进行沟通，共同制定学习目标和计划。学校也可以向家长传达学校的教育理念和教学要求，共同关注学生的学业发展。

家庭和学校之间的沟通不仅局限于学术层面，还包括对孩子综合发展的关注。学校可以了解家庭的情况和特点，根据孩子的兴趣和特长给予个别化的指导和支持。家长和学校可以相互交流教育经验和方法，共同探讨对孩子的培养和教育。

三、培养正确的价值观和道德观

家庭是孩子的第一任教师,家校合作共同体有助于培养学生正确的价值观和道德观。家庭和学校可以共同参与学生的价值观教育,引导他们树立正确的人生观、价值观和道德观。学校可以通过课堂教学和活动开展,教育学生尊重他人、守规矩、关心社会等社会公德。

家庭在日常生活中也是培养学生良好道德的重要场所。家长可以从小事做起,教育孩子尊重长辈、诚实守信、团结合作等美德。学校和家庭共同合作,形成一致的教育态度和行为规范,使学生在不同环境下都能受到正确的引导和教育。

四、协力解决问题

家校合作共同体有助于学生在语文学习中解决问题和困难。学生在语文学习中可能遇到词汇、阅读理解、写作等方面的困难。家庭能够提供支持和鼓励,与学校共同关注学生的学习情况,及时发现和解决学生在学习中的问题。

学校可以提供专业的指导和资源,例如安排专门的辅导班、提供一对一的辅导,帮助学生克服学习障碍。同时,学校和家庭也可以共同制定学习计划和方法,鼓励学生通过讨论、合作等方式相互学习和进步。

通过家校合作共同体的协力,学生能够得到全方位、多层次的学习帮助和支持,更好地解决学习中的问题,提高语文学习的成效。

第二节　现代语文教学中的家校合作策略

为了建立和发展良好的家校合作共同体,在现代语文教学中,可以采取以下几个策略。

一、定期举行家长会或家庭教育讲座

（一）定期举行家长会

1.家校合作的重要性

家校合作是促进学生全面发展的关键因素之一。学校和家庭应共同承担培养孩子的责任,通过密切的合作与沟通,可以更好地了解孩子的学习情况、个性特点和需求,从而提供有针对性的教育支持。

2.定期举行家长会的意义

定期举行家长会可以为学校与家长提供一个正式的交流渠道。通过家长会，学校可以向家长传递有关学校教育的信息，如教学目标、课程安排等，让家长了解学校的教育理念和方式。同时，家长也可以通过家长会了解孩子在学校中的表现和进步情况，并与教师进行面对面的讨论和沟通。

3.家长会的目标和内容

家长会的目标是促进学校和家长之间的合作，共同关注孩子的成长和学习。家长会的内容可以包括以下方面：

学校教育政策和工作计划：介绍学校的教育理念、教学目标以及教师的教学计划和工作安排。

学生学习情况：介绍学生的学习成绩、评价方法以及学校对学生进步的认可和奖励等。

家庭教育指导：提供一些家庭教育的指导原则和方法，帮助家长更好地配合学校的教育工作。

家校互动和交流：为家长和教师提供一个互动和交流的平台，让双方可以就教育问题进行深入的讨论。

4.家长会的组织方式和频率

家长会可以由学校统一组织，通常在学期开始或结束时举行。学校可以提前通知家长会的时间、地点和议程，确保家长能够参加。为了方便家长参与，可以选择在周末或晚上举行家长会，确保家长的工作和生活不受太大影响。

5.家长会后的跟进和反馈

家长会结束后，学校应及时跟进家长会上提出的问题和反馈意见，给予积极回应和解决方案。学校还可以向家长提供家长会的纪要和相关资料，帮助家长进一步了解家长会的内容和决议。此外，学校还可以通过其他形式的交流和互动，如邮件、电话等，与家长保持紧密联系，进一步促进家校合作。

（二）举办家庭教育讲座

1.家庭教育讲座的目的和意义

家庭教育讲座是学校向家长传递教育理念、提供教育指导的重要形式之一。通过邀请专家学者或资深教师举办讲座，学校可以向家长介绍关于语文教育的重要性、学习方法和引导策略等内容，帮助家长更好地了解如何辅导孩子学习语文，提升家庭教育质量。

2.家庭教育讲座的内容

家庭教育讲座的内容应包括以下方面：

语文学习的重要性：介绍语文学习在学生发展中的重要作用，包括促进思维能力、培养创造力和表达能力等方面。

语文学习方法：分享优秀学生的学习方法和经验，提供一些针对性的学习策略，帮助家长正确引导孩子学习语文。

阅读培养：介绍如何培养孩子的阅读兴趣和阅读习惯，推荐优秀的书籍资源，并告诉家长如何引导孩子进行阅读。

3.家庭教育讲座的组织和安排

家庭教育讲座可以由学校组织，根据不同年级和家长需求确定不同的主题和内容。学校可以通过邮件、通知等途径提前通知家长讲座的时间、地点和议程，确保家长能够参加。为了方便家长参与，可以选择在晚上或周末举办讲座，避免影响家长的工作时间。

4.家庭教育讲座的互动和交流

家庭教育讲座应鼓励家长与讲者进行互动和交流，家长可以提问、分享经验或者讨论问题。通过互动与交流，可以进一步激发家长的学习兴趣和参与度，促进更深入的思考和探讨。

5.家庭教育讲座的后续跟进

家庭教育讲座结束后，学校应与家长保持联系，并提供讲座内容的延伸资源，如相关书籍推荐、学习资料或在线课程等。同时，学校还可以通过其他形式的交流，如电子邮件、微信群等，与家长共享学生学习的最新动态和教育资源，确保家校合作的持续性和有效性。

（三）提供家庭作业指导书

1.家庭作业指导书的目的和意义

家庭作业指导书是为了帮助家长正确理解和指导孩子的作业，提供学习方法和技巧，促进家庭和学校的紧密合作，共同关注孩子的学习进展。通过提供详细的作业要求、解题方法和学习技巧，家长能够更好地配合学校的教学工作，有针对性地辅导孩子完成作业。

2.家庭作业指导书的内容

家庭作业指导书的内容应该包括以下方面：

作业要求：详细介绍每个作业的要求和目的，让家长清楚了解作业的目标和标准。

解题方法和策略：提供针对不同类型作业的解题方法和策略，帮助家长和孩子正确理解和解决问题。

学习技巧和方法：分享一些学习技巧和方法，如记忆技巧、思维导图等，帮助孩子提高学习效率。

家庭阅读推荐：提供一些优秀的阅读书目，推荐适合不同年龄段的孩子阅读的图书，并给出一些阅读指导和启发。

3.家庭作业指导书的制作和发布

学校可以组织教师团队制作家庭作业指导书，确保内容准确、权威。指导书可以以纸质或电子版的形式发放给家长，根据不同年级和科目进行分类整理。同时，学校可以通过家校通讯、网站等渠道向家长宣传并发放指导书，以便家长及时获取相关信息。

4.家庭作业指导书的使用和反馈

家长在指导孩子完成作业时应参考家庭作业指导书，理解作业要求和解题思路，并运用适当的学习方法和技巧。同时，学校可以组织家长交流会或在线问答平台，让家长对家庭作业指导书提出疑问或反馈意见，以便不断改进和完善指导书的内容和形式。

5.家庭作业指导书的效果评估

学校可以通过定期调查或学生学习成绩的观察，评估家庭作业指导书的有效性。收集家长和学生的反馈意见，了解指导书对家庭作业辅导的帮助程度，并根据评估结果进行相应的调整和改进。

（四）组织家庭课堂活动

1.朗读比赛

朗读比赛是一种有益的家庭课堂活动，可以帮助学生提高语文学习和表达能力。学校可以定期举办朗读比赛，邀请家长和孩子一同参与。比赛可以设置不同年龄组别和内容，如古诗词朗读、经典故事朗读等。这样的比赛能够激发学生对阅读的兴趣，提升他们的语言表达能力，并培养自信心。家长也可以通过听孩子的朗读表演，更好地了解孩子在语文学习方面的需求和进展。

2.亲子阅读活动

亲子阅读活动是促进家庭互动和培养孩子阅读兴趣的有效方式。学校可以组织家长和孩子一起参加阅读活动。活动可以包括家庭阅读时间，家长陪伴孩子一起阅读，讨论书中的故事情节，引导孩子思考和表达。还可以组织亲子阅读分享会，鼓励家长和孩子分享自己喜欢的图书和阅读体验。通过这些活动，孩子们能够感受到家庭对阅读的重视，培养阅读的习惯和兴趣，并且增强家庭与学校之间的联系和互动。

3.语文写作比赛

语文写作是语文学习的重要组成部分，通过参加写作比赛，可以帮助孩子提高写作技巧和表达能力。学校可以组织各类写作比赛，如小故事创作、议论文写作等。家长可以与孩子一同参与比赛，共同探讨写作主题和构思文章结构，共同改进和提升写作水平。

通过这样的活动，孩子们能够在实践中提高自己的写作能力，同时也加深了家庭与学校之间的沟通和合作。

4.文字游戏和趣味练习

学校可以设计一些趣味的文字游戏和练习，让家庭一起参与。比如成语接龙游戏、词语拼图等。这些游戏既能够增加语文学习的趣味性，又能够锻炼孩子的词汇积累和运用能力。家长可以与孩子一同玩耍，并引导他们在游戏中学到更多的语言知识。这样的活动不仅可以提高孩子的语文水平，还能够增进家庭成员之间的相互理解和交流。

5.语文讲座和专题活动

学校可以定期举办语文讲座和专题活动，邀请有经验的语文教师或专家来为家长和孩子提供一些有益的学习指导。讲座内容可以涵盖语文学习的方法、阅读技巧、写作指导等。通过这样的讲座，家长和孩子能够接触到新的语文学习资源和方法，拓宽视野，提升学习效果。同时，这也是一种增加家校联系和互动的方式，家长们可以与教师和其他家长交流分享心得体会，共同关注孩子的学习发展。

（五）建立家校互通平台

1.建立线上家校互通平台

学校可以通过建立线上家校互通平台来促进家校之间的沟通和合作。这个平台可以是学校的官方网站或专门的教育平台，用于向家长传达学校的教育信息、发布学生作业和考试情况等。家长可以通过登录平台来获取学校的最新通知和资讯，了解孩子的学习情况。同时，平台也提供家长反馈和交流的渠道，家长可以通过在线留言、邮件等方式与教师进行沟通。学校可以定期在平台上发布家庭作业、学习资源和学习活动，并提供相关的学习指导和建议。

2.提供线下家校互动机会

除了线上平台，学校还可以开展线下的家校互动活动，如家长工作坊、家长沙龙等形式。这些活动可以定期举办，邀请教师和家长一起参与，共同探讨教育话题和分享经验。在工作坊中，教师可以向家长介绍最新的教育理念和教育方法，并与家长一起探讨如何更好地辅导和关注孩子的学习。家长之间也可以互相交流和分享育儿经验，增进彼此之间的了解和合作。

3.提供个性化的家校合作方案

学校应该根据不同年级和学生的特点，提供个性化的家校合作方案。这些方案可以包括针对不同学科的学习资源和指导，以及家庭与学校之间的合作安排。例如，学校可以根据学生的学习需求和能力制定个性化的学习计划，并向家长提供相关的学习资料和建议。同时，学校也应该鼓励家长积极参与孩子的学习，提供相应的支持和帮助。通过个性化的家校合作方案，学校和家长可以更好地携手合作，共同促进孩子的学习和发展。

4.定期召开家长会议和家访活动

学校可以定期召开家长会议，与家长一起分享学校的教育理念、教育目标以及最新的改革措施。在会议中，学校可以向家长介绍各类教育资源和学习活动，并听取家长的意见和建议。此外，学校还可以开展家访活动，教师可以亲自走进家庭，与家长面对面交流和探讨孩子的学习和成长情况。这样的活动可以增进学校与家长之间的信任和合作，提高学校的教育质量和家庭教育的水平。

5.创建家校互通的交流平台

除了学校自己建立的平台外，还可以创建专门的家校互通的交流平台。这个平台可以是一个社交网络群、微信公众号或专门的教育交流平台。家长可以在这个平台上交流和分享各自的教育经验、育儿心得等。教师也可以通过这个平台向家长传达学校的教育信息和最新的学习资源。通过创建家校互通的交流平台，可以方便快捷地进行家校交流和合作，促进家庭与学校之间的联系和互动。

二、发放家庭作业指导书

（一）制作家庭作业指导书的目的与意义

制作家庭作业指导书的目的在于帮助家长正确理解学校对孩子布置的作业要求，并提供相关的指导和建议，促进家长与孩子合作完成作业。这样做有以下几个方面的意义：

1.增强家校合作：通过家庭作业指导书，学校可以与家长建立更加有效的沟通渠道，促进家校之间的合作和配合。家长可以更好地了解学校的教育目标和作业要求，更好地指导和支持孩子的学习。

2.提高作业完成质量：家庭作业指导书可以明确作业的要求和目标，帮助家长正确理解并引导孩子按照要求完成作业。家长能够更好地把握作业的重点和难点，提供针对性的指导和辅导，从而提高作业完成质量。

3.增进家长的教育知识和技能：通过家庭作业指导书，家长可以了解到更多的教育知识和教育方法，提升自己的教育水平和教育技能。家长可以通过指导书学习如何更好地与孩子沟通、如何激发孩子的学习兴趣等，从而更好地辅导和引导孩子完成作业。

4.培养良好的阅读习惯：家庭作业指导书可以提供一些家庭阅读的推荐书目和指导，引导孩子培养良好的阅读习惯。家长可以根据指导书给出的推荐书目，为孩子选择适合的阅读材料，帮助他们培养广泛的阅读兴趣。

5.加强家庭教育与学校教育的衔接：家庭作业指导书可以帮助家长更好地了解学校的教育目标和教学内容，使家庭教育与学校教育有机地衔接起来。家长可以根据指导书的内容，与学校教育保持一致，为孩子提供更加全面和有效的教育支持。

（二）家庭作业指导书的内容与编写方式

家庭作业指导书的内容应该包括以下几个方面：

1.作业要求和目标：明确列出作业的具体要求和目标，包括任务的内容、完成方式、截止时间等。家长可以根据这些要求和目标，针对性地指导孩子完成作业。

2.作业重点和难点：指导书可以对作业的重点和难点进行详细解释和说明，帮助家长更好地理解并引导孩子攻克难题。家长可以根据指导书提供的解释和建议，给孩子提供更加有针对性的指导。

3.学习方法和技巧：指导书可以介绍一些学习方法和技巧，帮助孩子提高学习效果。家长可以向孩子介绍这些方法和技巧，并在完成作业过程中指导孩子运用这些方法和技巧。

4.阅读推荐和指导：指导书可以提供一些与作业内容相关的阅读推荐和指导，以培养孩子的阅读兴趣和阅读能力。家长可以为孩子选择适合的阅读材料，并以此为基础深入了解和探索作业的内容。

5.家庭合作与交流：指导书还可以鼓励家长与孩子共同完成作业，并提供相关的家庭合作和交流建议。家长可以与孩子一起制订学习计划和完成任务，共同策划解决问题的方法。

编写家庭作业指导书时，应注意以下几点：

1.语言简明易懂：指导书的语言应该简明易懂，避免使用过于专业化的术语和难以理解的词汇。家长能够轻松理解并向孩子解释指导书的内容。

2.结构清晰：指导书的内容应该按照逻辑顺序进行组织，结构清晰。可以通过标题、分点和图表等方式使内容更加直观和易于理解。

3.实用性强：指导书的内容应该实用，具有指导性和可操作性。家长可以根据指导书的建议和方法，引导孩子有效地完成作业，并在这个过程中提供必要的帮助和支持。

4.可定制性强：指导书的内容可以根据不同年级和学科的实际情况进行定制，并可以根据需要进行更新和补充。指导书应该能够适应学校教育改革和学生学习发展的需求变化。

（三）家庭作业指导书的使用与反馈

使用家庭作业指导书时，学校可以采取以下措施与家长进行有效的沟通和反馈：

1.家长会议：学校可以定期召开家长会议，向家长介绍家庭作业指导书的使用方法和注意事项。家长可以在会议中提出问题和建议，学校也可以利用这个机会与家长进行交流和互动。

2.家访活动：学校可以开展家访活动，教师可以亲自走访家庭，与家长面对面地交流和分享指导书的使用经验。通过家访活动，学校可以更好地了解家庭的实际情况和需求，进一步改进和完善家庭作业指导书。

3.定期调查和评估：学校可以定期进行调查和评估，了解家长对于家庭作业指导书的使用情况和反馈意见。根据家长的反馈，学校可以及时修订和改进指导书的内容和形式，以提高指导书的实用性和可操作性。

4.在线平台支持：学校可以建立线上的家校互通平台，家长可以通过平台与教师进行沟通和交流。在平台上，家长可以提出问题和反馈，教师也可以及时回应和解答家长的疑惑。通过在线平台的支持，可以进一步加强学校与家长之间的互动和合作。

（四）其他注意事项

在制作家庭作业指导书时，还应注意以下几个方面：

1.尊重家长和孩子的差异：不同的家庭和孩子有着不同的需求和特点，指导书应该尊重这些差异，并提供多样化的指导和建议。指导书不应过于固化和规范化，要充分考虑到个体差异和多样性。

2.与课程紧密结合：家庭作业指导书应该与学校的课程内容和教学目标紧密结合，确保指导书的内容与课堂教学内容保持一致。家长可以根据指导书的内容和教材相结合，为孩子提供更加全面和连贯的学习支持。

3.鼓励自主学习和创造性思维：指导书应该鼓励孩子进行自主学习，培养他们独立思考和解决问题的能力。指导书可以提供一些启发性的问题和思考，帮助孩子培养创造性思维和解决问题的能力。

4.及时更新和改进：指导书应该及时根据教育改革和学生学习发展的需要进行更新和改进，保持内容的新鲜和实用性。学校可以根据家长的反馈和建议，对指导书进行修订和改进，以提高指导书的质量和效果。

三、举办家庭课堂活动

（一）朗读比赛

1.组织形式与分组

朗读比赛可以根据学生的年级和能力水平进行分组，以保证比赛的公平性和竞争性。可以设立初级组、中级组和高级组，使每个年级的学生都有机会参与比赛。比赛可以采用校内初选、决赛的形式，让更多的学生有机会展示自己的朗读才能。

2.文本选择

学生可以选择自己喜欢的文本进行朗读，也可以由教师指定一些优秀的文学作品或经典课文。文本的选择应既符合学生的年龄和语文水平，又具有一定的艺术价值和表达难度。这样可以激发学生的学习兴趣，提高他们对文学的鉴赏能力。

3.朗读技巧培训与指导

在参加朗读比赛之前，学校可以组织一些朗读技巧培训和指导，帮助学生提高朗读能力。可以邀请专业的语文教师或演讲教练来讲解朗读技巧，包括正确的发音、语调抑扬顿挫、情感表达等方面。家长也可以在家里与孩子一起进行朗读训练，给予他们指导和鼓励。

4.评审标准和奖励机制

对于朗读比赛，应制定明确的评审标准，包括发音准确性、语调表达、情感传达等方面。可以邀请学校的语文教师、艺术教师和专业人士组成评委团，对参赛学生进行评审。评选出一、二、三等奖，并给予优秀奖和参与奖，以激发学生的朗读积极性和竞争力。

5.比赛后的反思和展示

在比赛结束后，学校可以组织学生进行比赛经验分享和反思。学生可以互相交流心得体会，分享收获和成长。同时，学校还可以安排一次朗读展示活动，让学生有机会展示自己的朗读才能，让更多的师生和家长欣赏和学习。

通过朗读比赛，学生不仅可以提高口语表达能力，还可以增强对文学作品的理解和欣赏。家长的参与和指导，可以更好地促进孩子的发展和进步。学校应注重比赛的公平性和教育性，为学生提供一个展示自己才华和成长的舞台。

（二）亲子阅读活动

1.活动形式与参与方式

亲子阅读活动可以采取多种形式，如阅读讨论会、亲子阅读分享会、家庭阅读夜等。学校可以定期组织这些活动，或者在特定的节日和纪念日进行。家长和孩子可以一起选择适合孩子年龄和兴趣的图书或课外阅读材料，在家中共同阅读。也可以在学校或社区图书馆的阅读空间里进行集体阅读和交流。

2.图书选择与推荐

在亲子阅读活动中，家长可以根据孩子的年龄和兴趣选择适合的图书。可以选择具有故事性和趣味性的图书，激发孩子的阅读兴趣。同时，也可以选择具有教育意义和价值观引导的图书，帮助孩子培养正确的价值观和思维方式。学校和图书馆可以提供丰富的图书资源，并为家长提供图书推荐和指导。

3.阅读讨论与分享

在亲子阅读活动中，可以设立一定的阅读目标和任务，鼓励家长和孩子进行阅读讨论和分享。可以提出一些问题，引导孩子思考和表达对书中情节、角色和主题的理解。家长可以给予孩子指导和鼓励，帮助他们提炼出自己的观点和见解。同时，家长也可以和孩子一起分享自己的阅读体验和感受，促进彼此之间的交流和理解。

4.阅读活动延伸与创意

除了传统的阅读活动，还可以通过一些延伸与创意活动来深化亲子阅读的体验。比如，可以组织孩子们进行角色扮演或表演，让他们更好地理解和体验书中的情节。还可以组织绘画活动、手工制作、写作比赛等，让孩子们将阅读的内容转化为自己的创造和表达。这样能够加深孩子对书中世界的理解，并培养他们的艺术创造力和表达能力。

5.家长参与与支持

亲子阅读活动需要家长的积极参与和支持。家长应该关注孩子的阅读习惯和阅读选择，鼓励他们多读书、广泛阅读。家长可以陪同孩子一起阅读，给予适当的指导和解答疑惑，与孩子交流阅读体验。同时，家长也可以给予孩子正面的反馈和鼓励，提升他们的阅读动力和自信心。

通过亲子阅读活动，不仅可以提高孩子的阅读理解能力、批判思维能力和语言表达能力，还能够促进家庭成员之间的情感交流和互动。学校和家长应该共同关注孩子的阅读成长，为孩子提供一个良好的阅读环境和阅读氛围。

（三）作文写作比赛

1.比赛形式与组织

作文写作比赛可以采取多种形式，如在线投稿、班级比赛、学校层面的评选。学校可以在特定时间内组织比赛，设立评委团队进行评审，并公布优秀作品。比赛可以分为不同年级和主题组别，以照顾不同学生的需求和兴趣。同时，学校可以提供一些写作指导和范文分享，帮助学生更好地理解和掌握写作技巧。

2.主题选择与要求

作文比赛的主题可以根据学校的教育目标和时事热点来确定。可以设置一些具有思想性、教育性和时代性的主题，激发学生的创作激情和思考。同时，可以设置一些有趣的主题，如童话故事改编、假想旅行等，以引导学生发挥想象力和创造力。对于每个主题，可以明确写作要求和字数限制，帮助学生更好地组织思路和内容。

3.家长参与与指导

作文写作比赛中，家长的参与和指导起着重要的作用。家长可以与孩子一起讨论作文的主题和素材，帮助他们理清思路和提炼观点。可以引导孩子在写作过程中加强逻辑推理和论证能力，培养批判性思维和表达能力。家长也可以分享自己的写作经验和技巧，与孩子一同参与写作过程，促进家庭成员之间的互动和交流。

4.评选与反馈

在作文比赛中，评选是关键环节之一。学校可以组建专业的评审团队，对参赛的作文进行评选和打分。评选过程应该公正、公开、透明，同时要尊重学生的努力和个人风格。优秀的作文应该得到认可和奖励，同时还可以为学生提供一些具体的写作反馈和指导意见。学校可以举办颁奖典礼或作品展示活动，让学生分享写作心得和经验。

5.持续关注与提升

作文写作比赛不仅是一次单纯的竞赛活动，更是培养学生写作能力的一次机会。学校和家长应该持续关注和支持学生的写作发展。可以定期举办写作指导和培训活动，帮助学生提高写作技巧和修辞能力。学校图书馆可以提供丰富的阅读资源，让学生通过多读、多写来不断丰富自己的写作素材和表达方式。

通过参与作文写作比赛，学生可以培养批判思维、逻辑思维和创造力，进一步提高语文表达能力和自信心。同时，家长的参与和指导能够增强亲子之间的情感交流和教育熏陶。学校应该积极组织这样的活动，为学生提供展示和发展自己写作潜力的机会。

（四）字词接龙游戏

1.游戏规则与开始

字词接龙游戏的规则很简单，首先确定参与游戏的人数，可以是家庭中的所有成员或者一部分人。然后，确定一个起始字或词作为游戏的开头。最常用的方式是以"我"字或者"今天"词开始，但也可以根据孩子的年龄和词汇量来选择其他的起始字或词。

2.轮流发言与时间限制

游戏开始后，家长和孩子轮流说出一个与上一个字或词相关联的新字或词。每个人在发言前有一定的时间限制来思考并找到合适的字或词。这样可以增加游戏的趣味性和挑战性，同时也锻炼了孩子的思维敏捷度和联想能力。

3.注意合法性与可接性

在游戏中，每个人说出的字或词必须是合法和可接受的。合法性指的是字或词必须符合语法和词义的规范，不能含有脏话或不文明用语。可接性指的是每个字或词的开头需要与上一个字或词的结尾相对应，形成一个有意义的词组或句子。

4.提高难度与丰富内容

随着游戏的进行，可以逐渐增加字或词的难度，让孩子们面临更大的挑战和学习机会。家长可以提供一些更复杂的字或词来增加游戏的趣味性和语言的丰富度。例如，使用成语、俗语、地名等来增加游戏的变化和知识的涵盖面。

5.鼓励互动与学习

字词接龙游戏是一个互动的过程，在游戏中家长和孩子之间可以相互交流、学习和分享。家长可以帮助孩子解释一些生僻字或提供相关的知识背景，以便孩子更好地理解和应用。同时，游戏过程中孩子也能够通过联想和记忆来拓展自己的词汇量和语言能力。

字词接龙游戏是一个有趣而富有教育意义的家庭课堂活动。它既能够激发孩子对语文知识的兴趣，又能够锻炼他们的记忆能力和联想能力。家长在游戏中的参与和指导能够促进亲子关系的建立和增进，同时也是一次家庭教育的机会。

（五）诵读古诗文

1.选择适合的古诗文

在进行诵读古诗文的活动中，家长可以根据孩子的年龄和语文水平来选择适合的古诗文。可以从中学教材或经典的古代文学作品中选取一些脍炙人口的作品，如《静夜思》《登鹳雀楼》等。选择那些内容简洁明了、意境深远、优美动人的古诗文，以便让孩子更容易理解和接受。

2.学习古诗文的背景知识

在进行古诗文的诵读之前，家长可以给孩子介绍诗人、古代背景和作品背后的故事，帮助孩子更好地理解和感受古诗文的艺术魅力。可以通过讲故事、看图片或参观相关的文化遗址等方式，让孩子对古代文化有更多的认知和兴趣。

3.注重韵律与节奏的表达

古诗文的韵律和节奏是其独特之处，也是诵读时需要注意的要点。家长可以教导孩子如何正确地把握句子的停顿和语调，使诗歌的韵律在诵读中得以展现。可以通过反复练习，让孩子自然而然地掌握古诗文的节奏感和音调。

4.解释诗句与理解内涵

在诵读古诗文时，家长可以对一些生僻字、词语或文化典故进行解释，帮助孩子理解其中的意境和表达方式。可以结合实际生活或类比的方式来引导孩子加深对古诗文内涵的理解。让孩子明白每一句诗句背后所蕴含的情感和思想，培养他们对文学作品的欣赏和感悟能力。

5.培养兴趣和坚持练习

诵读古诗文是一项需要坚持和用心去做的活动。家长可以鼓励孩子在课余时间多读一些古诗文，提高对古代文学的嗜好和兴趣。还可以组织一些家庭诵读比赛或参加学校的朗诵比赛等活动，激发孩子的积极性和自信心。

诵读古诗文是一种既具有艺术性又有教育意义的家庭课堂活动。通过诵读古诗文，孩子们不仅能够提高语文表达能力和韵律感，还能培养对中华传统文化的热爱和认同。家长在活动中的陪伴和指导，可以促进亲子关系的发展，并激发孩子对文学的兴趣和追求。

四、建立家校互通平台

（一）建立线上家校互通平台

学校可以通过学校官网或专门的教育平台搭建线上家校互通平台，为家长提供及时了解学生学习情况和教育信息的渠道。具体措施包括但不限于：

1.学校公告栏：学校可以在平台上发布学校活动、通知和重要消息，让家长能够第一时间获得相关信息。

2.学生作业要求：学校可以在平台上发布学生的作业要求和布置的任务，以便家长能够及时了解学生所需完成的任务。

3.教学资料和资源：学校可以将教学资料和学习资源上传到平台上，供家长和学生随时下载和参考。

4.家长反馈和交流：平台上可以设立家长留言板或在线问答系统，方便家长与教师进行交流和提问，促进双方之间的沟通。

5.在线家长会议：学校可以通过视频会议工具，组织在线的家长会议，让家长能够远程参与学校的教育活动。

（二）举办家长工作坊和家长沙龙

为了提升家校之间的沟通和合作，学校可以定期举办家长工作坊和家长沙龙，为家长提供面对面的交流和互动机会。具体措施包括但不限于：

1.主题讲座：学校可以邀请教育专家、心理学家等专业人士，就学生的学习方法、成长规律等话题举办讲座，帮助家长更好地了解孩子的成长。

2.实践分享：学校可以邀请有经验的家长分享育儿心得和教育经验，促进家长之间的交流和互相学习。

3.互动讨论：举办家长讨论班或圆桌会议，让家长就教育问题进行互动讨论，共同探讨解决方案。

4.课堂观摩：学校可以安排家长观摩孩子的课堂，并与教师进行交流和反馈，加深学校和家长之间的合作。

5.学校参观日：开放学校参观日，家长可以亲身感受学校的教育环境和教学氛围，了解学校的教育理念和特色。

（三）鼓励家校合作和互动

除了建立家校互通平台和举办家长工作坊，学校还可以通过其他途径促进家校之间的合作和互动。具体措施包括但不限于：

1.家校合作项目：学校可以开展一些家校合作的项目，如亲子阅读计划、家庭手工制作比赛等，激发家长和孩子的兴趣，增进彼此之间的情感和理解。

2.家校志愿者活动：学校可以组织家长参与学校的志愿者活动，如文化节筹备、运动会协助等，增加家长对学校的参与感和认同感。

3.亲子活动：学校可以定期组织一些亲子活动，如家庭野餐、亲子运动会等，让家长和孩子共同参与其中，增强家庭的凝聚力。

4.家校联谊活动：学校可以定期举办家校联谊活动，如家庭聚餐、亲子游园等，为家长提供交流的机会。

5.家长委员会：为了加强家校合作，学校可以建立家长委员会，由家长代表参与学校决策和管理，促进家长与学校的密切联系。

第三节　构建良好的家校合作共同体

一、家校合作共同体的概念和目标

（一）家校合作共同体的概念

家校合作共同体是指学校、家庭和社会共同参与教育管理和教育改革，形成紧密的合作关系和共同发展的教育组织。它是家校共同协作、互助成长的新型合作模式，旨在促进学生全面发展。

（二）家校合作共同体的目标

1.提高学生学习成绩：家校合作共同体的首要目标是通过学校和家庭之间的紧密合作，共同关注学生的学习情况，以提高学生的学习成绩。学校和家庭应该共同制定学习目标和计划，并相互交流学生的学习进展和困难。家长可以给予学生更多的学习支持和鼓励，帮助他们解决学习中的问题。学校也可以提供有针对性的辅导和资源，帮助学生克服学习难题。通过这种合作，学生的学习动力和效果将得到提高。

2.增强家校之间的信任和理解：家校合作共同体的另一个重要目标是建立家庭和学校之间的信任和理解。学校和家庭应该通过沟通交流，共同分享学生的学习和成长情况，相互了解彼此的期望和需求。学校要积极倾听家长的意见和建议，尊重家庭的教育选择和价值观。家长也需要对学校的教育决策给予支持和理解。通过建立信任和理解，家庭和学校之间的合作将更加顺畅和有效。

3.培养学生全面素质：家校合作共同体不仅关注学生的学术成绩，还注重学生的全面发展和素质培养。学校和家庭可以共同关注学生的品德教育、心理健康、兴趣培养等方面。学校可以通过开展丰富多样的课外活动和社团组织，培养学生的领导能力、创新能力等非认知能力。家长可以给予孩子更多的关心和支持，帮助他们培养良好的价值观和行为习惯。通过这种全面的培养，学生将更加全面发展和成长。

4.提供家庭教育支持：家校合作共同体还致力于为家长提供教育指导和支持，使家庭教育与学校教育形成有机衔接，共同培养孩子的健康成长。学校可以定期组织家长会议、家长培训等活动，向家长提供教育方面的信息和指导。家长可以通过参与学校的活动和课程，了解学校的教学方法和教育理念，更好地与学校合作。通过家庭教育支持的提供，家长将能够更好地了解学校的教育目标和要求，有效地辅导孩子的学习和成长。

二、家校合作共同体的关键要素

（一）学校方面的责任和角色

1.提供优质教育资源和服务：作为教育机构，学校的首要责任是提供优质的教育资源和服务。学校应雇用高素质的教师团队，提供专业的课程设置和教学方法，为学生提供全面的学习支持。学校还应该配备先进的教学设施和教育技术，确保学生在良好的学习环境中进行学习。除此之外，学校还可以组织丰富多样的课外活动和社团组织，拓宽学生的视野和兴趣爱好。

2.建立良好的家校沟通机制：学校应建立多种沟通渠道，与家长保持密切联系和沟通。学校可以定期举办家长会议、亲子活动等，向家长介绍学校的教育目标和计划，了解家长对学校教育的期望和需求。此外，学校还可以通过手机短信、电子邮件、在线平台等方式及时向家长传递学校的通知和信息。同时，学校也应尊重家长的意见和建议，认真倾听家长的关注和反馈。通过建立良好的家校沟通机制，学校可以更好地了解学生家庭的背景和特点，有效地协助家长进行教育管理。

3.制定家校合作规划和政策：为促进家校之间的有效合作，学校应制定明确的家校合作规划和政策。学校可以与家长共同制定学生学习计划和目标，明确学校和家庭双方的权利和责任。学校还可以制定家校合作的具体措施和机制，如家长参与学校决策的机会和方式、家长志愿者制度等。通过制定家校合作规划和政策，学校可以明确合作的目标和方向，为家长提供明确的指导和支持。

4.组织家校合作活动：学校可以组织家校合作活动，促进学生、家长和教师之间的互动和交流。例如，学校可以举办家庭日活动，让家长走进学校，参观学校的教学环境和成果。此外，学校还可以组织家长培训、亲子游戏、家庭作业指导等活动，帮助家长更好地了解学校的教育理念和方法，提高家庭教育的能力和水平。这些活动可以增进家校之间的理解和信任，促进双方的合作和共同发展。

5.提供个性化教育支持：学校应提供个性化的教育支持，满足不同学生和家庭的需求。学校可以通过开设家长讲座、个别辅导等方式，向家长提供教育指导和支持。同时，学校也可以制订个性化的学习计划和辅导措施，帮助学生克服学习难题，实现个人的学习目标。通过提供个性化的教育支持，学校可以更好地关注每个学生的成长和发展，满足家长对孩子教育的需求。

（二）家庭方面的责任和角色

1.积极参与学校教育活动：家长作为孩子的第一任教师，应积极参与学校组织的教育活动。家长可以参加家长会议、教育讲座、亲子活动等，与学校共同关注孩子的学习和成长。通过参与这些活动，家长能够了解学校的教育理念和教学方法，与教师交流意见和经验，进一步提高家庭教育的质量和水平。

2.提供家庭教育支持：家长在孩子的教育中扮演着重要的角色。家长应关注孩子的学习情况，提供适当的学习环境和支持。家长可以帮助孩子制订学习计划，监督孩子完成作业，鼓励孩子参加有益的课外活动，培养孩子的自主学习和问题解决能力。此外，家长还应关心孩子的身心健康，保障孩子的良好生活习惯和充足休息时间。通过提供家庭教育支持，家长能够为孩子的学习和成长创造有利条件，帮助孩子取得良好的学习成绩和全面发展。

3.与学校保持有效沟通：家长应与学校保持良好的沟通。家长可以定期参加家长会议，了解学校的教育政策和要求，与教师共同讨论孩子的学习进展和问题。此外，家长还可以通过手机短信、电子邮件、在线平台等方式与学校保持联系，及时向学校反馈孩子的学习情况和个性化需求。家长还可以积极参与学校的调查问卷，分享自己对学校教育的意见和建议。通过与学校保持有效沟通，家长能够与学校共同关注孩子的发展，共同制定教育目标和方案，共同解决教育问题，实现家校合作的良好效果。

4.培养孩子的良好行为和价值观：家庭是孩子品德和价值观形成的重要场所。家长应教育孩子遵守社会公德、家庭规则和学校纪律，培养孩子的良好行为习惯和道德品质。同时，家长还应注重培养孩子的责任心、友善与合作精神等核心价值观。家长可以通过日常生活中的言传身教，给孩子树立榜样和示范，引导他们建立正确的人生观和价值观。

5.提供情感支持和安全保障：家长应为孩子提供情感支持和安全保障。家长应经常与孩子交流互动，关心孩子的情感需求和成长困扰，鼓励孩子表达自己的感受和想法。家长还应确保孩子在家庭中得到充分的爱和关怀，营造温馨和谐的家庭氛围。此外，家长还要确保孩子的安全，加强对孩子的保护意识和安全教育，避免孩子受到欺凌、伤害或其他危险因素的侵害。

（三）社会方面的责任和角色

1.支持和监督：社会应加大对家校合作共同体建设的支持力度。政府部门可以提供政策支持，制定相关法规和政策，为家校合作共同体的发展创造良好的环境。同时，政府还应提供经费保障，确保家校合作共同体能够顺利开展各项工作。此外，监督管理也是必不可少的，政府部门应对家校合作共同体进行监督，确保其合法合规运行。

2.社会组织和专业机构参与：社会组织和专业机构应积极参与家校合作共同体的建设。这些组织和机构可以通过提供专业的教育服务和支持，为学校和家庭提供丰富的合作资源。例如，他们可以组织开展家庭教育讲座、亲子活动和培训课程，为家长提供教育指导和支持。同时，他们还可以为学校提供咨询服务、教师培训和教育研究等支持，促进学校和家庭的合作共赢。

3.媒体宣传和引导：媒体在家校合作共同体建设中发挥着重要的宣传和引导作用。媒体应加强家校合作共同体建设的宣传，通过报道成功案例和经验分享，向社会传播正能量，激励更多的家长和学校参与合作共同体。同时，媒体还应引导家长和学校关注学生教育，倡导家庭和学校的密切合作，共同关心和培养下一代。通过媒体的宣传和引导，可以增强社会对家校合作共同体的认同和支持，促进家校合作的广泛开展。

4.企业责任和参与：企业作为社会的一部分，也应承担起家校合作共同体建设的责任。企业可以通过提供资金赞助、物资捐赠和志愿者服务等方式，支持学校和家庭合作共同体的建设。此外，企业还可以开展职业规划指导、实习就业机会等活动，为学生的发展提供支持和机会。企业的积极参与不仅有助于促进学校和家庭的紧密合作，也有助于培养社会责任感和公民意识。

5.学生责任意识的培养：学生是教育的主体，他们也应该承担起自己在家校合作共同体中的责任。学生要树立正确的家校合作观念，珍惜学校和家庭的资源与支持，积极参与各项活动，努力学习和成长。学生还应遵守学校和家庭的规章制度，遵循社会公德，以优秀的行为表现回报社会和家庭的培养。通过培养学生责任意识，可以加强学校、家庭和社会之间的互动和合作，推动家校合作共同体的健康发展。

三、构建家校合作共同体的措施

（一）家校沟通的方式和渠道

1.定期召开家长会议：定期召开家长会议是一种常见的家校沟通方式。学校可以安排每学期或每学年召开几次家长会议，邀请家长参与讨论学生的学习情况、成绩表现以及存在的问题和困惑。家长会议既是学校向家长传递信息的渠道，也是了解家长意见和建议的平台。通过家长会议，学校可以与家长共同制定教育目标和方案，加强家校合作，共同关注和支持学生的发展。

2.建立家校互通平台：在数字化时代，建立家校互通平台是一种便捷高效的家校沟通方式。学校可以建立自己的线上平台，提供学校通知、课程表、学生作业要求等信息，方便家长及时了解学校的动态和学生的学习进展。此外，学校还可以利用已有的社交媒体平台，建立家校群组或公众号，通过发布文章、图文消息等方式与家长进行沟通和交流。通过家校互通平台，学校和家长可以及时沟通，解答家长疑问，促进双方的密切合作。

3.开展家校互访活动：家校互访活动是一种实践性很强的家校沟通方式。学校与家长之间可以定期开展家校互访活动，即学校邀请家长参观学校，了解学校的教育环境和教育理念；同时，家长也可以邀请学校代表参观家庭，了解学生在家庭中的成长情况。通过互访活动，学校和家长可以增进相互了解和信任，加强合作，共同促进学生的全面发展。此外，学校还可以组织亲子活动、家长培训等活动，提供交流和学习的机会，促进学校和家庭的紧密合作。

4.个别家访：在某些特殊情况下，学校可以进行个别家访。家访可以进一步了解学生家庭的实际情况，以便更好地帮助学生。通过家访，学校可以与家长直接面对面交流，更深入地了解学生的具体情况、家庭教育方式和需求，为学校制定针对性的教育方案提供依据。同时，家庭也可以通过家访与学校教师建立更紧密的联系，相互交流对学生的期望和关注点，共同为学生的成长努力。

5.建立家长志愿者团队：学校可以鼓励家长参与到学校的志愿者工作中，建立家长志愿者团队。家长志愿者可以帮助学校开展各项活动，如组织亲子活动、辅导学生学习、参与学校管理等。通过家长志愿者团队的建立，学校和家长之间可以加强沟通和合作，促进学校与家庭的融合，共同关心和关爱学生的成长。

（二）家庭教育的支持和指导

1.学校提供家庭教育培训：学校可以开设家庭教育培训课程，为家长提供专业的教育知识和育儿经验。培训内容可以包括儿童成长发展的理论知识、亲子关系的建立与维护、家庭沟通技巧等方面的内容。通过这些培训，家长可以了解孩子的心理和行为特点，学习科学的育儿方法和技巧，提高家庭教育的质量。

2.学校组织家庭教育交流会：学校可以定期组织家庭教育交流会，邀请专家和家长分享家庭教育心得和经验。交流会可以围绕家庭教育中的热点问题展开，如儿童情绪管理、学习习惯的培养、亲子关系的建立等。通过这种形式的互动交流，家长可以相互借鉴和学习，获取实用的育儿经验，并且感受到学校对家庭教育的支持和关注。

3.家校合作指导手册：学校可以编写家校合作指导手册，向家长介绍家庭教育的方法和技巧，提供实用的教育指导和建议。手册内容可以包括儿童成长发展的知识、家庭教育的原则和策略、亲子沟通技巧等。此外，手册还可以提供一些解决常见教育问题的方法和案例，为家长提供参考和借鉴。通过这种形式的支持和指导，学校可以帮助家长更好地理解和应对家庭教育中的挑战，提高自己的育儿水平。

4.开设家长讲座和工作坊：学校可以邀请专家或心理咨询师开设家长讲座和工作坊，分享专业的家庭教育知识和经验。讲座和工作坊的主题可以多样化，从儿童心理健康到亲子关系管理等方面都可以涵盖。通过这样的活动，家长可以了解最新的教育理论和研究成果，获取专业的教育指导和建议。同时，这也是家长之间相互交流和分享的机会，共同探讨和解决教育问题。

5.提供在线资源和平台：学校可以建立在线资源和平台，为家长提供教育资讯、育儿经验分享、教育视频等丰富的内容。家长可以通过学校的网站、微信公众号等渠道获取相关信息，随时随地学习和参考。此外，学校还可以建立家长群组或论坛，提供交流和互助的平台，家长可以在这里相互讨论问题、分享经验、寻求支持。

（三）学校提供的教育资源和服务

1.提供个性化教育辅导：学校可以根据学生的不同特点和需求，提供个性化的教育辅导。这种辅导可以包括个别辅导、小组辅导或特殊教育服务等形式。通过了解学生的学习风格、兴趣爱好和学习困难等，学校可以为每个学生量身定制教学计划和辅导方案，帮助他们充分发展潜力，解决学习上的问题。

2.设立家长学习班：学校可以开设家长学习班，邀请专业人士授课，帮助家长提升教育水平和育儿能力。这些学习班可以涵盖多个领域，如亲子教育、家庭心理健康、家庭沟通技巧等。通过参加这些学习班，家长可以获取到最新的教育理论和实践知识，了解最佳的育儿方法和策略，提升自己在家庭教育中的能力。

3.创设学习资源中心：学校可以设立学习资源中心，提供图书、电子资料等丰富的学习资源，供学生和家长使用和借阅。这些资源可以包括各个学科的教材、参考书籍、期刊、报纸等，以及多媒体资源和电子学习资料。学生可以在这里查阅资料、借阅书籍、使用电脑设备进行学习和研究。家长也可以通过这个中心获取教育方面的资讯和相关书籍，进行自我学习和提高。

4.提供学业上的辅导和支持：学校可以设立学业辅导中心或学习支持小组，为学生提供学习上的辅导和支持。这些辅导可以针对特定学科或特定学习困难进行，帮助学生克服学习障碍，提高学习成绩。同时，学校可以组织学习小组或学习班，为学生提供学习方法和学习技巧的指导，帮助他们提高学习效果和学习能力。

5.开展课外活动和社团组织：学校可以积极开展丰富多彩的课外活动和社团组织，为学生提供全面发展的机会。这些活动可以包括艺术、体育、科技、社会服务等各个领域，旨在培养学生的综合素质和团队合作精神。通过参与这些活动，学生可以丰富自己的课余生活，开阔眼界，锻炼自己的创造力和领导能力。

参考文献

[1]蓝历.新课标下语文教学中学生辩证思维能力的培养探究[J].贺州学院学报,2023,39(S1):17-21,38.

[2]付兴华.课改背景下高中语文写作教学的新策略[J].语文教学通讯·D刊(学术刊),2023(11):14-16.

[3]郭美灵.高中语文写作教学中语文思维的培养研究[J].豫章师范学院学报,2023,38(5):97-100,112.

[4]池凤.说理散文思维培育的密码与路径[J].教育科学论坛,2023(31):15-19.

[5]彭早霞,戴煜婷.大学语文批判性阅读教学实践探究——以《儒林外史》王冕形象分析为例[J].语文教学通讯·D刊(学术刊),2023(10):5-7.

[6]曾玉,黄真金.深度学习视域下学生习作能力培养的策略研究[J].教师教育论坛,2023,36(10):42-44.

[7]王纯,蒋红艳.新时代视域下小说阅读教学中批判性思维培养策略探析[J].经济师,2023(10):236-237,239.

[8]周敏帅.《狼》的批判性教学思考[J].福建教育学院学报,2023,24(9):30-32.

[9]丁倩,薛玉.阅读教学中学生批判性思维培养的策略探究[J].语文建设,2023(18):75-78.

[10]刘艳丽.在小学语文教学中培养学生创造思维能力[J].河南教育(教师教育),2023(9):54-55.

[11]种媛媛.借助思维导图开展小学语文群文阅读教学思路[J].华夏教师,2023(25):63-65.

[12]张红宇.小学语文过程思维共享课堂教学实践例谈[J].中国民族教育,2023(9):60-61.

[13]王丹.高中语文阅读教学中基于发散思维培养的问题设计策略[J].长春教育学院学报,2023,39(4):105-109.

[14]吴亮奎.元认知思维视角的小学语文整本书阅读教学设计[J].天津师范大学学报(基础教育版),2023,24(5):62-66.

[15]李登辉.小学语文阅读教学中的高阶思维能力培养[J].现代教育,2023(8):23-26.

[16]王静.提高语文课堂教学有效性的研究[J].牡丹江教育学院学报,2023(8):118-119.

[17]葛春香.基于学生思维品质的小学语文教学探究[J].华夏教师,2023(24):18-20.

[18]林流山.用跨媒介阅读教学助力学生的思辨能力[J].文学教育(下),2023(8):114-116.